Buchmann, Marketing-Mix

Quantitative Planung des Marketing-Mix
auf der Grundlage empirisch verfügbarer Informationen

von
Karl-Heinz Buchmann

Mit 13 Abbildungen

Walter de Gruyter · Berlin · New York · 1973

ISBN 3 11 004224 X

Library of Congress Catalog Card Number 72-91882

Vorwort

Die vorliegende Untersuchung befaßt sich mit dem Einsatz quantitativer Methoden bei der Planung von Marketing-Aktivitäten (Marketing-Mix) unter Berücksichtigung empirisch vorliegenden Datenmaterials.

Ausgehend von den einzelnen Komponenten des Marketing entwickelt der Verfasser ein *Marketing-System*, das ihm dann als Grundlage für die weitere modelltheoretische Behandlung dient. Im Mittelpunkt der Analyse steht zunächst der Werbe-Submix, zum einen deshalb, weil hier die Informationsbeschaffungsmöglichkeiten relativ günstiger zu beurteilen sind als bei den anderen Marketing-Instrumenten. Zum anderen dient dieser Teil der Arbeit auch dazu, die modelltheoretischen Möglichkeiten gewissermaßen pars pro toto intensiv zu diskutieren, da die hier auftretenden Fragen, was die Grundstruktur der benötigten Informationen angeht, auch in den folgenden Ausführungen wiederkehren. Dort erfolgt dann nämlich, über den Werbe-Submix hinaus, der *Aufbau eines allgemeinen Planungsmodells für den Marketing-Mix* durch eine stufenweise Integration des Produkt-Submix einschließlich Preisgestaltung sowie der Distributionsaktivitäten. Dies geschieht unter Berücksichtigung der Verbundbeziehungen zwischen den Produktvarianten, der internen Kapazitätsrestriktionen und externen Markt-Zielanspruchsbedingungen.

Die quantitative Bewältigung von Problemen des Marketing ist aus verschiedenen Wurzeln gewachsen und kann, was die Operationalität betrifft, noch als relativ jung angesehen werden. Der Verfasser ist bemüht, die aus dem Bereich der Marginalanalyse wie auch besonders aus dem durch die Anwendung von *Operations-Research-Verfahren* gekennzeichneten Bereich stammenden Modellstrukturen hinsichtlich deren Vollständigkeit und Operationalität zu prüfen. Dabei werden auch lösungstechnische Gesichtspunkte durch die Diskussion von Methoden der binären Optimierung, der Heuristik und, wo erforderlich, der Simulation weitestgehend berücksichtigt.

Die Arbeit zeichnet sich durch eine erfreuliche Kombination von qualitativer und quantitativer Diskussion aus. Besonderer Hervorhebung verdient auch ein Ergebnis: Mit zunehmendem Detaillierungsgrad der Abbildung von Marketing-Aktivitäten muß eine kontinuierliche Betrachtungsweise immer stärker einer *diskontinuierlichen Betrachtungsweise* weichen. Dies führt dann im Modellansatz zu vollständig formulierten Alternativen, die durch binäre Variable miteinander verbunden werden. Durch konsequente Durchführung dieser Erkenntnis hebt sich die vorliegende Publikation deutlich von einer Vielzahl vergleichbarer Arbeiten ab und liefert damit einen originären Beitrag zur Entwicklung dieses Literaturkreises. Man wird abwarten müssen, welche Modellstrukturen in der Anwendung künftig dominieren werden.

Frankfurt/M., den 18. 12. 1972 Prof. Dr. Rudolf Gümbel

Inhaltsverzeichnis

1. Einführung

1.1 Die Komponenten des Marketing

Die Absatzpolitik einer Unternehmung in der Marktwirtschaft umfaßt alle Dispositionen der Unternehmung im Hinblick auf die entgeltliche Verwertung wirtschaftlicher Güter in ihren spezifischen Absatzmärkten. Sie stellt also die Frage nach der Menge, dem Preis, dem Ort, dem Zeitpunkt und dem Bündel sonstiger relevanter Merkmale, die den Übergang wirtschaftlicher Güter vom Anbieter zum Nachfrager beeinflußen können und in welcher Weise sie dies tun. Zusammenfassend wird dieser Problembereich auch durch den Begriff Marketing beschrieben.

Dieser Begriff, nach dem ersten Weltkrieg in den USA entstanden und seit Ende der fünfziger Jahre auch in Deutschland allgemein gebräuchlich geworden, meint in seiner älteren Ausprägung die Gesamtheit „aller absatzwirtschaftlichen Maßnahmen und Einrichtungen einschließlich des Handels, der Marktveranstaltungen, der Werbung und des Beschaffungswesens" [294, S.551]. Das Definitions Committee der American Marketing Association (AMA) definierte im gleichen Sinn Marketing als „the performance of business activities that direct the flow of goods and services from producer to consumer or user" [413, S. 202 ff.].

Schwerpunktartig widmet sich die neuere Marketing-Theorie den in der Vergangenheit weitgehend vernachlässigten Aspekten wie der systematischen Informationsgewinnung, der Zukunftsorientierung der Aktionen, der Notwendigkeit des Einsatzes von Planungstechniken, der Berücksichtigung von Koordinations- und Organisationsgesichtspunkten sowie der stärkeren Betonung von Entscheidungs- und Kontrollaspekten. Gleichzeitig wird gefordert, daß alle betrieblichen Funktionen und Dispositionen auf die Markterfordernisse abzustellen seien, was bedeutet, daß das produktionswirtschaftliche Denken zurücktritt und das Schwergewicht der Unternehmenspolitik sich auf den Absatzbereich verlagert. Das Hervortreten von Begriffen wie Bedarfsweckung, Marktschaffung, Marktgestaltung kennzeichnet die Diskussion.

Selbstverständlich ist dabei weiterhin die Beachtung der Interdependenzen zwischen den betrieblichen Teilbereichen, die Erkenntnis nämlich, daß sich die durch die Marktverhältnisse ausgelösten Entscheidungen nicht nur im Absatzsektor, also in den Erlösen bzw. den Vertriebskosten niederschlagen, sondern ebenso im Beschaffungs-, Lager-, Produktions- und Finanzbereich Konsequenzen nach sich ziehen, wie auch umgekehrt Dispositionen in anderen Bereichen sich auf den Absatz auswirken. Marketing wird also gesehen als „das Führen des Unternehmens vom Absatzmarkt her" [164, S. 173 u. S. 13 ff]. Dabei darf sicherlich nicht übersehen werden, daß auch schon früher fortschrittlich denkende Unternehmen derartige Aspekte in ihre Überlegungen einbezogen haben, in letzter Zeit indessen kommen sie unter starkem Konkurrenzdruck und dem Zwang des Ausnützens aller gebotenen Vorteile nicht umhin, die als richtig erkannten Tatbestände auch systematisch in die Tat umzusetzen.

Betrachtet man die Marketingaktivitäten näher, so lassen sich zwei Hauptkomponenten unterscheiden [155, S.31]. Die eine drückt sich im Auffinden neuer Ideen und Gestaltungsmöglichkeiten, in der Gangbarmachung neuer Wege aus, gleichgültig, ob das nun in der Werbung, beim Verkäufereinsatz oder in der Produktgestaltung geschieht. Man spricht von der *kreativen Komponente.* In den letzten Jahren hat diese schöpferische Note die Marketingkonzeptionen der Unternehmungen sehr stark geprägt.

Neuerdings tritt jedoch eine zweite Komponente, die *Kalkülkomponente,* immer mehr in den Vordergrund. Die Unternehmung will wissen, welche der durch kreative Tätigkeit herausgefundenen Handlungsalternativen und Aktionenbündel ausgewählt werden sollen, wie erfolgreich verschiedene Maßnahmen waren bzw. sein werden und in welchem Ausmaß sie zu der wie immer definierten Zielgröße beitragen, das unternehmungsspezifische Präferenzsystem erfüllen. Nicht umsonst befällt viele Unternehmungen in der Praxis Unbehagen über die Art, wie etwa die gewaltigen Budgets für die Werbung, Produktvariation oder Verkaufstätigkeit bestimmt und verteilt werden. Sie vermuten, daß zumindest ein großer Teil derartiger Ausgaben nicht so effizient eingesetzt würde, wie es sein könnte.

Eine Folge davon ist, daß die Unternehmensleitungen nach möglichst beweisbaren, begründeten Anhaltspunkten als Grundlage für ihre Dispositionen im Absatzbereich suchen, das ausschließliche Vertrauen auf Erfahrungen und Intuition genügt nicht mehr. Alle erreichbaren Marktdaten müssen zusammengetragen werden, man stützt sich mehr und mehr auf großangelegte empirische Untersuchungen bzw. fordert sie zur besseren Erkenntnis der Zusammenhänge. Kennzeichnend ist überdies die Suche nach immer neuen Wegen und Methoden der Analyse der Absatzphänomene, vielfach verbunden mit der Notwendigkeit einer Entlehnung und Integrierung der Erkenntnisse aus anderen Disziplinen wie etwa der Statistik und Wahrscheinlichkeitsrechnung, der Psychologie und Motivforschung, der Soziologie und empirischen Sozialforschung [294, S.555 ff; 189, S. 93 ff u. 138 ff; 375, S. 195 ff].

Als eine weitere Komponente bei der Betrachtung der Marketingmaßnahmen kann die *zeitliche Dimension* beim Einsatz der Aktivitäten angesehen werden. Hierbei spielen vor allem Gesichtspunkte wie „die Aktivierbarkeit und Flexibilität der Instrumente, d.h. die Schnelligkeit, mit der die Instrumente herangezogen werden können, bzw. Beginn und Dauer des Zeitraums, in dem Wirkungen zu erwarten sind, eine Rolle" [295, S. 73]. In diesen Bereich gehört z. B. auch die Beschäftigung mit den zeitlich verschobenen Reaktionen der eigenen Unternehmung auf die Aktionen der Konkurrenz und der Nachfrager, die Zeitdauer der Datenermittlung, der zeitliche Wirkungszusammenhang (Carry-over-Effekte) und die daraus abgeleitete zeitliche Abstimmung der Marketing-Dispositionen.

1.2 Die Entwicklung der Marketing-Theorie und der Zweck dieser Untersuchung

Die Beiträge der wirtschaftswissenschaftlichen Theorie zur Erforschung der Absatzprobleme kamen aus mehreren Wurzeln. Ein Ansatzpunkt ist zweifellos die *klassische Preistheorie.* Hier war es lange Zeit üblich, auf sehr hohem Abstraktionsgrad lediglich Preise bzw. Mengen als Aktionsparameter der Unternehmung zu betrachten, während alle anderen zur Verfügung stehenden absatzpolitischen Variablen in ihrem Einsatz als gegeben und unabänderlich vorausgesetzt bzw. gänzlich negiert wurden. Als einer der ersten hat *CHAMBERLIN*[1] weitere Instrumentalvariablen wie „product differentiation" und „selling costs" in die theoretische Analyse einbezogen und ist damit der Wirklichkeit, wo viele absatzpolitische Aktionsparameter simultan eingesetzt werden, einen Schritt näher gekommen. Gleichzeitig ist damit das Konzept der absatzpolitischen Instrumente begründet worden, wie es bei uns nach 1955 vor allem durch *GUTENBERG* [158]; (zur Einteilung der Instrumente s.a. [24, Sp. 5988 ff]) herausgearbeitet wurde, der nebeneinander mehrere Instrumentalbereiche behandelt, wobei jedoch Art und Umfang der quantitativen Analyse für die einzelnen Instrumente stark divergieren.

Als zweite Wurzel sei hier die Theorie, die sich mit dem Verbraucherverhalten beschäftigt, angeführt. Hierunter sollen alle diejenigen wissenschaftlichen Vorgehensweisen subsumiert werden, die unter dem Namen *Theorie des privaten Haushalts,* so wie sie beispielsweise durch die Beiträge von *PARETO* bis *LANCASTER* gekennzeichnet ist und als „theory of consumer behavior" etwa im Sinne von *NICOSIA* oder *HOWARD* bekannt sind [306; 307; 184; 10; 331; 245; 292; 77, 78; 373; 101; 38]. Indessen sind die Haushalte als diejenigen Wirtschaftseinheiten, deren Einkaufsaktivitäten der Zweckerfüllung des Wirtschaftens, dem Konsum, unmittelbar vorgelagert sind, nicht allein Gegenstand

1 *CHAMBERLIN, E.H.* [67] im folgenden zitiert 7.Aufl. Cambridge (Mass.) 1961; darauf aufbauend erschien eine Vielzahl von Untersuchungen, zunächst vor allem unter Einbeziehung der nachfrage-beeinflussenden Werbeaktivitäten; siehe dazu die Literaturübersicht auf S. 34 ff. dieser Arbeit.

deduktiv betriebener Forschung, sondern weiterhin auch Objekt empirischer und damit induktiv orientierter Untersuchungen [348; 113; 384; 340; 347][2].

Eine Synthese stellt im gewissen Sinne der Behaviorismus dar, bei dem nämlich die Nachfrageanalyse aus konkretem Verhalten abgeleitet, d.h. objektiv beobachtbare Handlungen als Grundlage der Theoriebildung benutzt werden [261; 331; 190].

Die Grenzen der neoklassischen Haushaltstheorie zeigen sich u.a. einmal da, wo man entdeckt, daß nur in den wenigsten Fällen mit Rationalverhalten der Letztverbraucher zu rechnen ist, d.h. die Planungsfähigkeit und -willigkeit der Haushalte wurde stark überschätzt, und zum anderen, daß mehr als nur Preise und Einkommen bei der Kaufentscheidung eine Rolle spielen. Die Verfeinerungen liefen deshalb darauf hinaus, daß man auch irrationales Verhalten, also Aktionstypen wie Gewohnheits-, Impuls- oder sozial abhängiges Verhalten analysierte [36; 255], Aussagen über die Einführung neuer Güter in das Konsumschema machte, über die Länge der Planungsperiode und die Fristigkeit der Konsumausgaben [16; 27], über Konsumentscheidungen, bei denen kein einheitlicher Wille vorliegt [90] sowie etwa eine Aufspaltung in Disponent, Benutzer oder Verwender und Einkäufer eines Gutes vorgenommen wird, falls dies notwendig erscheint. Man beschränkt sich nicht mehr nur auf die Beschreibung des Überganges der Güter in den Verfügungsbereich der Haushalte, sondern trifft auch Aussagen über die Aufspaltung des Verwendungsnutzens, wenn z.B. ein Gut verschiedene Arten von Nutzen zu stiften in der Lage ist (Mehrdimensionalität) [245; 390]. Auch hier mußte man sich zwangsläufig der Hilfestellung anderer Wissenschaften, insbesondere der Motivforschung und Soziologie bedienen, um etwa Kaufbeweggründe zu erforschen [114; 290; 233; 94; 146; 403]. Die Grenzen der empirischen Nachfrageanalysen zeigen sich häufig noch dort, wo die daraus abgeleiteten Aussagen nicht ausreichen, um konkrete Aufgaben bewältigen und optimale Lösungen erarbeiten zu können, d.h. einer Unternehmung keine Antwort auf die Frage geben, welche Handlungsalternativen auszuwählen sind. Sinnvoll wäre ein Versuch der Verzahnung der Theorie des Konsumentenverhaltens mit der einzelbetrieblichen Marktforschung, so daß auf Grund einer Verbesserung des Wissens um die beschränkte Zahl und Anwendung der Aktionsparameter des Nachfragers, wie etwa der Dispositionen über Einkaufszeit und -ort, der Einkaufspreisvorstellungen und der gewünschten Produkteigenschaften und beigegebenen Dienstleistungsbündel relevante, von der Konsumentenseite determinierte, externe Restriktionsbereiche abzugrenzen sind, die es einer Unternehmung erlauben, ihre Marketing-Aktivitäten gezielter einzusetzen. Mit Hilfe einer auch auf derartige Merkmale abzustellenden Kundensegmentation kann eine Verbesserung erreicht werden.

[2] Hierher gehören z.B. auch Untersuchungen über Kaufkraftbezirke wie die der Gesellschaft für Konsumforschung Nürnberg u.ä.

Als dritte Wurzel brachte die *Marketing-Theorie* in den USA durch die verschiedenen „approaches", die den Untersuchungsgegenstand aus einem jeweils anderen Blickwinkel beleuchten, eine stufenweise fortschreitende Klärung der Zusammenhänge im Absatzbereich [279; 26; 120; 163; 350]. Die Entwicklung führte vom *„commodity approach"* [355, S. 71 ff], der einzelne Waren- oder Produktgruppen und deren spezifische Eigenarten in den Mittelpunkt stellt, über den *„functional approach"* [9; 257; 355, S. 3 ff; 335; S. 21 ff], bei dem die absatzwirtschaftliche Funktionsausübung, d.h. die Tätigkeiten beim Güterfluß vom Produzenten zum Verbraucher möglichst allgemeingültig beschrieben werden, den *„institutional approach"* [102; 293; 355, S. 131 ff; 335, S. 43 ff], der die Träger der Absatzaufgaben untersucht, bis hin zum *„legal approach"* [191; 398], der sich mit den gesetzlichen Vorschriften und Beschränkungen, so z.B. mit der Festlegung landwirtschaftlicher Normen, dem Warenzeichenrecht oder den gesetzlichen Regelungen zur Sicherstellung des Wettbewerbs befaßt.

Heute steht der *„managerial approach"* im Vordergrund, bei dem die Beurteilung der Marketing-Zusammenhänge aus der Warte des Führenden und Entscheidenden erfolgt [359; 394; 346; 369; 95; 73; 188; 281]. Die Marketing-Theorie trifft sich hier mit der Lehre von den unternehmerischen Führungsentscheidungen. Eng damit zusammen hängt und daraus entstanden ist der *„operations research approach"* [266; 277; 65; 226], welcher Führungsaufgaben nicht nur beschreibt, sondern quantifizierbare Entscheidungsunterlagen, meist in der Form von Modellen, liefern will. Neuerdings, da die Forschung auf dem Absatzsektor von der Notwendigkeit der Zusammenarbeit mehrerer Wissenschaftsbereiche überzeugt ist, um zu besseren Ergebnissen zu kommen, spricht man auch vom *„multidisciplinary approach"* [251].

All diese zuvor skizzierten Vorgehensweisen lieferten jede für sich einen eigenständigen Beitrag zur Untersuchung der Absatzgegebenheiten; es ist jedoch nicht zu übersehen, daß sie sich in vielen Aspekten überlagern. So läßt sich etwa der „commodity approach" sowohl auf empirischer Ebene als auch auf theoretischer Basis durchführen, das Konzept der absatzpolitischen Instrumente ist auch mit Verfahren des Operations Research zu behandeln und die „theory of consumer behavior" bedient sich psychologischer Methoden.

Diese Arbeit will nun möglichst viele der angesprochenen Betrachtungsweisen auf einen gemeinsamen Nenner bringen und ein Konzept finden, das die Vielfalt der Probleme und deren Eigenarten berücksichtigen kann. Weiterhin soll versucht werden, die Diskrepanz, die in der Literatur noch weitgehend zwischen mehr theoretisch abstrakten Untersuchungen, welche nur sehr bedingt einen Beitrag zu einer operationalen, anwendungsgeeigneten Betriebswirtschaftslehre liefern, und empirisch ausgerichtetem Material über Verbrauchsgewohnheiten, Käuferverhalten oder Kommunikationsverhalten, das in den letzten Jahren in großem Maße und auf vielfältige Weise erhoben wurde, zu überbrücken. Zum

Dritten sind in letzter Zeit auch eine Anzahl neuer, rechentechnischer Verfahren und Algorithmen entwickelt worden, die sich in besonderer Weise zur Lösung der hier angeschnittenen Fragestellungen eignen. Zweck dieser Untersuchung soll sein, eine Synthese dieser drei angesprochenen Gebiete zu erarbeiten, um so eventuell zu Ergebnissen zu kommen, die für die Praxis verwertbar sind.

Der Aufbau der Arbeit wird so sein, daß nach einer kurzen Darstellung des Gesamt-Marketing-Systems ein Sektor, der in Theorie und Praxis schon recht weit entwickelt ist, nämlich die Mediaplanung, herausgegriffen wird und als Grundlage der folgenden modellmäßigen Behandlung dient. Diese Vorgehensweise hat den Vorteil, daß sich dieser Bereich zum einen schon sehr stark auf empirisches Material stützen kann sowie die Anwendung von Operations Research-Verfahren erfordert. Er ist zum anderen methodisch gut geeignet als Einstieg für eine stufenweise Erweiterung der Modelle im Hinblick auf die Einbeziehung anderer Aktionsparameter des Marketing-Komplexes.

So werden im zweiten Teil der Arbeit die mehr kurzfristigen Aspekte der Produktgestaltung, also das Finden der im Hinblick auf die zugrundeliegende Marktsituation sowie unter Berücksichtigung der produktionsbedingten Restriktionen optimalen Eigenschaftskombination eines Produktes, behandelt. Dabei erfolgt sowohl bei der Darstellung der Werbeaktivitäten wie auch bei der Beschreibung der Produktaktivitäten zunächst eine qualitative Diskussion der jeweiligen Besonderheiten und daran anschließend wird versucht, die Ergebnisse in ein Modellsystem zu übertragen. Diese quantitative Analyse läßt sich zum einen deterministisch und zum anderen mit Hilfe eines Instrumentariums zur Einbeziehung der Unsicherheit durchführen. Zum Schluß soll noch gezeigt werden, wie sich auch die Distributionsaktivitäten in die vorgeschlagene Konzeption einpassen.

2. Das Marketing-System

2.1 Die Elemente des Systems

Als Ausgangspunkt für die weiteren Ausführungen sollen, wie in Abb.1. aufgezeigt, die Zusammenhänge zwischen den einzelnen Elementen des Marketing-Systems sowie die damit verbundenen Problemkreise dargestellt werden [83].

Unter System verstehen wir dabei nach allgemeiner Definition eine Anordnung von Elementen, zwischen denen eine Vielzahl von ein- und/oder mehrstufigen Interaktionen besteht [299; 54, S. 17 ff; 371, S. 151 ff].

2.11 Die Aktivitäten der nachfragenden Wirtschaftssubjekte

Eines der Hauptelemente des beschriebenen Marketing-Systems stellen die Aktivitäten der Wirtschaftssubjekte, die am Ende des Absatzprozesses stehen, dar. Dabei interessieren vornehmlich die Aktivitäten der Konsumenten, deren Bedürfnisse sich in Nachfrage nach Wirtschaftsgütern umsetzen. Deren unterschiedliches Handeln erklärt sich aus ihrem unterschiedlichen Präferenzsystem und aus ihrer im Zeitpunkt des Entscheidens schon zur Verfügung stehenden, unterschiedlichen Mittelausstattung einschließlich des „Informationsbestandes". Ihre Dispositionen werden weiterhin beeinflußt durch die Bedingungen der Umwelt, in der sie agieren, z.B. durch Art und Umfang des Waren- und Dienstleistungsangebotes, durch Werbeeinflüsse, denen sie sich gegenübersehen, oder durch soziale Prägungen[1].

Die Aktivitäten der nachfragenden Wirtschaftssubjekte können, korrespondierend zu den im folgenden abgeleiteten Marketingaktivitätsbereichen, die die übrigen Elemente des Systems bilden, unterteilt werden in solche Aktivitäten, die zur Informationserlangung, in Aktivitäten, die zur Sicherung der Nutzensgewißheit und in solche, die für den eigentlichen Einkaufsakt eingesetzt werden. Den Informationsaktivitäten der Nachfrager stehen dann vor allem die Werbeaktivitäten der Unternehmung gegenüber, was nicht heißt, daß nicht auch durch bestimmte Produkt- oder Distributionsaktivitäten noch Informationen an die Kon-

[1] Eine Voraussetzung dafür, daß von den polypsonistisch auftretenden Konsumenten eine für den Anbieter fühlbare Nachfrage ausgeht, sind bestimmte Gleichförmigkeiten in den Bedarfsäußerungen der Verbraucher, d.h., es ist bis zu einem bestimmten Grade Gleichartigkeit in den Zielsetzungen und Verhaltensmustern, dem Restriktionsrahmen und den Umweltbedingungen notwendig.

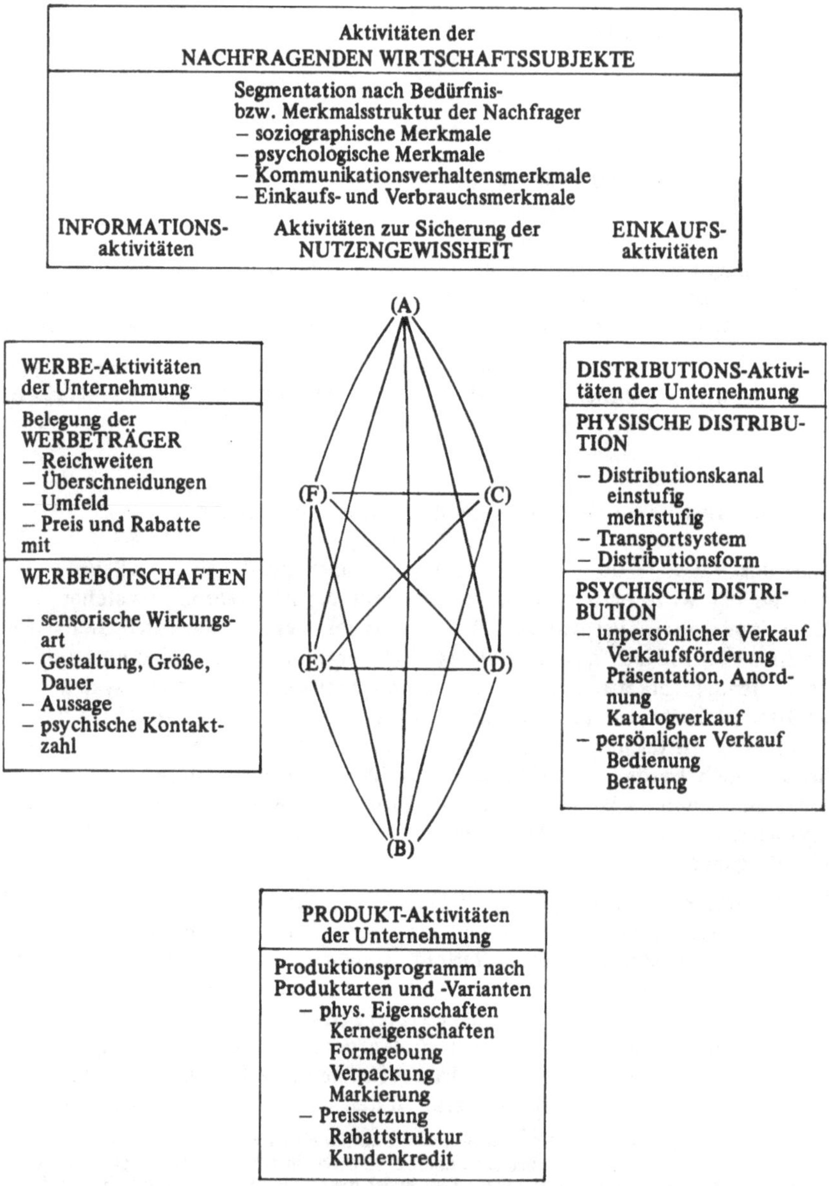

Abb. 1: Das Marketing-System

sumenten gelangen könnten. Die Aktivitäten zur Sicherung der Nutzensgewißheit umfassen die Bemühungen, die auf die Prüfung der Produkteigenschaften hinsichtlich ihrer Gebrauchs- oder Verbrauchsnutzenstiftung verwendet werden und stellen damit auf die Produktaktivitäten des Produzenten ab. Schließlich entsprechen den Distributionsaktivitäten der Unternehmung die Einkaufsaktivitäten der Nachfrager.

Es ist selbstverständlich, daß sich die Nachfrager nach verschiedenen, sich überlagernden Gesichtspunkten mehrdimensional klassifizieren lassen; man spricht je nach Zwecksetzung der Einteilung von Käuferschichten, Kundengruppen, Haushaltstypen oder Zielgruppen [90; 337, S. 70 ff; 118, 207, S. 14 ff].

2.12 Die Produktaktivitäten

Jedes wirtschaftliche Gut ist dadurch gekennzeichnet, daß es eine Vielzahl von Eigenschaften aufweist; neben jenen, die in der Produktionssphäre entstehen und die u.a. die Produktgestaltung ausmachen, stehen solche, die z.B. schon bei der Beschaffung der Produktionsfaktoren, im Absatzbereich oder in der Finanzabteilung kontrolliert werden. Daneben gibt es im Rechtssystem begründete Eigenschaften wie z.B. vertragliche Bindungen. Daraus geht hervor, daß die wirtschaftlichen Güter in der Regel einen *Kern von Sachguteigenschaften* besitzen, der in unterschiedlichem Maße mit *Nichtsachguteigenschaften* verbunden ist. Dem steht nicht entgegen, daß auch Dienstleistungen oder selbständige, verkehrsfähige Rechte als Gegenstand des Marktverkehrs auftreten, nur ist dann der Nichtsachgutbereich dominierend.

Jedes so allgemein definierte wirtschaftliche Gut hat einen Preis, der für das gesamte abgegebene bzw. nachgefragte Eigenschaftsbündel gezahlt wird und der normalerweise in der Entscheidungskompetenz des anbietenden Wirtschaftssubjektes liegt. In der neueren Marketing-Literatur wird auch der Preis vielfach als eine Eigenschaft des Gutes angesehen[2]. Die Produktaktivitäten bestehen nun darin, all diese Eigenschaften zu schaffen bzw. zu verändern.

Auch bei den Wirtschaftsobjekten ist eine Vielzahl von Klassifikationsmöglichkeiten gegeben. Das heißt formal nichts anderes, als daß aus dem gesamten Eigenschaftsspektrum spezifische Eigenschaften in den Vordergrund gestellt werden und die Produkte danach zu Gruppen zusammengefaßt werden. So entstehen etwa „Qualitätsstufen", Preisklassen, Produktklassen nach dem Grad der Konsumreife, nach dem Verwendungszweck, der Zahl der Nutzungsakte u.a.

Die gedankliche Zusammenfassung von mehreren Absatzobjekten, in der Hauptsache natürlich von Sachgütern, verbunden mit Dienstleistungen und Rechten,

2 Siehe dazu die nähere Begründung auf S. 120 dieser Arbeit.

führt zu Produktionsprogrammen bei industriellen Betrieben oder Sortimenten bei Handelsbetrieben [116, S. 32ff; 152, S.53ff]. Im Rahmen dieser Untersuchung stehen die Konsumgüter im Vordergrund; sofern dabei bestimmte Voraussetzungen wie ein über die Zeit konstantes oder sich verbesserndes Eigenschaftsspektrum, das die Markierung einschließt, gegeben sind, genügt es, einfach von Markenartikeln zu sprechen[3]. Der Eigenschaftscharakter der Produkte wird auch im weiteren Verlauf der Untersuchung als grundlegende Konzeption herangezogen, nur werden im Hinblick auf die angestrebte operationale Behandlung die Bereiche Werbung und Distribution aus dem allgemeinen Eigenschaftsspektrum ausgegliedert. Somit handelt es sich bei den Produktaktivitäten im wesentlichen um die Eigenschaften, die durch die sachliche Transformation der Güter zustande kommen. Dazu gehören beispielsweise die Faktoren Produktgestaltung i.e.S., Verpackung und Kennzeichnung. Damit ist das Element (B) des Marketing-Systems hinreichend beschrieben.

2.13 Die Werbeaktivitäten

Die Eigenschaften eines Absatzobjektes, die diesem aufgrund von Werbemaßnahmen hinzugefügt werden, sollen hier gesondert behandelt werden. Dies erscheint deshalb gerechtfertigt, weil der Werbung innerhalb der Absatzpolitik einer konsumgüterorientierten Unternehmung ein besonders starkes Gewicht zukommt.

Die in diesem Systemelement zusammengefaßten Aktivitäten beziehen sich ausschließlich auf die Streuwerbung[4].

Hierbei stehen solche Bemühungen im Vordergrund, die den Nachfragern die Absatzobjekte ins Bewußtsein tragen sollen, d.h. einerseits Informationen liefern und zum anderen gleichzeitig auch Einfluß auf das Präferenzsystem der Verbraucher ausüben. Diese Aufgaben haben Werbebotschaften bestimmter, nach Aussage, Farbe, Form, Gestalt und Größe unterschiedlicher Ausgestaltung und bestimmter zeitlicher Abfolge (Element (E)) im Marketing-System.

Die Werbebotschaften brauchen zu ihrer Verbreitung Kommunikationsmittel, Werbeträger, um an die Konsumenten zu gelangen. Diese Medien lassen sich nach ihren spezifischen Merkmalen, der Art der Kommunikation, ihrer Reich-

3 Siehe zur Definition des Markenartikels: [272; 158, S. 387; 355, S. 83 ff].

4 Nur dann, wenn sich die Werbebotschaften „spezieller Kommunikationsmittel" bedienen, die nicht nur hilfsweise neben anderen Aufgaben auch solche der Werbung erfüllen, und die werbende Effekte, wie sie auch von anderen absatzpolitischen Maßnahmen ausgehen können, ausschließen, wird hier von Werbung gesprochen. Alle ähnlich gelagerten Aktivitäten sollen unter dem Gesichtspunkt der „psychischen Distribution" behandelt werden; siehe zur Definition [39, S. 13f; 356, S. 7f].

weite, der Erfassung bestimmter Bevölkerungsschichten, dem Grad ihrer Verfügbarkeit, dem Preis u.a. gruppieren [39, S. 91ff]. Mit den Werbeträgern erhalten wir das Element (F) des Systems. Die mit dem Einsatz der Werbung zusammenhängenden Aktivitäten werden in Kap. 3. noch eingehend behandelt.

2.14 Die Distributionsaktivitäten

Das Instrument Distribution, so wie es in der einschlägigen Literatur [158, S. 123 ff; 219; 24] auch unter der Bezeichnung Absatzmethode dargestellt wird, schließt eine Vielfalt von Aktionsmöglichkeiten ein. Die Betrachtung soll hier, abweichend von den in der deutschen Literatur zumeist üblichen Einteilungen, auf zwei grundlegende Tatbestände reduziert werden, die zwar eng zusammenhängen, jedoch auf unterschiedlichen Ebenen liegen und damit eine jeweils andere Behandlung erfahren müssen.

Der erste Problemkreis betrifft die Frage, wie die Versorgung der Orte, an denen die Nachfrage entsteht, erfolgen soll. Jeder Anbieter eines Absatzobjektes muß dafür Sorge tragen, daß sein Erzeugnis die Bedarfsträger erreicht, d.h. die abzusetzenden Leistungen müssen *physisch* an die Verbraucher herangebracht, distribuiert werden. Die Grundprobleme sind dabei, ob es noch besonderer Wirtschaftssubjekte als Zwischenglieder zwischen Produzenten und Konsumenten bedarf und wer über die Absatzobjekte auf diesem Wege jeweils disponiert.

Für den Aufbau solcher Distributionskanäle bietet sich eine Vielzahl von Alternativen an, es kann dies ein einstufiger oder mehrstufiger Prozeß sein unter Einschaltung von Zwischenlägern und eigener Verkaufsstellen, selbständiger Groß- und Einzelhandelsunternehmungen; er kann mit Hilfe betriebseigener oder betriebsfremder Verkaufsorgane durchgeführt werden. Dieser letztere Aspekt, also ob und gegebenenfalls welche vertriebspolitischen Maßnahmen unter der Kontrolle des Produzenten, der Händler oder auch der Konsumenten stehen, beinhaltet unterschiedliche Konsequenzen für die Beurteilung der Vorteilhaftigkeit einer Absatzstrategie und der Frage nach einer eventuellen Umgestaltung, da bei den jeweiligen „decisions units" verschiedene Interessenlagen vorliegen. Dies drückt sich wiederum für jede in Betracht zu ziehende Alternative in unterschiedlichen Kosten-, Finanz- und Erlöswirkungen aus.

Die physische Distributionskomponente [335; 355, S. 95 ff; 211, S. 512 ff] stellt im abgebildeten Marketing-System das Element (C) dar. Im wesentlichen wird damit die räumliche Transformation der Absatzleistungen beschrieben.

Daneben darf jedoch nicht übersehen werden, daß im Bereich des Instrumentes Distribution auch eine stark *psychisch* geprägte Komponente eine große

Rolle spielt. Sie drückt sich zum einen überall dort aus, wo menschliches Verhalten, persönliche Überzeugungskraft und persönliche Kontakte zum Tragen kommen[5].

Dies ist z.B. bei den Kundenbesuchen der Vertreter der Fall oder bei den Beratungsleistungen des Verkaufspersonals von Handelsbetrieben, weshalb etwa ein bestimmtes Produkt empfohlen wird und andere nicht (personal selling) [35].

Andererseits gehören hierzu auch die Kontakte, die durch Maßnahmen der Verkaufsförderung (sales promotion) den Nachfragern vermittelt werden. Darunter fallen etwa solche Aktionen wie die ins Auge springende Warenpräsentation, die Abgabe von Geschmacksproben oder das Aufstellen von Display-Material am Verkaufspunkt (point of purchase). Dies alles ist dazu geeignet, in Ergänzung der Streuwerbung Kaufimpulse auszulösen bzw. zu verstärken.

Zwischen beiden Wegen der Beeinflussung besteht so etwas wie eine Substitutionsbeziehung. sie hängen außerdem von der Vertriebsform ab, so stehen etwa im Bedienungsladen die persönlichen Kontakte im Vordergrund und in einem Selbstbedienungsladen die Verkaufsförderungsmaßnahmen. Insgesamt zielen jedoch alle diese Maßnahmen auf eine Präferenzbildung bei den Nachfragern und auf deren psychische Beeinflussung ab; der direkten personellen Transformation steht die mehr indirekt wirkende Form gegenüber. Im Marketing-System bildet die psychische Distribution das Element (D).

Es soll noch aufgezeigt werden, daß eine derartige Betrachtungsweise der Absatzmethodik, wie sie hier vorgenommen wurde, Analogien zur Beschreibung der Werbeaktivitäten, wie sie im vorhergehenden Kapitel erfolgte, aufweist: dem physischen Herantragen der Absatzobjekte an die Nachfrager entspricht bei der Werbung die Aufgabe der Werbeträger, während den Kontakten bei Verkaufsgesprächen und Verkaufsförderungsaktionen die psychische Aufnahme von Werbebotschaften äquivalent ist. Es darf indessen nicht übersehen werden, daß ebenso wie bei der Werbung eine gegenseitige Verflechtung zwischen beiden Komponenten besteht, z.B. ist die Tatsache, daß ein Produzent mehr Verkaufspunkte zeitlich öfter versorgt als ein anderer, also besser distribuiert, schon ein präferenzbildendes Element. Eine Trennung läßt sich deshalb in vielen Fällen nur gedanklich vornehmen.

5 Die Komponente der physischen Distribution deckt sich etwa mit *GUTENBERGs* Gliederungspunkten „Vertriebssystem" und „Absatzwege", während auf die hier herausgestellte Komponente der psychischen Ansprache der Nachfrager bei *GUTENBERG* nicht explizite eingegangen wird, sondern diese nur kurz im Zusammenhang mit der „Absatzform" und bei den „Absatzwegen" berührt wird [158, S. 124 ff., S.129 ff. u. S. 155 ff]. Manche Autoren behandeln die Verkaufsförderung und vereinzelt auch den Vertretereinsatz (personal selling) zusammen mit der Werbung als Kommunikationsproblematik (so etwa *STERN, M.E.* [371, S. 91 ff.], hier sollen jedoch in Übereinstimmung mit der überwiegenden Literatur die Streuwerbemaßnahmen (advertising decisions) wegen ihrer Bedeutung gegenüber den sonstigen Maßnahmen zur psychischen Beeinflussung der Konsumenten gesondert behandelt werden.

Letztlich ist noch zu beachten, daß die Distribution Maßnahmen einschließt, die, wie der Aufbau eines Vertriebskanals, längerfristiger Natur sind, und solche, die kurzfristig umgestaltet werden können, z.B. die Verkaufsförderung.

Damit sind die Hauptelemente des Marketing-Systems für unsere Zwecke hinreichend beschrieben.

2.2 Die Beziehungen zwischen den Elementen des Marketing-Systems

Innerhalb des Marketing-Systems läßt sich zwischen den einzelnen Elementen des Systems eine Vielzahl von Verflechtungen aufzeigen, die im folgenden näher erörtert werden sollen. Wir gehen dabei so vor, daß gleichzeitig ein Überblick über die den jeweiligen Beziehungen zuzuordnenden Problemkreise gegeben wird, bevor in den folgenden Kapiteln die einzelnen Bereiche im Hinblick auf eine Modellbetrachtung analysiert werden.

2.21 Die Beziehungen zwischen Produktsphäre und Konsumentensphäre

Eine der grundlegenden Beziehungen im Marketing-System ist diejenige zwischen dem Systemelement „Produktaktivitäten" und dem Element „Aktivitäten der nachfragenden Wirtschaftssubjekte (Konsumenten)". Jedes Produkt bzw. jede Marke wird bei richtiger Konzeption schon von der Entwicklung her auf einen bestimmten Abnehmerkreis hin angelegt. Das kann zum einen mit einer Strategie erfolgen, die darauf angelegt ist, aus dem Gesamtmarkt aufgrund mannigfacher Kriterien bestimmte Marktsegmente, also Schichten von Nachfragern zu bilden, auf deren Bedürfnisse die Eigenschaften des betreffenden Produktes genau abgestellt sind[6]. Die Unternehmung versucht damit also, eine *Marktlücke* zu finden und auszunützen.
Eine andere, verwandte Strategie geht dahin, einzelne Schichten von Nachfragern dazu zu bewegen, ein von einem bestehenden Produkt in spezifischen Merkmalen modifiziertes, neues Produkt zu kaufen. Diese gewünschte Anpassung der Konsumenten an die angebotene Absatzleistung bezeichnet man als *Produktdifferenzierung.* Eng verwandt mit dieser Idee der Produktvariation ist die Preisdifferenzierung. Dies erhellt einmal daraus, daß der Preis formal ebenso als Produkteigenschaft aufgefaßt werden kann, und zum anderen ist auch sachlich kaum ein Unterschied, da mit einem veränderten Preis ebenfalls eine andere Konsumentengruppe angesprochen werden soll[7].

6 Zur Marktsegmentierung allgemein s. z.B. [229, S. 43 ff; 361]

7 Zur Produktdifferenzierung s.z.B. [235], zur Preisdifferenzierung [388], zur Verbindung beider Konzepte [197].

2.211 Die Beschreibung der Absatzleistungen als Eigenschaftskombinationen

Bevor wir auf weitere, in diesem Bereich zu behandelnde Fragestellungen eingehen, ist es notwendig, die hier zugrundeliegende Produktkonzeption noch näher zu erläutern. Wie schon angedeutet, wird ein Produkt, besser die Mengeneinheit eines Produktes, durch ein *Bündel von Eigenschaften* charakterisiert. Dabei werden jedoch keineswegs nur etwa technische Merkmale in die Betrachtung einbezogen, sondern grundsätzlich alle ökonomisch wesentlichen Eigenschaften eines Produktes, d.h. solche, die in irgend einer Weise einen Einfluß auf die Zielgröße ausüben [59; 215, S. 23 ff; 229, S. 289].

Jede im üblichen Sprachgebrauch sogenannte Qualitätsänderung kann also in unterschiedlicher Weise durch die Variation einzelner relevanter Attribute vor sich gehen. Neben den technisch bestimmten Komponenten gehen in die ökonomische Analyse gleichberechtigt auch solche Produktausprägungen ein, die z.B. aus unterschiedlich gewählten Lagerungsverfahren, Auftragsgrößen, Werbeaktivitäten, Distributionswegen oder Warenpräsentationen im Verkaufsbereich resultieren. Da die Produkteigenschaften im wesentlichen qualitativer Natur sind, spielt es grundsätzlich keine Rolle, ob sie als kontinuierlich veränderbar oder nur als diskontinuierliche Ausprägungen auszudrücken sind. In der folgenden Modellanalyse werden jeweils nur *Alternativen gegenübergestellt.*

In formaler Schreibweise lassen sich alle Eigenschaften als Komponenten eines Vektors auffassen:

$$E_j = \{e_{j1}, \ldots, e_{j\epsilon}, \ldots, e_{j\epsilon^*}\}$$

Dabei bedeuten die $e_{j\epsilon}$, $\epsilon = 1 \ldots \epsilon^*$ die Menge derjenigen Eigenschaften, die aus der Menge aller denkbaren Eigenschaften E gerade dem Produkt j zugeordnet und nach einer Anordnungsvorschrift gerade zu dem Eigenschaftsvektor E_j zusammengefaßt werden können. Für eine operationale Analyse gilt die Einschränkung, daß es sich um relevante, also zielbeeinflussende Eigenschaften handelt, um die Zahl der in Betracht zu ziehenden Komponenten nicht in unübersehbare Dimensionen wachsen zu lassen.
Eine weitere Spezifizierung geht dahin, zunächst nur solche Eigenschaften in den Vektor einzubeziehen, welche von der Unternehmung festlegbar und kontrollierbar sind. Erst in einer weiteren Stufe kommen solche Eigenschaften hinzu, die nicht in den Dispositionsbereich der eigenen Unternehmung fallen, sondern von Dritten, seien es z.B. Nachfrager oder Konkurrenten, kontrolliert werden.

Eine weitere Aufspaltung führt zu den Teilmengen aller vorwiegend produktionsbezogenen Eigenschaften (p)

$$E_{jp} = \{ e_{jp_1}, \ldots, e_{jp_\kappa}, \ldots, e_{jp_{\kappa^*}} \},$$

aller in erster Linie absatzbezogenen Eigenschaften (v)

$$E_{jv} = \{e_{jv_1}, \ldots, e_{jv_\sigma}, \ldots, e_{jv_{\sigma*}}\}$$

und schließlich aller sonstigen, hier nicht explizite interessierenden Eigenschaften, z.B. aus dem Beschaffungs- oder Finanzbereich (s)

$$E_{js} = \{e_{js_1}, \ldots, e_{js_\delta}, \ldots, e_{js_{\delta*}}\}$$

Innerhalb der Menge der absatzbezogenen Eigenschaften können wiederum Teilmengen gebildet werden, beispielsweise nach den folgenden Gliederungskriterien:

E_{jv_w}: durch die Werbeaktivitäten bestimmte Eigenschaften

E_{jv_d}: durch die Distributionsaktivitäten bestimmte Eigenschaften

E_{jv_q}: sonstige zur Produktvariation geeignete Eigenschaften, darunter

E_{jv_r}: durch die Preissetzung bestimmte Eigenschaften (einschließlich Rabattgewährung).

Zur Illustration dient die mengentheoretische Darstellung in Abb. 2.

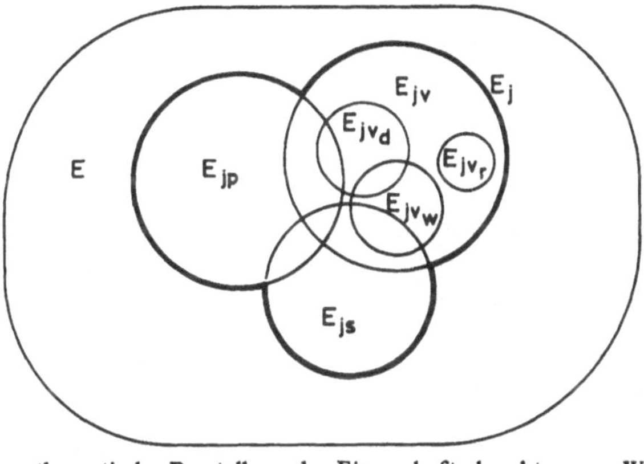

Abb. 2: Mengentheoretische Darstellung des Eigenschaftscharakters von Wirtschaftsgütern

Die Überschneidungen (Durchschnitte) kennzeichnen dabei diejenigen Eigenschaften, die zwei oder mehreren Teilmengen gleichzeitig angehören und damit die Abhängigkeit der Dispositionen in verschiedenen Aktivitätsbereichen.

Eine besondere Behandlung verdient die Frage, ob der Preis als eine derartige Eigenschaft eines Produktes aufgefaßt werden soll. Während in der konventionellen Analyse der Preis nur das geldmäßige Äquivalent für eine meist nicht näher spezifizierte Einheit des Gutes darstellt, wird bei der hier zugrundeliegenden Betrachtungsweise jede Mengeneinheit eines Produktes durch einen Eigenschaftsvektor, der Elemente aus dem Sachgutbereich und aus dem Nichtsachgutbereich umfaßt, genau bestimmt. Jeder solcherart definierten Mengeneinheit ist dann von der Unternehmung ein Preis zuzuordnen. Für die Nachfrager gilt jedoch, wie es vor allem in mehr psychologisch orientierten Untersuchungen, die auf der Konzeption des semantischen Differentials basieren, zum Ausdruck kommt, daß der Preis häufig wie jede andere in die entsprechende Analyse eingehende Eigenschaft eines Produktes behandelt wird[8].

2.212 Die Beschreibung der Konsumenten auf der Grundlage von Bedürfnis- bzw. Merkmalskombinationen

Betrachtet man die ökonomischen Auswirkungen von Veränderungen des Eigenschaftsbündels eines Produktes, so sind hauptsächlich zwei Aspekte zu beachten. Unterschiedliche Ausprägungen bei den abzusetzenden Gütern verursachen einerseits zumeist unterschiedliche Kosten, führen jedoch andererseits auch zu unterschiedlichen Veränderungen der Nachfrage und damit der Erlöse[9]. Da sich die Nachfrage der Konsumenten aus deren *individuellen Bedürfnissen* ableitet, sind die sich daraus ergebenden Überlegungen im Hinblick auf die Dispositionen der Unternehmung über Produkteigenschaftsbündel zu präzisieren.

Entsprechend der oben dargestellten Produktkonzeption lassen sich auch bei den Nachfragern deren Einzelbedürfnisse zu Bedürfniskomplexen zusammenfassen[10]. Formal haben wir es wiederum mit einem Bedürfnisvektor zu tun:

$$B_{j'} = \left\{ b_{j'1}, \ldots, b_{j'\mu}, \ldots, b_{j'\mu^*} \right\}$$

wobei die Einzelbedürfnisse $b_{j'\mu}$, $\mu = 1 \ldots \mu^*$ in ihrer Gesamtheit die Bedürfniskombination $B_{j'}$, im Hinblick auf den Konsumzweck j' bestimmen, d.h. zum Vektor $B_{j'}$, angeordnet werden[11].

[8] Vgl. dazu die Ausführungen auf S. 120 dieser Arbeit sowie die dort angegebene Literatur.

[9] Zur Verdeutlichung kann die Koeffizientenmatrix eines LP-Modells herangezogen werden, in der die einzelnen Spaltenvektoren für die Variablen (Produkte) die Auswirkungen unterschiedlicher Eigenschaftskombinationen, etwa hinsichtlich ihres Deckungsbeitrages oder der Belastungskoeffizienten wiedergeben. Das Problem kann auch auf die Ebene der Ein- und Auszahlungen transformiert werden; absatzpolitische Aktivitäten wie Kreditkäufe oder Garantieleistungen wären damit genauer zu berücksichtigen.

[10] Vgl. zu diesem Tatbestand sowie zu der Bezeichnung [208, insbes. S. 56 ff.] und die weitergehenden Ausführungen auf S. 121 ff. dieser Untersuchung.

[11] Die Einzelbedürfnisse können auf einer untergeordneten Ebene auch zu Teilkomplexen zusammengefaßt werden, die etwa den Aktivitätsbereichen der Nachfrager entsprechen. So erhält man z.B. die Teilkomplexe der Informationsbedürfnisse, der Bedürfnisse nach den Gebrauchs- bzw. Verbrauchseigenschaften des jeweiligen Produkts (Aktivitäten zur Sicherung der Nutzengewißheit) und schließlich der Bedürfnisse hinsichtlich der Einkaufsmöglichkeiten.

Den einzelnen Bedürfniskomponenten der Konsumenten stehen die von den Anbietern disponierten Eigenschaften der Absatzleistungen gegenüber, d.h. jedem *Bedürfnisvektor* ist durch Umordnung der jeweiligen Komponenten ein entsprechender *Eigenschaftsvektor* zuzuordnen. Umgekehrt bedeutet dies für die Absatzpolitik einer Unternehmung, daß jede vom Produzenten festgelegte Eigenschaft eines Gutes genau auf bestimmte Bedürfniskomponenten der Konsumenten abgestimmt sein sollte. Da die Nachfrage aus einer „selektiv reduzierten Konstellation von Bedürfnissen" entsteht [235, S. 40], muß die Planung einer Absatzleistung so angelegt sein, daß die zu schaffenden „Qualitätsmerkmale" den von der Nachfrage geforderten Eigenschaften entsprechen bzw. sie übertreffen sollen, damit das betreffende Gut gekauft wird[12].

Im Hinblick auf die Anwendbarkeit dieser Konzeption ist zu sagen, daß sich in vielen realen Fällen die spezifischen Bedürfniskomplexe der Konsumenten nicht deutlich genug ermitteln lassen werden. Deshalb erscheint es angebracht, gewissermaßen ersatzweise auf eine andere Ebene, nämlich die der Erfassung der *sozialökonomischen Merkmalsstruktur* der nachfragenden Wirtschaftssubjekte abzustellen. An die Stelle der Bedürfniskomponenten lassen sich nun, falls diese nicht bekannt oder nicht in kostenmäßig vertretbarer Weise erforschbar sind, die Merkmalsausprägungen der Konsumenten setzen, welche sich in formaler Schreib-

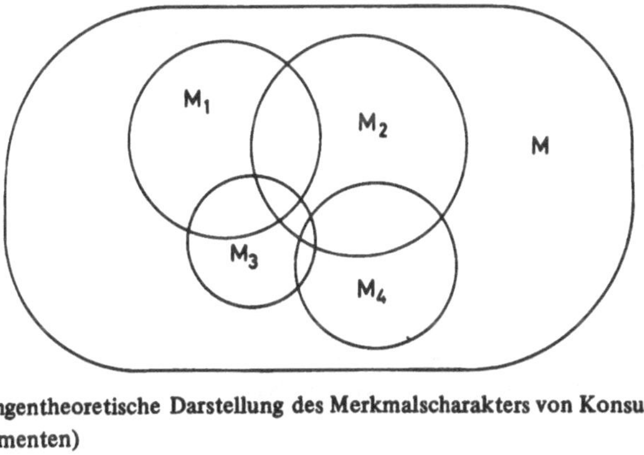

Abb. 3: Mengentheoretische Darstellung des Merkmalscharakters von Konsumentenschichten (Marktsegmenten)

[12] Als konkretes Beispiel könnte etwa angeführt werden, daß für das Bedürfnis der Hausfrau nach „Schonung der Hände beim Spülvorgang" auf Seiten des Produzenten bei der technischen Herstellung eines Spülmittels ein Wirkstoff zugesetzt wird, womit die gewünschte Eigenschaft, die Kosten verursacht und das Bedürfnis befriedigt, bereitgestellt wird. Ein Beispiel für eine Eigenschaft aus einem anderen Bereich ist darin zu sehen, daß etwa durch eine besondere Art der Kreditgewährung (Eigenschaft aus dem Finanzbereich) bei Verkauf höherwertiger Gebrauchsgüter die Bedürfnisse von Verbraucherschichten mittlerer oder niedriger Einkommensklassen angesprochen und befriedigt werden können.

weise ebenfalls als Komponenten eines Vektors auffassen lassen:

$$M_k = \left\{ m_{k1}, \ldots, m_{k\nu}, \ldots, m_{k\nu^*} \right\}$$

Dabei stehen die Merkmalsausprägungen $m_{k\nu}$, $\nu=1 \ldots \nu^*$ beispielsweise für Kriterien wie eine „bestimmte soziale Schicht", „bestimmte Wohnortgröße", „bestimmtes Kommunikationsverhalten", „bestimmte Verbrauchs- oder Einkaufsgewohnheiten". Die Zusammenfassung von Konsumenten mit einzelnen Merkmalsausprägungen zu einer Kombination bedeutet nichts anderes als die Bildung von Marktsegmenten ($k=1 \ldots k^*$).

Der beschriebene Sachverhalt wird aus Abb. 3 deutlich, wo $M_1 \ldots M_4$ sich überschneidende, durch unterschiedliche Merkmalskombinationen charakterisierte Konsumentengruppen darstellen.

Eine optimale Marketingpolitik ist dann gegeben, wenn die durch unterschiedliche Eigenschaftsbündel gekennzeichneten Produkte möglichst weitgehend mit den entsprechenden Bedürfnis- bzw. Merkmalskombinationen einer Schicht von Nachfragern übereinstimmen. Dies wird in Abb. 4, wo $E_1 \ldots E_3$ die Eigenschaftskombinationen und $M_1 \ldots M_3$ die dadurch anzusprechenden Konsumentengruppen symbolisieren, unter der Voraussetzung der Zuordnung von Merkmalsausprägungen zu Produkteigenschaften zum Ausdruck gebracht.

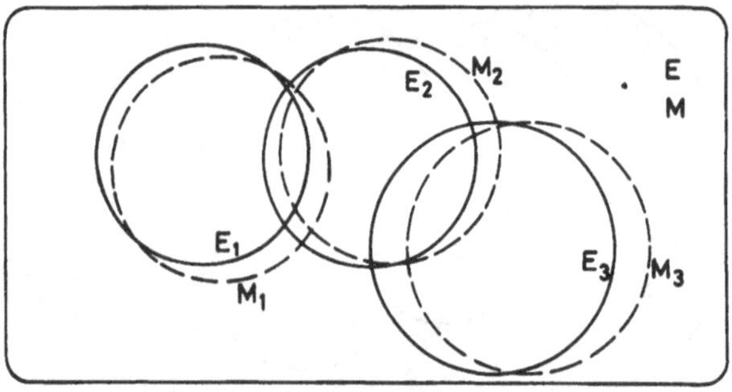

Abb. 4: Die Zuordnung von Produkteigenschaftskombinationen zu Merkmalskombinationen der Konsumenten

Die dargestellte Art des Vorgehens wird hier für besonders geeignet gehalten, um Entscheidungen über die Auswahl von Aktivitäten in der Produktsphäre in ein operationales Konzept zu bringen und in einer weiteren Stufe optimal zu steuern. Eine Modifizierung zur zuletzt dargestellten allgemeinen Betrachtungsweise ergibt sich im folgenden nur daraus, daß dann die Aktivitätsbereiche Werbung und Distribution aus dem allgemein definierten Produkteigenschaftsvektor herausgenommen und gesondert in die Analyse einbezogen werden.

2.213 Die Abhängigkeiten im Falle mehrerer Absatzleistungen

Wir sind bisher bei der Darstellung der Verflechtungen zwischen Produkt- und Konsumentensphäre noch nicht speziell darauf eingegangen, welche Besonderheiten sich ergeben, wenn die Unternehmung über mehrere Wirtschaftsobjekte disponieren soll, die alternativ und/oder additiv zur Entscheidung stehen, wie es in der wirtschaftlichen Wirklichkeit der Regelfall ist.

Die Auswahl derjenigen Absatzleistungen, die ein Produktionsprogramm oder Sortiment, eine Warengruppe oder auch den Kaufakt der Konsumenten ausmachen, richtet sich grundsätzlich ebenfalls an der zuvor dargestellten Abstimmung von Eigenschaftsbündeln und Bedürfnis- bzw. Merkmalskombinationen aus. Zur Steuerung tritt jedoch nun noch ein Gesichtspunkt hinzu, nämlich die Berücksichtigung der vielfältigen Verbundbeziehungen zwischen den einzelnen Absatzobjekten. D.h. es ist zu fragen, welcher Art diese Verbundbeziehungen sind und gegebenenfalls wie stark sie sind.

Bei einer Beantwortung fällt zunächst ins Gewicht, daß die Art der Verflechtung zwischen sachlich gleichen Gütern unterschiedlich ist, je nachdem, welche Gruppe von Wirtschaftssubjekten darüber disponiert. Geht man nur von der in der Literatur häufig gebrauchten Unterteilung in komplementäre und substitutive Beziehungen zwischen zwei Gütern aus, die besagen, daß der Verbrauch bzw. Absatz eines Produktes B mit dem steigenden Verbrauch bzw. Absatz eines Produktes A steigt resp. sinkt[13], so kann ein so definiertes Verbundverhältnis vom Produzenten aus gesehen anders sein als z.B. vom Einzelhändler oder Verbraucher aus gesehen und kann jeweils umschlagen. Dieses Phänomen läßt sich mit dem hier dargestellten Instrumentarium der Eigenschaftszuordnung gut erklären. Die Nachfrage- oder Verbrauchsverflechtungen resultieren nämlich im Falle der Konsumenten zum einen aus deren individuellen Nutzenvorstellungen hinsichtlich der Bedürfnisbefriedigung durch die jeweiligen Produkteigenschaften und zum anderen auch daraus, daß ihnen nur begrenzte Kapazitäten zur Verfügung stehen, z.B. zeitliche Restriktionen, Lagerrestriktionen und Budgetrestriktionen vorhanden sind.

[13] Die Auslösung eines solchen Vorganges kann etwa im Rahmen der Preispolitik durch die Preissenkung eines Gutes erfolgen; wir bezeichnen die Produkte dann von der jeweiligen Entscheidungseinheit aus gesehen als preis-komplementär bzw. preis-substitutiv. Wie noch gezeigt wird, lassen sich solche Verbundwirkungen auch auf andere absatzpolitische Parameter zurückführen. Welche Art der Verbundenheit letztlich vorliegt, kann nur im Einzelfall bestimmt werden und ist in gewissen Grenzen sogar von der Unternehmung selbst zu beeinflussen, indem sie etwa über eine gezielte Gestaltung der Werbung bestimmte Effekte hervorruft oder ihre Produkte mit demselben Markenzeichen anbietet, so daß sie als von der gleichen Firma stammend erkannt werden (z.B. Dixan und Persil „von Henkel") oder nicht (Nivea und Tesafilm von Beiersdorf). Angestrebt werden in der Empirie überwiegend komplementäre Verflechtungen, da die Unternehmungen in der Regel keinen Wert darauf legen, die Absatzsteigerung bei einem Gut auf Kosten eines anderen Gutes durchzuführen.

Falls eine Mehrzahl von Konsumenten gleiche oder ähnliche Bedürfniskonstellationen aufweisen, die sich auf mehrere Bedürfniskomplexe erstrecken und die wiederum zusammen an einem Zeitpunkt oder bei einer Unternehmung befriedigt werden, entsteht ein *merkbarer Verbund.* Konkret auf das hier aufgezeigte Konzept angewandt, bedeutet dies, daß möglichst viele Eigenschaften von Absatzleistungen von Verbrauchern mit gleicher Merkmalskombination gemeinsam „nachgefragt" werden müßten.

Im Falle der güterproduzierenden Unternehmung sind Verflechtungen zunächst in der Weise möglich, daß alle oder ein Teil der Produktionsfaktoren für mehrere Produkte gemeinsam verwendet werden. Ein Verbund tritt jedoch nur dann auf, wenn bei der Verwendung der Faktoren Engpässe irgendwelcher Art entstehen und somit Kapazitätsrestriktionen auftreten, was allgemein bedeutet, daß der Transformationsprozeß eines Gutes nur auf Kosten der Transformation anderer Güter erfolgen kann. Neben den gemeinsamen Kapazitäten, die sich vornehmlich im Kostenbereich auswirken, entstehen indessen auch im Erlösbereich derartige Interaktionen.

Aus den den einzelnen Produkten zugeordneten Marketingaktivitäten (bzw. Eigenschaften) und deren Kapazitätsbeanspruchung ergeben sich die auf der Produzentenseite interessierenden Verbundeffekte. Insbesondere die Art der Werbung und die Distributionsform sind für die Absatzverflechtung stark bestimmend.

Ähnlich liegt der Fall bei Handelsunternehmungen, wo die Verbundwirkungen im Sortiment eine wichtige Rolle spielen. Auch hier werden die relevanten Eigenschaften eines Artikels durch dessen Kapazitätsbelastung, z.B. hinsichtlich Raum, Personal, Manipulation beschrieben sowie auf der Erlösseite im Hinblick auf die Konsumentengruppen vor allem durch spezifische Preispolitik, Sonderangebotspolitik, Maßnahmen der Warenpräsentation und Werbung bestimmt.

Man erkennt leicht, daß daraus jeweils andere Verbundbeziehungen resultieren können, da der relevante Eigenschaftsvektor eines sachlich gleichen Produktes z.B. für die Konsumenten ganz andere Komponenten umfaßt als für einen Produzenten oder Einzelhändler.

Damit ist das Interaktionsgefüge zwischen der Konsumenten- und der Produktsphäre hinreichend charakterisiert. Die hier zu bewältigenden Probleme liegen in der Einbeziehung des Eigenschaftskonzeptes in die Modellanalyse, im Produktbereich reduziert auf die sachliche Transformation, wobei die „Produktgestaltung" Art und Richtung der sachlichen Transformation festlegt. Dies hat in Abstimmung zur Nachfragestruktur, unter Beachtung des Verbundes zwischen den Absatzobjekten und unter Einschluß der betrieblichen Kapazitätsbedingungen zu geschehen.

2.22 Die Interdependenzen zwischen den Werbeaktivitäten und den übrigen System-Elementen

2.221 Die Beziehungen zur Konsumentensphäre

Wie schon angedeutet, sollen nun aus dem allgemeinen, eine Absatzleistung bestimmenden Eigenschaftsvektor diejenigen Eigenschaften, die die Werbung im vorher definierten Sinne ausmachen, herausgenommen und in ihren Verzahnungen zu den Systembereichen betrachtet werden.

Wir wenden uns zunächst der Verbindung *Werbeträger – Konsumenten* zu. In diesem Bereich sind Überlegungen anzustellen, wie verschiedene Teilmengen und Strukturen aus der Gesamtzahl der Verbraucher durch einzelne Werbeträger oder Kombinationen von Werbeträgern, welche wiederum durch spezifische Eigenschaften wie Reichweite, Preis und Überschneidungskriterien beschrieben werden, anzusprechen sind. Ein wesentliches ökonomisches Problem liegt z.B. darin, eine möglichst große Anzahl von potentiellen Nachfragern aus einer bestimmten Zielgruppe durch bestimmte Werbemaßnahmen zu erfassen, wobei der Kosteneinsatz, also das Budget gegeben ist. Eine äquivalente Formulierung lautet: Eine bestimmte, zahlenmäßig festgelegte Zielgruppe soll mit möglichst geringen Kosten werbemäßig erreicht werden.

In beiden Fällen sind dabei meist noch Nebenbedingungen mannigfacher Art zu beachten, in welchen z.B. die Ansprüche der Unternehmung hinsichtlich des Kommunikationsverhaltens oder der Verbrauchsgewohnheiten der Zielgruppen bzw. Marktsegmente formuliert werden. Man spricht hierbei allgemein vom Problem der „optimalen Streuung", welches in der Literatur mit Hilfe von „Mediaselektionsmodellen" zu lösen versucht wird[14]. Deren Untersuchung und Weiterentwicklung bildet einen Zentralpunkt dieser Arbeit.

Zwischen *Werbeträger* und *Werbebotschaft* besteht naturgemäß eine enge Verbindung. In diesem Bereich kommt es entscheidend darauf an, die „richtige" Aussage, Farbe, Gestalt, Größe oder Dauer, Anzahl und Reihenfolge der Werbebotschaften festzulegen, sowie deren Plazierung mit dem durch den Werbeträger gegebenen Umfeld abzustimmen.

Weiterhin ist festzuhalten, daß die Verfügbarkeit der Werbemedien in Raum und Zeit restriktiv für den Einsatz von Werbebotschaften wirkt. Ein gutes Beispiel bietet die begrenzte Fernsehwerbekapazität in den deutschen Programmen.

[14] Es handelt sich dabei um das Media-Selektionsproblem in seiner ursprünglichen Form, das jedoch, wie in Abschnitt 3 noch ausführlich gezeigt wird, nach verschiedenen Richtungen hin erweiterbar ist. Zum Grundproblem s. bes. [22; 277, S. 190 ff; 252; 91; 12; 158; 224; 201; 200]

Eng mit der zuvor behandelten Problematik hängt die Beziehung zwischen *Werbebotschaft* und *Nachfrager*struktur zusammen. Dabei muß gewährleistet sein, daß eine spezifische Werbebotschaft auch die jeweiligen Motive, Meinungen oder Gefühle der anzusprechenden Zielgruppe genau trifft.

Das bedeutet zunächst, daß die einzelnen Elemente, die eine Werbebotschaft ausmachen, so miteinander verknüpft sein müssen, daß sowohl vom Inhalt der Botschaft bzw. des Dargestellten und dessen Beziehung zum Motivationsgefüge und der Bedürfnisstruktur der potentiellen Käufer wie auch von der Form, in der der Inhalt übermittelt werden soll – also zum einen die gefühlshafte Wirkung von Farben und Figurformen und zum anderen die Wirkung der Detailanordnung und anderer formaler Beziehungen zwischen den einzelnen Elementen wie Bild, Text, Sprache usw. im Hinblick auf die geforderte Werbeerfolgskategorie, sei es Wahrnehmung, Gedächtniswirkung oder Kaufbereitschaft – eine größtmögliche Wirkung erzielt werden kann. Es ist dies gewissermaßen das Problem einer „inneren Optimierung" der Werbebotschaft.

Die Untersuchung dieses Komplexes ist in erster Linie eine Domäne psychologischer Forschung. Man unterscheidet die motivpsychologische Analyse, die Ausdrucksgehalt- und Anmutungsqualitäten von Farben und Formen prüft, sowie die gestaltpsychologische Auffassungsanalyse, die jedes Strukturelement dahingehend bewertet, in welchem Maße es hinsichtlich des beabsichtigten Auffassungsprozesses prägnant ist, d.h. in welchem Maße es diesen Prozeß fördert oder hemmt[15] [199; 234; 290; 264; 203]

Ein weiteres Problem betrifft die Festlegung der Anzahl und Reihenfolge der Werbebotschaften in den verschiedenen Werbemedien. Gesucht wird die optimale Höhe der Anzahl von Kontakten, die ein Individuum in einem Marktsegment empfangen soll, bevor ein Sättigungseffekt eintritt bzw. die es dazu veranlassen, das Werbeobjekt zu kaufen. Um hierbei einer Lösung näherzukommen, stützt man sich neuerdings auf die Ergebnisse lernpsychologischer Untersuchungen, nach denen die Wechselwirkungen zwischen Information, Erinnerung und Vergessen in spezifischer Weise von der Häufigkeit der Wiederholungen abhängt.

Die ökonomische Bedeutung all dieser erwähnten, vorwiegend psychologischen Fragestellungen besteht darin, daß jede unterschiedliche Gestaltung und jeder unterschiedliche Einsatz einer Werbebotschaft (also der Werbeeigenschaften) jeweils andere Auswirkungen auf Kosten und Erlöse hat.

[15] Je schwieriger und langwieriger es ist, eine Anzeige zu verstehen, um so mehr Betrachter wenden sich von ihr ab, ehe sie die Werbebotschaft empfangen haben. Diejenige Struktur, die eine optimal rasche, eindringliche und einprägsame Auffassung garantieren, nennt man „prägnant"; deshalb nennt man die Gestaltfaktoren auch „Prägnanzfaktoren".

2.222 Die Beziehungen zur Produktsphäre

Es ist selbstverständlich, daß die Gestaltung jeder *Werbebotschaft* auf die angebotenen und im Absatz zu fördernden *Werbeobjekte* abgestimmt werden muß. Zumeist ist es so, daß die spezifische Aussage der Werbebotschaft, z.B. bei Anzeigen durch Schlagzeile, Text oder Bild auf bestimmte, das jeweilige Produkt konstituierende Eigenschaften, seien es technische Gebrauchsmerkmale oder etwa Verpackungseigenschaften abhebt. Auch der Preis kann ja als eine solche Eigenschaft aufgefaßt werden. Eine besondere ökonomische Fragestellung besteht darin, ob und gegebenenfalls auf welche sonstigen Produkteigenschaften die Werbebotschaft von vornherein zu lenken ist, um damit die Konsumentennachfrage in spezifischer Weise steuern zu können. Ähnlich spielt auch die Art der zeitlichen Hintereinanderschaltung mehrerer Werbebotschaften, etwa gekennzeichnet durch den Wechsel einiger Gestaltungsfaktoren und der sukzessive Hinweis auf immer neue Elemente des Eigenschaftsvektors des betreffenden Erzeugnisses, eine Rolle.

Ein relativ schwacher Zusammenhang besteht zwischen *Werbeträgern* und *Produkten,* doch ist es in den Auswirkungen nicht gleichgültig, ob z.B. ein hochwertiges Kosmetikprodukt in einem Groschenblatt angepriesen wird. Antwort auf die Frage nach der Zweckmäßigkeit geben psychologisch orientierte Umfelduntersuchungen und sozioökonomische Analysen der Leser, Hörer, Zuschauer des betreffenden Werbeträgers.

2.23 Die Interdependenzen zwischen den Distributionsaktivitäten und den übrigen System-Elementen

Die bisher noch nicht behandelten Beziehungen stellen schließlich auf die Elemente „psychische Distribution" und „physische Distribution" bzw. die damit geschaffenen Eigenschaften ab.

2.231 Die Beziehungen zur Konsumentensphäre

Die gegenseitige Abhängigkeit zwischen der *physischen Distribution* und der *Konsumentensphäre* ist einfach zu erkennen: die Absatzleistungen müssen auf irgendeine Weise an die Konsumenten herangetragen werden oder haben zumindest den Bedürfnissen der Verbraucher nach einem bestimmten Ort, einer bestimmten Zeit und sonstiger Merkmale des Übergangs Rechnung zu tragen. Es stellt sich in diesem Zusammenhang in erster Linie die Frage, wie dieser technische Vorgang der Bereitstellung am besten zu lösen ist. Die Versorgung der Nachfrage, die an vielen, räumlich getrennten Bedarfspunkten entsteht, durch eine oder mehrere u.U. ebenfalls räumlich verteilte Produktionsstätten kann auf unterschiedlichste Weise geschehen, je nachdem, welche Schichten von Konsumenten mit den jeweiligen Erzeugnissen erreicht werden sollen, durch welche Form von Absatzmittlern diese erreicht werden sollen, etwa Warenhäuser, Filialketten oder Fachgeschäfte, wieviele Stufen auf dem Weg vom Produzenten zum Letztkäufer eingeschaltet werden sollen und ob die auf diesen Stufen vorgenommenen Dispositionen unter der Kontrolle des Herstellers stehen sollen oder nicht.

Auf diesem Sektor sind also von einer Unternehmung Entscheidungen über verschiedene Absatzverfahren zu treffen; ein dafür geeignetes Instrumentarium ist die Durchführung von Verfahrensvergleichen. Allerdings wird dabei oft nicht beachtet, daß nicht nur Kostenaspekte in die Betrachtung eingehen, sondern unterschiedliche Ausprägungen der Distributionsform auch Einfluß auf die Präferenzbildung der Nachfrager haben, was sich wiederum in den Erlösen niederschlägt.

Weiterhin sind in diesem Bereich Fragen des Fuhrparkeinsatzes, eng verknüpft mit der Auswahl der Transportmittel zu lösen, wofür in der Literatur bereits Operations Research-Ansätze bestehen [17; 121; 358; 57].

Ein nächster Schritt betrifft die Planung von Standorten, und zwar sowohl für Verkaufsstellen wie auch für Lager; auch derartigen Problemen versucht man sich in der Theorie modellmäßig zu nähern, wobei die dabei anzutreffende komplexe Entscheidungssituation neuerdings mit Hilfe von Investitionsmodellen abgebildet wird [30; 21; 258; 156].

Auf dem empirischen Sektor spielen auf der Ebene der Konsumenten z.B. Untersuchungen über den Einkaufsradius, der Kaufkraft oder der Konsumhäufigkeit eine Rolle, um die bestmögliche Absatzform planen zu können[16].

Dasselbe gilt etwa in einem anderen Bereich bei der Festlegung der optimalen Größe von Vertreterbezirken, die abhängig sind von der Kundendichte und der Häufigkeit der Kundenbesuche [158, S. 143 ff]. Abschließend sollen noch diejenigen modellmäßigen Ansätze erwähnt werden, die sich mit der Entscheidung eines Unternehmens, seine Produkte einstufig ohne Absatzmittler oder mehrstufig unter Einschaltung fremder Absatzmittler zu vertreiben, befassen. Diese Betrachtung wird noch fast ausschließlich im Hinblick auf die Bestimmung des Aktionsparameters Preis durchgeführt [291; 173; 232, S. 507 ff; 389; 377, S. 531 ff].

Die Interdependenz zwischen der *Konsumentenseite* und der *psychischen Distributionskomponente* beinhaltet zunächst die Frage nach der „richtigen" Ansprache der jeweiligen Verbrauchergruppen am betreffenden Verkaufspunkt,

[16] s. z.B. [377] sowie Panel-Untersuchungen der A.C. Nielsen Company Frankfurt/M., des Attwood-Instituts für Marktanalyse GmbH, Wetzlar oder der GfK-Gesellschaft für Konsum-, Markt- und Absatzforschung, Nürnberg.

ebenso aber auch die adäquate Hinstimmung der Disponierenden in den zwischengeschalteten Handelsbetrieben. Wie wir gesehen haben, kann dies sowohl durch persönliche Kontaktpflege wie auch z.B. mit Hilfe von Display-Material oder Katalogen durch „unpersönliche" Kontakte geschehen [334; 47]. Für eine Bestimmung des optimalen Aktivitätsniveaus sind Anhaltspunkte der Wirkung unterschiedlicher Maßnahmen unerläßlich; es besteht dabei in der ökonomischen Behandlung eine Parallelität zu den Streuwerbeaktivitäten. Indessen sind jedoch in diesem Bereich noch kaum Methoden entwickelt. Ein Ansatzpunkt wäre darin zu sehen, sich der Problematik informationstheoretisch zu nähern[17], andererseits sind jedoch psychologische Eigenarten auch hierbei von großer Bedeutung.

Es sei noch darauf hingewiesen, daß zwischen den Systemelementen „physische" und „psychische" Distribution naturgemäß eine enge Verzahnung besteht. Dabei ist zu beachten, daß in vielen Fällen eine spezifische Ausgestaltungsform auf dem einen Sektor die Form auf dem anderen Sektor sehr stark mitbestimmt und oft geradezu bedingt. So wird etwa mit der Entscheidung für mehrstufigen Absatz über betriebsfremde Selbstbedienungsläden, die z.B. einer freiwilligen Kette angehören, die psychische Beeinflussung der Konsumenten innerhalb dieses Rahmens vornehmlich durch Verkaufsförderungsaktionen am "point of purchase" durchgeführt werden müssen, da kaum oder keine Kontakte der Nachfrager zum Verkaufspersonal bestehen[18].

Andererseits sind jedoch in diesem Fall schon auf einer anderen, vorgeschalteten Ebene des Vertriebsweges die Verkaufsleiter bzw. Filialleiter der betreffenden Handelsunternehmungen im Hinblick auf die Förderung der angebotenen Absatzleistungen zu beeinflussen. In diesen Zusammenhang gehört auch die Intensität, mit der Verkaufsleistungen in Abhängigkeit von der gewählten Absatzform, sei es durch Reisende oder Vertreter oder durch Verkaufspersonal in Bedienungsläden, getätigt werden. Dabei spielt sicherlich eine Rolle, ob die betreffende Verkaufsperson in Beziehung zur Herkunft der zu verkaufenden Absatzobjekte betriebseigen, betriebsabhängig oder betriebsfremd ist.

Analysen zur Ermittlung einer optimalen Abstimmung sind für diese Wirkungszusammenhänge kaum entwickelt, Verfahren dazu müßten auf psychologischem Feld angesiedelt werden.

2.232 Die Beziehungen zur Produktsphäre

Kommen wir nun zur Diskussion der Interdependenzen zwischen den *Distributionsaktivitäten* und den zu distribuierenden *Absatzobjekten.* Die Verflechtung

17 Vgl. z.B. den Ansatzpunkt bei *ELLINGER, T.* [107].

18 Nach unserer Definition fallen darunter alle psychologischen Distributionsmaßnahmen, die nicht mit Hilfe spezieller Kommunikationsmittel (als Streuwerbung) durchgeführt werden, so ist z.B. auch Werbefernsehen in Lebensmittelfilialbetrieben hier einzuordnen.

zur psychischen Komponente ist hauptsächlich darin zu sehen, daß durch den unterschiedlichen Eigenschaftscharakter der Absatzleistungen bedingt, je nachdem also, ob es sich um problemlose Massenartikel oder komplizierte, erklärungsbedürftige Produkte handelt, ein unpersönlicher Verkauf allein durch geeignete Präsentation usw. stattfinden kann oder ob Beratungsleistungen des Verkaufspersonals zur Unterrichtung des Konsumenten über die Produkteigenschaften sowie Schulungsmaßnahmen für die Verkäufer durch den Hersteller erforderlich sind. Ein zusätzliches Problem der Abstimmung von Distributionsinstrumenten psychischer Art tritt dann auf, wenn versucht wird, durch das gemeinsame Angebot von Artikeln bzw. Artikelgruppen deren Verbundbeziehungen untereinander zu beeinflussen oder solche neu zu schaffen[19].

Mit der zuvor aufgezeigten Interdependenz ist diejenige zwischen Absatzobjekten und den physischen Distributionskomponenten eng verwandt. Welche Art von Transportsystem für ein bestimmtes Erzeugnis besser oder schlechter geeignet ist, hängt wiederum von dessen spezifischen Eigenschaften ab, insbesondere wären hier z.B. Kriterien wie Volumen, Gewicht, Verderblichkeit ausschlaggebend.

Bei der Auswahl der Distributionskanäle und der dabei eingeschalteten Betriebsformen spielen weiterhin Gesichtspunkte wie die Preis- und Rabattgestaltung, ganz allgemein ausgedrückt die Bestimmbarkeit bzw. Kontrollierbarkeit der dem abzusetzenden Produkt mitzugebenden, nicht technischen Eigenschaften eine Rolle. Solchen Überlegungen wurde in der Literatur nur im Hinblick auf die Preisfestsetzung und Preisbindung im Rahmen mehrstufiger Marktmodelle Rechnung getragen [291; 173; 232; 389].

Im Zusammenhang mit der Distribution sind auch noch Aspekte der Image-Pflege zu beachten, die dann für ein bestimmtes Aktivitätsspektrum restriktiv wirken, wenn etwa ein Markenartikelproduzent seine Erzeugnisse nur über bestimmte Formen von Absatzmittlern vertreiben will. Es ist jedoch festzustellen, daß derlei „Gesetzmäßigkeiten" einem starken Wandel unterliegen und daß man gerade in letzter Zeit auf diesem Gebiet sehr kreativ wurde[20].

2.233 Die Beziehungen zu den Werbeaktivitäten

Der letzte Komplex der hier zu behandelnden Abhängigkeiten betrifft die Beziehung zwischen *Distributions-* und *Werbeaktivitäten* im vorher definierten

[19] So zeigt etwa das Beispiel des gemeinsamen Angebots von Milch und „Nesquick", verbunden mit einer sales promotion-Aktion bei der Firma Latscha, Frankfurt/M., daß daraufhin der Absatz von Nesquick um 50% zu steigern war.

[20] So war z.B. vor einigen Jahren noch undenkbar, daß im Versandgeschäft Pelze und Fertighäuser zusammen angeboten wurden oder daß Lebensmittelfilialketten Damenstrümpfe in ihr Sortiment aufnahmen.

Sinne. Diese scheinen auf den ersten Blick nicht besonders stark ausgeprägt; man stellt jedoch fest, daß einerseits Streuwerbemaßnahmen nur dort sinnvoll angewandt werden können, wo bereits Distributionsaktivitäten stattfinden und daß umgekehrt nur dort erfolgreich distribuiert werden kann, wo vorher oder gleichzeitig schon wirksam geworben wurde. Dabei gehen die Dispositionen von Markenartikelunternehmungen oft dahin, durch entsprechend intensive Beeinflussung der Nachfrager ihre Produkte „vorzuverkaufen" und somit z. B. Handelsunternehmungen zu zwingen, die betreffenden Artikel in ihr Angebot aufzunehmen. Selbstverständlich ist, daß der geographische Streukreis der Werbung mit den durch Distributionsaktivitäten, hierzu zählt insbesondere das Transportsystem, erschlossenen Gebiet weitgehend übereinstimmt.

Der psychischen Distribution kommt sowohl bei der persönlichen wie auch bei der unpersönlichen Verkaufsförderung eine Ergänzungsfunktion in Bezug zur Werbung zu; dies gilt etwa für die Aussage einer Werbebotschaft in Beziehung zur Argumentation im Verkaufsgespräch oder bei der Herausstellung von Gestaltungselementen wie Markenzeichen bei einer Anzeige in Beziehung zur Gestaltung des Display-Materials.

Damit sind die bilateralen Interdependenzen zwischen den Elementen des Marketing-Systems in ihren wichtigsten Aspekten aufgezeigt. Der Hauptaspekt bestand dabei in einer einführenden Beschreibung der im folgenden noch modellmäßig abzubildenden Sachverhalte.

Gegenstand des nächsten Abschnittes wird die Weiterführung und der Ausbau des Interaktionskomplexes sowie die Formalisierung der Marketing-Mix-Situation und die Auseinandersetzung mit deren Behandlung in der Literatur sein.

2.3 Der Marketing-Mix oder die optimale Kombination der absatzpolitischen Aktivitäten

2.31 Das Konzept der Bildung von Teilzielen und Suboptima

Die Darstellung und Analyse des Marketing-Komplexes und der sie umgebenden Problemkreise zeigt die vielfältigen Verflechtungen zwischen den einzelnen Elementen. Das Vorhandensein von Interdependenzen bedeutet jedoch immer, daß für den Entscheidungsträger Dispositionen in einem Bereich nicht unabhängig von Dispositionen in anderen Bereichen zu treffen sind. Die Bestrebungen einer Unternehmung müssen dahin gehen, alle Marketing-Maßnahmen oder genauer „Veränderungen der absatzbezogenen Eigenschaftsvektoren" der Absatzobjekte optimal, das bedeutet zielgrößenmaximal aufeinander abzustimmen. Gelingt dies, so spricht man von der *optimalen Kombination des absatzpolitischen Instrumen-*

tariums; diesen Tatbestand der bestmöglichen Plansituation kennzeichnet in prägnanter Weise der aus dem Amerikanischen übernommene Ausdruck *Marketing-Mix*[21].

Die Intensität des Einsatzes der jeweiligen Aktivitäten richtet sich nach dem Beitrag, den sie hinsichtlich der wie immer definierten Zielsetzung leisten. Wir gehen in dieser Untersuchung davon aus, daß die für marktwirtschaftliche Ordnungen charakteristische Unternehmung vom Prinzip der Gewinnmaximierung auf lange Sicht geleitet wird [158, S. 10 ff; 177, S. 606; 336, S. 322 ff; 13; 53; 93, S. 29]. Dem steht nicht entgegen, daß auf kürzere Sicht noch andere Zielsetzungen, die ihren Ursprung mehr im psychologischen oder sozialen als im ökonomischen Bezugsfeld haben, auftreten können; in der Regel werden jedoch von jedem Unternehmen „zu jeder Zeit alle Gewinnchancen ausgenutzt, die sich bieten, sofern dieses Ausnutzen den Zielen der Unternehmungsleitung auf weite Sicht nicht widerspricht" [158, S. 11].

Aus einer derartigen Zielsetzung der Gesamtunternehmung lassen sich eine Reihe von partiellen Zielsetzungen ableiten. Dies gilt insbesondere auch für den Marketing-Bereich, wo Ziele hinsichtlich der Produktplanung oder der Distributionsmaßnahmen aufgestellt werden. Für die Einbeziehung konkurrierender Ziele in einen Entscheidungskalkül gibt es grundsätzlich zwei Wege: der eine Weg führt zur Bildung von übergeordneten Präferenzfunktionen [111, S. 47; 130; 284; 178, S. 140 ff; 46; 339; 176]; dabei tritt jedoch das Problem auf, ob und gegebenenfalls wie eine Gewichtung der Ausgangs-Zielfunktionen durchzuführen ist, wenn diese unterschiedliche Dimensionen haben[22].

Der zweite Weg geht davon aus, daß innerhalb des unternehmerischen Zielsystems nur ein Oberziel, zumeist die Gewinnmaximierung, existiert, während alle sonstigen „Nebenziele" lediglich als Zielansprüche formuliert werden und damit als Nebenbedingungen [153; 399; 214; 205] das Entscheidungsfeld eingrenzen. Durch das Instrument des "goal programming" wird im folgenden noch ein Weg gezeigt, um die nebengeordneten Zielansprüche durch Gewichtung gegeneinander abzustimmen.

Der Tatbestand einer Mehrfachzielsetzung spielt nicht nur dann eine Rolle, wenn man von einer einheitlichen Willensbildung bei *einem* Entscheidungsträger ausgeht, sondern in noch größerem Maße dann, wenn die Entscheidungsbildung durch mehrere Entscheidungssubjekte auf der gleichen oder verschiedenen Leitungsebenen vorgenommen wird [269; 175; 48; 44]. Die damit zusammenhängende Problematik wird in dieser Arbeit nicht behandelt; ihr soll nur insofern

21 Der Begriff „Marketing-Mix" wurde von *N.H. BORDEN* eingeführt. [49, 50].

22 Durch die Anwendung des Effizienz-Theorems läßt sich die Zielgewichtung rechtfertigen: [97; 221, S. 60; 68, S. 290 ff]

Rechnung getragen werden, als für unterschiedliche Leitungs- und Verantwortungsebenen die Formulierung einer *Zielhierarchie* adäquat erscheint.

Eine solche Ordnung von Zielen läßt sich zum einen von der organisatorischen Seite her rechtfertigen, da unterschiedliche Leitungsebenen über unterschiedliche Informationen verfügen, zum anderen aber auch von der Seite der quantitativen Entscheidungsvorbereitung durch Modellanalysen her. Solange nämlich kein Optimum für den Gesamtbetrieb festzustellen ist, müssen für zunächst isoliert betrachtete Aufgabenstellungen, die stufenweise zu erweitern sind, Unter- bzw. Zwischenziele angegeben werden.

Die Zielformulierung hat vor allem auch den Gedanken der *Operationalität* zu berücksichtigen, d.h. sie muß unter Einbeziehung des Informationsstandes und der Denkfähigkeit des jeweiligen Entscheidungsträgers diesem eine Vorschrift zur Messung des Zielerreichungsgrades geben [178, S. 115 ff]. Der Aspekt ist insbesondere dann von Bedeutung, wenn zur Lösung bzw. der Vorbereitung von Entscheidungsproblemen Modelle herangezogen werden, bei denen die Formulierung von operationalen Zielfunktionen eine notwendige Voraussetzung darstellt. Zu einer großen Zahl der aus der Zielhierarchie herausgegriffenen Unterziele läßt sich normalerweise ein Optimierungsproblem formulieren, das wiederum im Vergleich zu einem fiktiven Totaloptimum partiellen Charakter hat und diesem unter Umständen auch zuwiderlaufen kann.

Solche *auf Teilzielen beruhende Suboptima* für den Absatzbereich sind bereits aus den Ausführungen im vorhergehenden Abschnitt deutlich geworden, so etwa im Bereich der Werbung die optimale Streuung, die optimale Gestaltung eines Werbemittels, im Bereich der Produktpolitik die optimale Preisgestaltung und die optimale Eigenschaftszuordnung im Hinblick auf die sachliche Transformation oder im Bereich der Distribution die optimale Auftragsgröße, die optimale Standortwahl oder der optimale Fuhrparkeinsatz[23].

Der Versuch der Ermittlung solcher Suboptima für Fragestellungen, die aus dem Gesamtzusammenhang herausgelöst werden, ist einerseits erklärlich wegen der aus verschiedenen Wissenschaftsbereichen stammenden Untersuchungs- und Lösungsmethoden, die im Marketingfeld anzuwenden sind, andererseits aus dem Mangel an den zur Lösung realer Tatbestände benötigten Daten, die oft nur für einige Teilprobleme zur Verfügung stehen. Man erkennt jedoch leicht die Nachteile, die einer derartigen isolierten Betrachtungsweise innewohnen. Da sich die verschiedenen Marketinginstrumente und ihre Ausprägungen gegenseitig ergänzen

[23] Im Produktionssektor beinhalten z.B. die Planung der günstigsten Seriengröße, der Auftragsreihenfolge, der Fertigungsintensität, im Beschaffungsbereich die Planung der Bestellmenge von Werkstoffen, der Personalzuteilung derartige Suboptimierungsprobleme.

und somit auch in ihrer Wirkung auf die Zielsetzung beeinflussen, führt eine Vernachlässigung der Interdependenzen u.U. zu Fehlentscheidungen[24].

Die nächste Stufe bei der theoretischen Modellformulierung wie auch in der anzustrebenden praktischen Anwendung wäre deshalb die Zusammenfassung von isolierten Teilproblemen zu größeren Komplexen, welche jedoch immer nur zu Suboptima führen. Gleichzeitig bedeutet dies eine gesteigerte Kompliziertheit in Bezug auf die Modellkonstruktion wie auch auf deren Praktikabilität und Rechenbarkeit, da durch die erweiterte Aufgabenstellung nach Möglichkeit keine relevanten Einflußfaktoren ausgeschaltet werden sollen.

Im Marketing-System unterscheidet man auf dieser Ebene in der Literatur normalerweise die drei Komplexe des *WERBE-Submix*, des *PRODUKT-Submix* und des *DISTRIBUTIONS-Submix*[25]. Wie schon in der Bezeichnung zum Ausdruck kommt, werden dabei jeweils eng verwandte Aktivitäten aus den drei Sektoren zu einem Aktionsbündel zusammengefaßt, welches dann in sich unter Beachtung aller darin entstehenden Interaktionen optimal zu kombinieren ist. Der Gedankenganz ist also folgender: Da man ohne weitgehende Abstraktion von den empirischen Tatbeständen nicht in der Lage ist, ein Gesamtoptimum zu bestimmen, versucht man zumindest, über mehrere gleichrangige Sub-Optima in einem *mehrstufigen Optimierungsprozeß* dem Gesamtoptimum einen Schritt näher zu kommen. Dieser Weg soll in dieser Untersuchung ausgehend vom Werbe-Submix beschritten werden.

2.32 Das formale Gerüst des Marketing-Entscheidungsprozesses als Grundlage der Modellbildung

Jede irgendwie zustande gekommene bzw. im Regelfall dispositiv festgelegte Kombination von Aktionsparametern läßt sich im Grundmodell der Entscheidungstheorie als eine Strategie oder Entscheidungsalternative auffassen [130, S. 97; 342, S. 7 ff; 404, S. 148 ff]. In der zuvor geübten Betrachtungsweise

[24] So zeigt sich oft auch schon in der Formulierung des Zielsystems im weiteren Sinne, also unter Einschluß von Zielansprüchen in Form von Nebenbedingungen für untergeordnete Teilprobleme, ob mögliche Interdependenzen berücksichtigt sind; wenn beispielsweise im Produktbereich allein aufgrund der Unterzielsetzung Kostenminimierung ein Suboptimum festgelegt wird, wie es in der Literatur fast ausschließlich geschieht, so fehlt dabei die Komponente der Erlöswirkungen, welche daraus resultiert, daß unterschiedliche Arbeitsgänge (Produktvariationen) die Präferenzen der Nachfrager auch unterschiedlich beeinflussen können. Dieser Aspekt wird noch ausführlich behandelt.

[25] Vgl. auch *STERN* [371, S. 36 ff], der den Marketing-Mix in Produkt-, Kommunikations- und Distributions-Submix zerlegt. Der Kommunikations-Submix umfaßt jedoch bei *STERN* im Gegensatz zu der hier vertretenen Betrachtungsweise auch den persönlichen und unpersönlichen Verkauf, der hier zur psychischen Distribution gezählt wird.

können als Aktionsparameter einer Unternehmung allgemein alle Möglichkeiten verstanden werden, die zur Bestimmung von Eigenschaften eines Absatzobjektes zur Verfügung stehen. In dieser Arbeit stehen die marketingbezogenen Eigenschaften im Vordergrund. Wird demnach die Kombination der Marketing-Aktivitäten in nur einer Ausprägung verändert, so entsteht eine neue Strategie, also eine andere Mix-Situation.

Die Zusammenfassung mehrerer verwandter Aktivitäten zu einer Eigenschaftskombination, bei der Freiheitsgrade in der Festlegung von Eigenschaften gegeben sind, läßt ein Unterproblem im vorher definierten Sinne entstehen.

Ein Gesichtspunkt, der bisher noch nicht genügend zum Ausdruck kam, ist die Trennung der Einflußgrößen, denen sich ein Entscheidungsträger bei der Disposition über wirtschaftliche Güter gegenüber sieht, in solche, die er kontrolliert und solche, auf die er keinerlei Einfluß hat. Während eine Strategie ein Bündel *kontrollierter Variabler* umfaßt, werden die *unkontrollierten Variablen* im Grundmodell der Entscheidungstheorie durch verschiedene Zustände der „Umwelt" ausgedrückt. Jede Umweltkonstellation ist dadurch gekennzeichnet, daß sie sowohl ökonomische wie auch sonstige soziale, politische, technologische und auch Naturgegebenheiten einschließen kann. In unserem Zusammenhang ist natürlich die ökonomische Umweltsituation von besonderer Bedeutung. Konkret fallen darunter z.B. aus der Sicht eines Produzenten als Entscheidungseinheit gesehen alle absatzpolitisch relevanten Aktionen der Konkurrenzunternehmungen, der in den Distributionsweg eingeschalteten selbständigen Handelsunternehmungen sowie der Konsumenten.

Damit stellt sich das Grundmodell nun so dar, daß jede kontrollierte Handlungsalternative auf eine bestimmte Kombination von Umweltparametern trifft und damit auch gleichzeitig jede derartige Möglichkeit der Zuordnung bei sicherer Kenntnis der Auswirkungen zu einem eindeutigen Ergebnis führt. Die so entstehende *Ergebnismatrix* wird zu einer *Entscheidungsmatrix*, wenn jedes einzelne Element entsprechend der Präferenzfunktion des Entscheidungssubjektes bewertet wird. Damit ist auch gleichzeitig die Verbindung zum vorher erörterten Zielsystem hergestellt; die Unternehmung wird diejenige Strategie als die beste auswählen, die für die jeweils vorausgesetzte Umweltsituation die Zielvariable den günstigsten Wert annehmen läßt.

Diese Lösung des Entscheidungsproblems hat jedoch in erster Linie nur formalen Aussagewert. Zunächst ist festzustellen, daß die Zahl möglicher Aktionen, konkret also die Vielfalt der Eigenschaften wirtschaftlicher Güter, nicht von vornherein festzustellen oder bekannt ist. Kreativität beweist sich eben im Auffinden neuer Eigenschaften bzw. neuer Eigenschaftskombinationen. Ebenso ist das Verhältnis zwischen kontrollierten Variablen (Strategien) und unkontrollierten

Variablen (Umweltzuständen) nur statisch fixiert, da eine Unternehmung über die Zeit sehr wohl durch ihre Aktionsparameter eine Beeinflussung der Umweltparameter vornehmen kann.

Weitaus schwerwiegender ist jedoch die Tatsache, daß eine Unternehmung vornehmlich im Absatzbereich keineswegs eine sichere Kenntnis der verschiedenen Umweltkonstellationen hat, sondern höchstens Erwartungen über Umweltzustände angeben kann.

Dies zeigt sich in der Wirklichkeit vor allem in den Schwierigkeiten bei der Abschätzung der Wirkung von isoliert oder auch kombinativ eingesetzten Absatzinstrumenten. Man hilft sich bei der Modellformulierung vielfach dadurch, daß man nur eine, sichere Umweltkonstellation in die Analyse einbezieht, was zu einem deterministischen Betrachtungssystem führt.

Ein weiterer, etwas weniger abstrakter Weg führt dahin, nur alle von den Konkurrenten kontrollierten Parameter auszuschließen[26], jedoch die Unsicherheit in Bezug auf die Nachfragerreaktionen mit Hilfe geeigneter Methoden in die Untersuchung aufzunehmen. Derartige Verfahren bieten sich, wie später noch gezeigt wird, etwa in der Anwendung empirisch abgesicherter Wahrscheinlichkeitsverteilungen an sowie z.B. durch die Einschaltung intermediärer Variabler, von deren besser quantifizierbarer Wirkung in Bezug auf eine Hilfsgröße auf ihren Beitrag zur eigentlichen Zielgröße geschlossen werden kann[27]. Korrelative Abhängigkeiten kommen zum Tragen, wenn sich nur statistische Beziehungen zwischen zwei Zielvariablen ableiten lassen.

Ein weiteres Entscheidungsproblem tritt bei der Frage auf, ob durch zusätzliche Marktuntersuchungen und die dadurch entstehenden Kosten eine Verbesserung bereits vorhandener Informationen wirtschaftlich gerechtfertigt ist und welche alternativen Verfahren zur weiteren Informationsgewinnung anzuwenden sind. Zur Lösung solcher Probleme bedient man sich des Theorems von *BAYES*, wobei mit Hilfe der Schätzung der bedingten Eintreffenswahrscheinlichkeiten und unter Einbeziehung der Informationskosten von einer im Testmarkt erfolgten Veränderung auf die betreffende Veränderung im Gesamtmarkt geschlossen werden kann [28; 150; 186; 392; 314]. Diese Fragestellung wird hier nicht weiter verfolgt.

[26] In der Theorie der Marktformen bezeichnet man eine Situation, bei der die Aktivitäten einer Unternehmung nicht durch Aktionsparameter anderer Unternehmungen beeinflußt werden, als Monopol. Dabei wird meist nur auf den Preis abgestellt, streng genommen, gilt dies jedoch für alle Eigenschaften bzw. Aktionsparameter, die einer Unternehmung zur Verfügung stehen. Man könnte von einem strengen Monopol sprechen im Gegensatz zu einer „partiellen Monopolsituation", wo nur einige Variable keinen Einfluß auf die Politik anderer Unternehmungen haben.

[27] So bedient man sich z.B. bei der Messung von Werbewirkungen verschiedener, direkt quantifizierbarer Hilfsvariablen, etwa der Zahl der durch einen Werbeträger Berührten, um daraus auf den ökonomischen Werbeerfolg zu schließen; s. dazu S. 43ff. dieser Arbeit.

Schließlich ist noch zu beachten, daß aus der Vielzahl der einer Unternehmung zur Verfügung stehenden Handlungsalternativen (Strategien) nur diejenigen als verwirklichbar in Betracht gezogen werden können, die innerhalb eines gegebenen Restriktionsrahmens liegen. Nur die aus der Gesamtzahl der Möglichkeiten hervorgegangenen, als zulässig erachteten Kombinationen bestimmen den Entscheidungsraum der Unternehmung. Zusammenfassend läßt sich der Prozeß der Marketing-Entscheidungsbildung durch vier Aspekte kennzeichnen:

1. Das Präferenzsystem des Entscheidungsträgers
2. Das System der kontrollierten Variablen (Strategien)
3. Das System der unkontrollierten Variablen (Umwelt)
4. Das System der Restriktionen, gekennzeichnet durch interne und externe Kapazitäten

Sind diese konstituierenden Elemente der Modellbildung genügend konkretisiert, so sind zur Lösung des Entscheidungsproblems noch geeignete Rechenverfahren zu finden, die es erlauben, die bestmögliche Handlungsalternative zu finden.

2.33 Die der Untersuchung zugrundeliegenden Prämissen

Die Anwendung des soweit skizzierten Konzeptes im Marketingbereich bestimmt die Ausführungen in den folgenden Abschnitten. Schwerpunkte bilden dabei, ausgehend von der Bildung eines Suboptimums auf dem Gebiet der Werbung, die Darstellung einer stufenweisen Vergrößerung des Entscheidungsraumes einer Unternehmung über die Erarbeitung und Integrierung des Produkt-Submix bis hin zu einem Modellansatz, der auch die Distributionsaktivitäten aufnehmen kann.

Dabei wird sowohl für die Werbeplanung wie auch für die Produktplanung vor der Darstellung der Modellsysteme eine qualitative Diskussion der Besonderheiten dieser Marketingbereiche erfolgen.

Beide Sachverhalte sollen möglichst weitgehend unter Berücksichtigung empirischer Gegebenheiten sowie auf der Grundlage empirisch erhobenen Datenmaterials und unter dem Gesichtspunkt der Praktikabilität abgebildet werden.

In methodischer Hinsicht ist darüberhinaus die Auseinandersetzung mit verschiedenen statistischen Verfahren im Zusammenhang mit der Evaluierung von Handlungsalternativen und die Diskussion von Techniken zur Auswahl von optimalen Alternativen aus einer Vielzahl möglicher Kombinationen notwendig.

Abschließend sind noch die globalen Prämissen, denen die Analyse in ihren Hauptteilen unterliegt, herauszustellen:

(1) Wir setzen eine in weiten Bereichen autonome Verhaltensweise der betrachteten Unternehmung voraus, d.h. diese rechnet nicht mit der Einflußnahme anderer Anbieter auf die eigenen Marketingaktivitäten.

(2) Wir gehen von einer im Grundsatz statisch-komparativen Betrachtungsweise aus, d.h. bis auf einige genau spezifizierte Ausnahmen bei den Werbemaßnahmen werden keine aus dem Zeitablauf resultierenden Wirkungen berücksichtigt.

(3) Das Problem der unsicheren Erwartungen über den Effekt von Marketingaktivitäten wird durch Evaluierungsfaktoren und geeignete Wahrscheinlichkeitsmaße zu bewältigen versucht.

(4) Die Untersuchung ist abgestellt auf den Unternehmungstypus eines Markenartikelherstellers, der etwa Konsumgüter des täglichen Bedarfs anbietet und die kurzfristigen Möglichkeiten der Absatzpolitik, insbesondere in der Streuwerbung und der Produktgestaltung i.e.S. voll ausnutzt.

2.34 Die Behandlung des Marketing-Mix in der Literatur

2.341 Die preistheoretischen Lösungen

In diesem Abschnitt wird im Anschluß an die Diskussion des Konzeptes der Suboptima und deren formales Gerüst ein kurzer Überblick über die Darstellung des Problems der optimalen Kombination des absatzpolitischen Instrumentariums in der Literatur gegeben[28].

Aus der Fülle der Literatur sollen uns hier nur diejenigen Untersuchungen interessieren, die einmal über eine verbale Beschreibung hinaus Modellcharakter haben und zum anderen jeweils neue Aspekte in die Diskussion bringen.

Die ersten, modellmäßig formulierten Ansätze finden sich bei *CHAMBERLIN* [67], *J. ROBINSON* [326] und *H. SMITH* [360]. Ausgehend von rein preistheoretischen Lösungen werden in diesen Arbeiten außer dem Preis zusätzliche nachfragebeeinflussende Instrumentalvariable, nämlich die Aktionsparameter „Verkaufskosten" sowie „Qualitätsvariation" eingeführt und dafür dann in unterschiedlicher Weise Gleichgewichtsbedingungen abgeleitet. Dies geschieht zunächst nur graphisch, erst *SHONE* zeigt die Bedingungen zu einem Gewinnmaximum auch auf analytischem Wege [357]. Eine Vervollkommnung der darstellungstechnischen Methoden mit Hilfe der Indifferenzkurvenanalyse sowie eine verbesserte Beschreibung der Anpassungsvorgänge bei der Variation der

[28] Einen ausführlichen Überblick, vor allem über die älteren Literaturbeiträge gibt *NÖH* [296]; vgl. weiterhin *EDLER* [105].

einzelnen Absatzinstrumente erfolgt vor allem durch *BOULDING* [53, S.578 ff.] und *BUCHANAN* [63; 395, S. 205 ff.]. In sachlicher Hinsicht findet eine Weiterentwicklung des Problems insbesondere durch *ZEUTHEN* [409] und *BARFOD* [25; 344] statt. Sie erkennen, daß sich, je nach Verwendung einer bestimmten Werbeaktivität oder einer vorgegebenen Kombination davon, eine jeweils anders geartete Form von Nachfragekurven ergibt; diejenige „Richtungswirkung der Reklame"[29] ist zu ermitteln, die unter Berücksichtigung der Kosten den höchsten Gewinn verspricht. Damit ist auch gleichzeitig der Übergang zur expliziten Einbeziehung mehrerer verwandter Aktionsparameter innerhalb des Aktionsbündels Werbung geschaffen, so daß als Ergebnis aus dem *BARFOD*'schen Modell die Bestimmung der optimalen Werbemittelkombination resultiert.

Einem ganz anderen Aspekt wendet sich *v. STACKELBERG* [367] zu. Bei ihm steht die Erkenntnis im Vordergrund, daß die Gesamtkosten eines Produzenten nicht mehr wie zuvor allgemein üblich allein als Funktion der Absatzmenge anzusehen seien, sondern daß in eine derartige Funktion „die gesamten Beziehungen zwischen Preis und Absatzmenge, die durch die besondere Struktur der Nachfrageseite zustande kommt, in sie gleichsam mit einbezogen sind" [367, S.48]. Die implizite Schreibweise der Funktion: $F(x,p,K) = 0$, wobei x die Absatzmenge, p den Absatzpreis und K die Gesamtkosten bedeuten, zeigt die gegenseitige Verknüpfung der Variablen. Jede Preis-Absatzmengenkombination ist mit einem bestimmten Gesamtkostenbeitrag zu erreichen, der sich in Abhängigkeit von der jeweiligen, zu beeinflussenden Nachfragesituation ergibt und gleichzeitig die kostenminimale Kombination zwischen nachfragewirksamen Produktions- und Absatzkosten darstellt. Die Aufteilung des Gesamtkostenbetrages auf die beiden Kostenkomponenten geschieht allerdings in einer vorweggenommenen, im Gegensatz zu *BARFOD*s Aufteilung des Werbebudgets isolierten Prozeßstufe.

Nur eine relativ geringfügige Verbesserung im Hinblick auf eine praktische Entscheidungsfindung bringen *DORFMAN/STEINER* [100] und *RASMUSSEN* [320] durch die Einführung und Diskussion von Elastizitätskoeffizienten, die Aussagen darüber zulassen, wie sich durch die kontinuierliche Variation einzelner Parameter, hier des Preises, der Werbung bzw. der „Qualität", die jeweils anderen Parameter ändern müssen, um die Maximalgewinnposition zu erhalten.

Derartige Überlegungen können durchaus schon als Vorläufer einer Sensitivitätsanalyse angesehen werden.

[29] *ZEUTHEN* wird allgemein als Schöpfer dieses nach ihm benannten Theorems angesehen, doch bezieht er sich in seinem Aufsatz bereits auf *BARFOD*.
S. zur Richtungswirkung auch: *ZINGLER* [411].

Fast allen bisher behandelten Ansätzen ist gemeinsam, daß sie nur für den Einproduktfall gelten und daß zumeist eine monopolistische Verhaltensweise unterstellt ist, d.h. gleichartige Aktionsparameter der Konkurrenten fallen nicht ins Gewicht; in methodischer Hinsicht die Verwendung der Marginalanalyse. Letzteres bedeutet zugleich den weitgehenden Verzicht auf Operationalität, da für eine Verwendung der Marginalanalyse einerseits formale Erfordernisse wie Stetigkeit und Differenzierbarkeit erfüllt sein müssen sowie die Bewältigung von Restriktionsungleichungen zu erheblichem mathematischem Aufwand führt [217; 239]. Dazu kommt, daß sich dieses Konzept relativ schlecht für die Berücksichtigung einer Vielzahl von Variablen und deren nichtlineare Verknüpfungen, wie sie in der Empirie auftreten, eignet.

2.342 Die Methode der „Qualitative Economics"

Die zuletzt erwähnten Beiträge, besonders ausgeprägt derjenige von *STACKELBERG*, können als gewichtige Vorläufer einer Reihe von Arbeiten bezeichnet werden, die sich hauptsächlich mit einer qualitativen Modelldiskussion beschäftigen. Diese, vor allem auch von *SAMUELSON* [332, S. 23 ff; 243; 244; 14; 147] begründete Methode der „qualitative economics" zielt darauf hin, über die Bestimmung der Gleichgewichtsbedingungen für die Maximal-Gewinnposition hinaus, qualitative Aussagen über Art, Richtung und Stärke des Wirkungszusammenhanges zwischen denen das Modell konstituierenden Variablen machen zu können.

Während jedoch die älteren Autoren nur jeweils zwei unabhängige Variable, zumeist Preis und Absatzkosten in die Betrachtung einbeziehen, was *STACKELBERG* mit Hilfe einer geschickten Transformation ebenfalls gelingt, hat sich neuerdings *H. H. WEBER* im Absatzbereich sehr intensiv mit der Anwendung des Instrumentariums der „qualitative economics" auf mehrere Variable beschäftigt [391]. Er berücksichtigt den Mehrproduktfall, d.h. gleichzeitig auch mehrere produktindividuelle Preis- sowie Werbeparameter, diese wiederum unterschieden nach solchen, die vom Produzenten und nach solchen, die vom Händler bestimmt werden. Ein besonderes Verdienst von *H. H. WEBER* besteht deshalb vor allem darin, daß er den mehrstufigen Absatz, also Aspekte der physischen Distribution in unserem Sinne, in seinen Ansatz aufnimmt. Während aber Preise und Werbemittelmengen noch als „kontinuierlich veränderbare Größen" betrachtet werden, sind Variationen der Absatzmethode als Alternativen formuliert, so daß nur jeweils „eine Absatzmethode mit der dazu gehörigen optimalen Kombination von Preisen und Werbemitteln in die Lösung kommt" [391, S. 28 f.].

Die Methode der qualitativen Diskussion bedingt ebenfalls die Anwendung der Marginalanalyse und somit gelten die schon zuvor herausgestellten Einschränkungen. Es gelingt mit diesem Instrumentarium deshalb nur in einfachen Fällen, spezifisch diskontinuierliche Eigenarten der Werbeplanung oder Produktgestaltung auf Eigenschaftsbasis, welche letztlich zu kombinativen Techniken führen, abzubilden. Auf dem Wege zu einer Verbesserung praktischer Entscheidungen kann dieser „approach" jedoch Ergebnisse im Hinblick auf eine Systematisierung und qualitative Überprüfung möglicher Dispositionen und deren Beitrag zur Zielgröße zeigen; die qualitative Diskussion kann als „ein erster Schritt zur Konkretisierung der Ergebnisfunktionen" aufgefaßt werden [391, S.21]. So hat sich z.B. als ein Ergebnis von *H. H. WEBER* herausgestellt, daß gemischte Abteilungen höherer Ordnung zur Beschreibung der Interdependenzen zwischen den Aktionsparametern häufig vernachlässigbar sind; dies ermöglicht letztlich eine Reduzierung auf einfache, u.U. lineare und separable Beziehungen.

Durch das Instrumentarium der qualitativen Diskussion von funktionalen Zusammenhängen, was die Frage nach der Form der Funktion (konvex oder konkav) einschließt, zeigt sich auch in methodischer Hinsicht ein fast bruchloser Übergang zu den Verfahren der mathematischen Programmierung [89, S.535 ff.]. Modelle, die auf der Anwendung von Operations Research-Methoden fußen, sollen uns im folgenden noch beschäftigen.

2.343 Der Beitrag von BREMS

Zuvor ist jedoch auf die Untersuchung von *BREMS* [59; 296, S. 155 ff.] einzugehen, die bereits in hervorragender Weise auf die in dieser Arbeit im weiteren eingeschlagene Konzeption hinlenkt. *BREMS* gelingt es durch die explizite Berücksichtigung aller nachfragebeeinflussenden Parameter, bei ihm also der Preise und α-Kriterien für alle Produkte sowie deren Einfluß auf die Kostenfunktion, zum einen bereits den hier zugrunde gelegten Eigenschaftscharakter wirtschaftlicher Güter anzudeuten und andererseits zumindest den formalen Aspekt einer kombinativen Betrachtungsweise, wie sie auch hier angewandt werden soll, deutlich werden zu lassen. Diese Kombinationen kommen dadurch zustande, daß Erlös- und Kosten-Alternativen gebildet werden, die aus unterschiedlichen Eigenschaftskonstellationen resultieren.

BREMS bedarf zur Ermittlung des optimalen Planbündels noch einer zweistufigen Verfahrensweise und eines graphischen Suchprozesses; heute sind zur Lösung derartiger Problemstrukturen spezielle Algorithmen entwickelt worden. Er sah darüber hinaus als Ausgangspunkt für seine Analyse sehr klar, daß man sich vielen Tatbeständen im Absatzsektor nur mit einer diskontinuierlichen Betrachtungsweise problemadäquat nähern kann. Dies stellt er insbesondere für das Gebiet der „Qualitätsvariation" heraus, es gilt jedoch genau so gut für den Bereich der Werbung wegen der Überschneidung der Werbeträger oder den Bereich der Distribution bei der Wahl unterschiedlicher Absatzwege durch die Formulierung zweiwertiger Alternativen. Weiterhin hat *BREMS* durch die Unterscheidung seiner nachfragebeeinflussenden Kriterien in „producer criteria" und „consumer criteria" bereits einen Beitrag zu dem Konzept der bestmöglichen Übereinstimmung von Produkt-Eigenschaftsbündel und Konsumenten-Bedürfnisgruppen geleistet, wie es zuvor abgeleitet wurde und im folgenden noch operational konkretisiert werden soll.

2.344 Die Operations-Research-Ansätze

In der Literatur sind Untersuchungen auf dem Gebiet der mathematischen Programmierung mit der Problemstellung der optimalen Kombination der absatzpolitischen Instrumente selten zu finden, zumeist werden nur Teilbereiche modellmäßig erfaßt. *GUTENBERG* deutet lediglich die Konzeption eines allgemeinen Ansatzes an [158, S. 499], während er sich sonst nur mit der Werbeplanung in dem hier gefragten Sinne ausführlich beschäftigt [158, S. 474 ff.]. Er schließt jedoch in diesem Werbemodell eine eigene Preispolitik der Unternehmung völlig aus, indem er konstante Stückerlöse für die Erzeugnisse unterstellt, um zu einer linearen Zielfunktion zu kommen. Weiterhin bedürfen seine Annahmen hinsichtlich der Definition der Werbeparameter und der proportionalen Wirkungszuwächse einer Verbesserung; Verbundeffekte zwischen den einzelnen Produkten, wie sie durch unterschiedlichen Einsatz der absatzpolitischen Aktivitäten ausgelöst werden können, sind nicht berücksichtigt.

KRELLE [232, S. 228 f.] hingegen behandelt das Zusammenwirken von Preis- und Werbepolitik, indem er die Preise als Variable berücksichtigt und ihre Beziehungen zu den Mengen und den anderen absatzpolitischen Parametern in erweiterten Absatzfunktionen ausdrückt. Dabei geht jedoch zwangsläufig die Linearität der Zielfunktion verloren, da diese nun auch quadratische Elemente enthält, was wiederum nur dann gewährleistet ist, wenn die Preis-Absatzfunktionen und Kostenfunktionen linearer Natur sind.

Bei der Planung des optimalen Produktionsprogrammes im Industriesektor, also der Auswahl der zu fertigenden Erzeugnisse mit Hilfe der Linearen Programmierung und deren Erweiterungen lassen sich ebenfalls Ansatzpunkte für absatzpolitische Fragestellungen finden. Die in diesem Bereich formulierten Modelle haben in letzter Zeit mannigfache Verfeinerungen erfahren; es seien hier bloß der Komplex der Anpassungsprozesse und das Losgrößenproblem erwähnt. Die Modelle bilden zumindest den Produktionsaspekt genau ab [122; 309; 172; 87; 209; 387; 198, 7; 3], während demgegenüber die Erfassung absatzwirtschaftlicher Parameter bislang nicht sehr ausgeprägt entwickelt worden ist, da zumeist von den im Absatzplan fest vorgegebenen Produktmengen ausgegangen wird [116; 386; 351; 60]. Wie wir noch sehen werden, lassen sich jedoch die aus alternativen Produktionsverfahrensmöglichkeiten resultierenden Produkteigenschaften [210, S. 155 ff.] auch hinsichtlich ihrer absatzpolitischen Konsequenzen in der Formulierung der Modelle berücksichtigen. Bei Handelsunternehmungen treten die absatzpolitischen Bezüge noch weit mehr in den Vordergrund. Ansätze zur Planung der optimalen Warengruppenstruktur oder des Sortiments stehen hier noch in den Anfängen [8; 56; 329].

Auch sonst werden fast ausschließlich Teilbereiche des Marketing-Komplexes mit diesem Instrumentarium behandelt, so etwa Standortfragen [156; 258], Lagerabstimmungsprobleme [317; 193; 321], die Wahl der optimalen Auftragsgröße [154] oder Preisprobleme [174; 98; 352]. Weiterhin gehören dazu etwa die Ansätze von *KORNDÖRFER* zur Werbeplanung [224, S. 170 ff; 201].

In all diesen Fällen werden immer nur Suboptima des Marketingsektors isoliert oder aber solche aus anderen betrieblichen Funktionen unter Einschluß von Marketingauswirkungen bestimmt.

Eine weitere Methode zur Bewältigung des Problems des Marketing-Mix im Rahmen des Operations Research tritt neuerdings auch in der deutschen Literatur in den Vordergrund: So diskutieren etwa *CORDES* [85, S. 111 ff.] sowie *DICHTL* [95, S. 142 ff; 117] in einfachen Modellen die bestmögliche absatzpolitische Kombination mit Hilfe der dynamischen Programmierung. Damit wird nach dem *BELLMAN*'schen Optimalitätsprinzip vorausgesetzt, daß in einem sukzessiven Entscheidungsprozeß die jeweils nachfolgenden Entscheidungen bei gegebenem Ausgangszustand im Hinblick auf den der Entscheidung vorhergehenden Zustand optimal sein müssen [40; 41]. Das Verfahren läßt sich als ein mehr-phasiger Prozeß charakterisieren, der durch den Ausgangszustand, z.B. die gegenwärtige Marketing-Situation und die Anzahl der Phasen des Prozesses, hier bestimmt durch die Zahl der Aktionsmöglichkeiten, charakterisiert ist.

Wegen der Voraussetzung der Separabilität der Zielfunktion sind entweder die Interdependenzen zwischen den Variablen nicht abbildbar oder die separablen Teilfunktionen werden individuell wegen der den Optimierungsbereich bestimmenden Nebenbedingungen zu komplex. Vor allem im Hinblick auf die zwischen den Variablen bestehenden Beziehungen, worauf es im Marketing-Bereich ja hauptsächlich ankommt, liegt die Schwäche dieses Instrumentariums; die Summe der isolierten Wirkungen der Parameter auf die Zielgröße ist nicht gleich derjenigen einer Kombination.

Verhältnismäßig starke Zurückhaltung in der modellmäßigen Behandlung des Marketing-Mix-Problems mit Hilfe von Operations-Research-Verfahren zeigen auch die amerikanischen Autoren. In der entsprechenden Literatur ist, wie noch ausführlich dargestellt wird, die Behandlung einzelner Teilbereiche, z.B. der Preispolitik, des Media-Problems oder der physischen Distribution schon sehr weit fortgeschritten, jedoch wird die Mix-Situation überwiegend nur verbal dargestellt [277; 73; 65; 92; 211]. Dies wird vor allem mit den Schwierigkeiten bei der empirischen Datenfindung, welche für Teilprobleme besser lösbar sind, sowie der Komplexität des Interaktionsgefüges begründet. Die bestehenden Ansätze berücksichtigen methodisch alle gangbaren Wege, also von der rein linearen Optimierung bis hin zu binären Verfahren und der dynamischen Programmierung [267; 263; 237; 400; 227; 281]. Es zeigt sich jedoch immer deutlicher, daß die Entwicklung wegen der komplexen Zusammenhänge und der überall in diesem Bereich anzutreffenden mehrdeutigen Erwartungen von den analytischen Methoden und der deterministischen Betrachtungsweise in Richtung auf stochastische Prozesse und Simulationsmethoden führt [11; 79; 317; 238; 19; 82].

Damit sei der Überblick über die Literatur zum optimalen Einsatz der absatzpolitischen Instrumente abgeschlossen; es bleibt noch zu erwähnen, daß sich auch schon einige der älteren Autoren mit einer Berücksichtigung des Zeitmoments in einer Mehrperiodenanalyse beschäftigt haben [367, S. 70 ff; 59, S. 116 ff.], ebenso haben sich bereits einige der angesprochenen älteren Autoren seit *CHAMBERLIN*s Behandlung der „Groß- und Kleingruppe" in diesem Zusammenhang mit dem Konkurrenzproblem befaßt [67, S. 171 ff; 362; 411; 367; 59].

Auch die Darstellung dieses letzteren Sachverhaltes erfolgt nun in neuerer, entscheidungstheoretischer Sicht. Dabei kommt man wiederum nicht umhin, stochastische Gesichtspunkte einzubeziehen. Weiterhin ist bemerkenswert, daß diese Untersuchungen neuerdings in erster Linie bei den Verhaltenswahrscheinlichkeiten der Konsumenten gegenüber konkurrierenden Absatzobjekten ansetzen [353]. In diesen Rahmen gehören auch die „brand switching"-Probleme [265; 106; 180; 166; 192, 168, S. 90 ff.], bei denen versucht wird, die Marktanteile miteinander im Wettbewerb befindlicher Produkte (Marken) zu prognostizieren, wobei man sich zur Lösung des Instrumentes der Markoff-Ketten bedient.

3. Der Werbe-Submix als Teil des Marketing-Mix

3.1 Die Media-Selektion als Ausgangspunkt der Suboptimierung – Die qualitative Diskussion

3.11 Die Bedeutung der Media-Selektion

Als Spezialgebiet der Marketingplanung und insbesondere der Werbeplanung nimmt die Media-Selektion in letzter Zeit in der Forschung einen zunehmend breiteren Raum ein. Ausgehend von amerikanischen sowie englischen und französischen Versuchen wird neuerdings auch in der deutschen Literatur mehr und mehr auf diesem Gebiet gearbeitet, wenn auch oft über die kommerzielle Auswertung in Marktforschungsinstituten, Werbeagenturen oder Verlagshäusern nur relativ vage Beschreibungen an die Öffentlichkeit dringen. Dieser Zweig der Werbeforschung gewann in den letzten Jahren um so mehr an Bedeutung, je umfangreicheres und methodisch besser gesichertes Datenmaterial zur Verfügung stand.

Aus unternehmenspolitischer Sicht betrachtet, ist die Beschäftigung mit der Media-Planung deshalb so bedeutsam, weil im Konzept der besten Ausnutzung aller absatzpolitischen Alternativen die Werbestreumaßnahmen noch zu den weitgehend *kontrollierbaren Variablen* gehören und deren Ergebnisse vergleichsweise gut quantifizierbar sind[1].

Außerdem zeigt sich bei der Untersuchung dieses Gebietes, daß nur eine Synthese der Erkenntnisse mehrerer Disziplinen, wie etwa der Markt- und Werbeforschung, der Psychologie und Soziologie sowie der Methoden des Operations Research zu brauchbaren Ergebnissen führt.

Im gesamten Marketing-Komplex ist die Media-Selektion auf der Ebene Werbeträger – Konsumenten einzuordnen, wenn man das abgeleitete Schema auf S. 8 zugrunde legt.

[1] Um die Bedeutung dieses Sektors der Werbeplanung aufzuzeigen, seien einige Größenordnungen genannt. So haben z.B. führende Unternehmungen in den USA im Jahre 1968 für Streuwerbung ausgegeben:
General Motors Corp. insges. 199,70 Mio. Dollar, davon 22,6 % für Publikumszeitschriften, 25,0 % für Fernsehwerbung, 15,3 % für Rundfunkwerbung und 30,6 % für Tageszeitungen.
Ford Motor Corp. insges. 106,15 Mio. Dollar, davon 19,7 % für Publikumszeitschriften, 29,8 % für Fernsehwerbung, 21,1 % für Rundfunkwerbung und 22,6 % für Tageszeitungen.

Fortsetzung der Fußnote umseitig

3.12 Problembeschreibung und Gang der weiteren Untersuchung

Das Problem ist dadurch gekennzeichnet, daß bei der Planung einer Werbekampagne für ein bestimmtes Wirtschaftsgut aus allen möglichen zur Verfügung stehenden oder aber aus einer Anzahl geeigneter Werbeträger oder -medien, die individuell bestimmte Eigenschaften zur Verfügung stellen, derjenige Mediaplan herauszufinden ist, welcher den höchsten wie auch immer definierten Wirkungsgrad verspricht und gleichzeitig bestimmte Bedingungen quantitativer und/-oder qualitativer Art erfüllt. Eine der wichtigsten Restriktionen, unter der ein solcher Plan in der Praxis meist besteht, ist darin zu sehen, daß in vielen Fällen nur ein bestimmtes Budget für Werbemaßnahmen zur Verfügung steht.

Eine Fragestellung eigener Art, die letztlich nur im Rahmen der gesamten Absatzstrategie zu beantworten und theoretisch nur durch eine simultane Unternehmensplanung zu lösen ist – wie noch gezeigt werden wird –, ist die Frage nach der Höhe dieser für die Werbung veranschlagten Kostensumme. Die Marketingstrategie muß darüberhinaus in dieser ersten Stufe der Analyse festlegen, für welche Marke und in welchem Marktgebiet geworben wird und welche Zielgruppen angesprochen werden sollen. Die Berücksichtigung derartiger exogener Gesichtspunkte bei der Formulierung des Tatbestandes ist deshalb notwendig, weil es sich bei der Media-Selektion um die Bestimmung eines typischen Suboptimums im vorher beschriebenen Sinne handelt, worin benachbarte Planungsbereiche als Ansprüche in Form von Nebenbedingungen zu integrieren sind.

Das Mediaselektions-Problem stellt sich nun in der einfachen Version so dar, daß aus einer Vielzahl möglicher Media-Kombinationen diejenige ausgewählt werden soll, die bei einer vorgegebenen Etat-Höhe noch weitere *quantitative* und *qualitative Marketingziele* erfüllt und die *höchste Streuwirkung* verspricht. Daneben muß die durch die Werbeträger übermittelte Gestaltungsidee in Bezug

Fortsetzung der Fußnote [1]

General Foods Corp. insges. 109,86 Mio. Dollar, davon 4,2 % in Publikumszeitschriften, 87,1 % im Fernsehen, 2,5 % für Rundfunkwerbung und 5,1 % für Tageszeitungen.
Procter & Gamble Corp. insges. 189,74 Mio. Dollar, davon 6,8 % in Publikumszeitschriften, 91,5 % für Fernsehwerbung, 0,2 % für Rundfunkwerbung und 1,0 % in Tageszeitungen.
Coca Cola Corp. insges. 55,99 Mio. Dollar, davon 6,2 % in Publikumszeitschriften, 68,3 % für Fernsehwerbung, 17,3 % für Rundfunkwerbung und 4,7 % in Tageszeitungen.
(Quelle: Die Absatzwirtschaft, 12. Jg., 19 (1969), S. 100 f.)
Die Bruttostreukosten der statistisch erfaßten Werbeträger betrugen 1971 in der BRD:

für Zeitungen	3751,2 Mio. DM
für Zeitschriften	2150,8 Mio. DM
für Fernsehwerbung	780,6 Mio. DM
für Hörfunkwerbung	227,1 Mio. DM
für Anschlagwerbung	257,3 Mio. DM
für Kinowerbung	60,1 Mio. DM

(Quelle: ZAW-Nachrichten 6, 1972, S. 2)

auf Produkt und Zielgruppe optimal übersetzt werden, was indessen hier für die ökonomische Betrachtungsweise nur insoweit interessiert, als damit die Formulierung der Handlungsalternativen angesprochen wird.

In einer erweiterten Konzeption muß darüberhinaus der „Streuerfolg" in Kategorien mehr ökonomischer Wirkungen transformiert werden, d.h. es sind letztlich *Bewertungsüberlegungen* anzustellen. Hinzu kommt vor allem die verstärkte Berücksichtigung des Aspektes der *Marktsegmentierung* sowie schließlich die Ausdehnung der Analyse auf *mehrere Werbeobjekte*.
Als Recheninstrumente für die Auswahl der Kombinationen kommen nach dem bisher erarbeiteten theoretischen Stand Formen der mathematischen Programmierung, insbesondere die gemischt-ganzzahlige Programmierung bis hin zur reinen binären Optimierung in Betracht; weiterhin stehen in letzter Zeit vor allem in der praktischen Anwendung heuristische Verfahren wie z.B. die Sequentialmethode und Permutationstechniken im Vordergrund. Zur Beurteilung dieser Methoden muß die Frage gestellt werden, ob sie das Problem unter vollständiger Ausnutzung der vorliegenden empirischen Informationen bzw. gegebenenfalls den zu deren Verbesserung oder Ersatz angewandten Instrumenten wie etwa Wahrscheinlichkeitsmaßen, den wirklichen Verhältnissen adäquat abbilden.

Die weitere Vorgehensweise wird so sein, daß zunächst eine qualitative Erörterung der angesprochenen Fragestellungen und dann die Modelldarstellung erfolgt.

3.13 Die Analyse der Grundkonzeption

3.131 Die Diskussion der Zielgröße

Im folgenden soll nun die Aufstellung und Konkretisierung eines allgemeinen Media-Selektionsmodells eingehend diskutiert werden. Der erste Schritt ist zweckmäßigerweise die Formulierung der zugrundeliegenden Zielvorstellung. Hierbei setzt jedoch schon die Problematik ein. Als Ziel der Media-Planung kann allgemein die „Erfassung" einer maximalen Zahl von Zielpersonen durch die Werbung angesehen werden. Der Begriff Erfassung muß indessen hinsichtlich der gewünschten Erfolgskategorie spezifiziert werden[2]; dazu sei die Systematik zweier Autoren beispielhaft herausgegriffen: *SEYFFERT* z.B. unterscheidet sechs Varianten des Werbeerfolges, die er auf den Einfluß der Sinnes-, Aufmerksamkeits-, Gedächtnis-, Vorstellungs-, Gefühls- und Willenswirkung zurückführt

[2] Vgl. insbes. den zusammenfassenden Überblick und die Kritik bei *SCHNÖTZINGER* [345, S. 46 ff].

[356, S. 118 ff.]. Bei *BEHRENS* findet man den Werbeprozeß in fünf Phasen, nämlich die Berührungs-, Beeindruckungs-, Erinnerungs-, Interesseweckungs- und Aktionsphase unterteilt[3].

Es fällt auf, daß beide Autoren, repräsentativ für die meisten der sich mit diesem Sachverhalt Beschäftigenden, auf psychologische Erfolgskategorien abstellen; *SEYFFERT* tut dies ausschließlich. Derartige, auch als außerökonomisch bezeichnete Erfolgskategorien haben den Vorteil, daß mit Hilfe psychologisch orientierter Methoden der Messung [264; 203] zumindest im Ansatz eine Quantifizierung verschiedener sensorischer Wirkungen erreicht werden kann. Sie können damit als Hilfsbezugsgrößen für den eigentlich erforderlichen wirtschaftlichen Werbeerfolg dienen, der sich letztlich in einer Veränderung der Erlöse (in Bezug auf die eingesetzten Werbekosten) ausdrückt und nicht direkt meßbar ist. Wir werden auf diesen Tatbestand im Zusammenhang mit der Erörterung der Bewertungsproblematik noch zurückkommen[4].

Da die Ableitung einer derartigen Aufeinanderfolge von Wirkungsstufen keineswegs unumstritten ist [199, S. 57 ff; 305], genügt es für unsere Zwecke, von einer einfacher strukturierten Einteilung, die die drei weitgehend trennbaren Grundtatbestände

(1) Verbreitungs- oder Streuwirkung (audience)

(2) Resonanz- und Präferenzwirkung (impact)

(3) Erlöswirkung (sales)

umfaßt, auszugehen.

Während die erste Kategorie lediglich auf Reichweitenunterschiede abstellt, unabhängig, ob ein Kontakt mit der Werbebotschaft zustande kommt oder nicht, schließt der zweite Gesichtspunkt insbesondere alle Arten der psychischen Kontaktaufnahme ein; für die dritte Wirkungsstufe zählen nur die tatsächlich vorgenommenen Käufe.

Faßt man ins Auge, daß bei der Planung der Erfolg zukünftiger Werbeaktionen gemessen werden soll, so ist die dritte Kategorie als Zielkriterium wegen der Unsicherheit sowie mangelnder zeitlicher wie auch sachlicher Isolierbarkeit von anderen Marketing-Maßnahmen nicht ohne weiteres operational. Für die zweite Kategorie gilt, daß es zwar Verfahren der empirischen Ermittlung gibt, diese

3 s. *BEHRENS, K.Chr.*, [39, S. 107]; ähnlich die bekannte *AIDA*-Regel, die die Stufen attention, interest, desire und action unterscheidet oder die Klassifizierung von *LAVIDGE-STEINER* [249, S. 59–62] in: (1) awareness, (2) knowledge, (3) liking, (4) preference, (5) conviction, (6) purchase.

4 Vgl. dazu S. 55 ff. dieser Arbeit.

jedoch keine ökonomischen, sondern vorwiegend psychologische Tatbestände messen und außerdem zumeist Laborversuchs- und/oder Stichprobencharakter haben. Schließlich werden in der ersten Kategorie nur die durch bestimmte Werbeträger potentiell erreichbaren Werbesubjekte in Betracht gezogen, also nicht auf eine Sinneswirkung abgestellt. Dabei stehen über den Verbreitungsgrad der einzelnen Werbemedien empirische Informationen zur Verfügung; eine darauf aufzubauende Zielsetzung hat somit den Vorteil, vollständig operational zu sein.

Aus diesem Grunde wird im Ausgangsmodell der Media-Selektion die Zahl der durch einen bestimmten Werbeträger oder durch eine Kombination berührten Werbesubjekte oder, was das gleiche aussagt, die *Zahl der physischen Kontakte* als Optimierungskriterium herangezogen. Man muß sich der Tatsache bewußt sein, daß dies lediglich eine Vorstufe zur Messung des ökonomischen Erfolges sein kann, kann sich jedoch andererseits von dem Gedanken leiten lassen, daß ein ökonomischer Werbeerfolg nur zustandekommen kann, wenn zumindest auch derartige physische Kontakte mit den Werbeträgern vorlagen.

Als Zielfunktion bietet sich somit nach dem vorher Gesagten für das Grundmodell der Mediaselektion in erster Annäherung die Maximierung der Reichweite an. Unter *Reichweite* verstehen wir allgemein die Gesamtzahl derjenigen Personen, die einer Einheit einer Werbebotschaft im Werbeträger i ausgesetzt waren, d.h. konkret die Chance hatten, eine Ausgabe einer Zeitschrift zumindest durchgeblättert oder einen Fernsehspot zumindest eingeschaltet zu haben. Die Zielfunktion lautet damit:

(3.0) $$R = \sum_{\bar{i}=1}^{\bar{I}^*} w_{\bar{i}} \cdot s_{\bar{i}} \rightarrow \text{Max!}.$$

wobei $w_{\bar{i}}$ die (durchschnittliche) Reichweite eines Mediums $\bar{i}$, also z.B. einer bestimmten Zeitschrift oder eines bestimmten Programmblocks im Fernsehen oder im Rundfunk ausdrückt. $s_{\bar{i}}$ bezeichnet die Zahl der Schaltungen einer Werbebotschaft in dem betreffenden Medium $\bar{i}$ (Variable).

Von dieser Grundfunktion ausgehend muß in den folgenden Abschnitten geprüft werden, ob sich die Definition der Parameter, die die Funktion bestimmen, in dieser Weise aufrecht erhalten läßt. Dies gilt neben den Variablen $s_{\bar{i}}$ vor allem für die hier als Koeffizienten auftretenden Reichweitenwert $w_{\bar{i}}$. Es ist die Frage zu klären, was gegen die Hypothese eines konstanten $w_{\bar{i}}$ spricht und – eng damit zusammenhängend – wie ein Kontakt überhaupt beschrieben und gemessen werden soll. Schließlich muß noch der Inhalt der Definition des Index $\bar{i}$ kritisch überprüft werden, ob er den zugrunde liegenden Tatbestant hinreichend genau abbildet.

3.132 Reichweite und Kumulation

Bezieht man den Inhalt des Begriffs Reichweite auf die potentiell erreichbaren Kontakte einer Einheit des Werbeträgers mit den Werbesubjekten, so gibt $w_{\bar{i}}$ die Anzahl der Personen wieder, die einen physischen Kontakt erhalten[5]. Die Entwicklung des Modells wäre dann relativ einfach, wenn die so definierte Reichweite jeder Einheit des Werbeträgers $\bar{i}$ im Zeitablauf immer gleich groß wäre und gleichzeitig bei jeder Schaltung dieselben Personen erreicht würden. Jede Vermehrung um eine Einheit hätte dann ein proportionales Anwachsen der Reichweite zur Folge, was durch die lineare Funktion ausgedrückt wird. Die ersten amerikanischen Versuche von *MILLER-STARR* [277, S. 190 ff.] sowie der *BBDO* [65, S. 77 ff; 91; 109; 370; 29] und alle deutschen, in der Theorie konzipierten Modelle [12; 157; 158, S. 474 f; 224, S. 199 ff.] gehen von einer solchen Hypothese aus. Dies ist aus mehreren Gründen eine unvollständige Abbildung des Media-Problems.

Da die Leserschaftsforschung von Zeitschriften bisher am weitesten fortgeschritten ist und diese auch Hauptwerbeträger sind, werden sie als Beispiel herangezogen. Als Maßzahl für die Reichweite bei Zeitschriften gilt die Zahl der „Leser pro Nummer" (LpN), neuerdings „Leserschaft pro Ausgabe" (LpA), die die durchschnittliche Anzahl der Leser einer Ausgabe einer Zeitschrift umfaßt, erhoben unter der Annahme, daß die Gesamtzahl der Leser einer bestimmten Nummer über deren gesamte Lebensdauer hinweg gleich ist der Summe der Leser irgendeiner Ausgabe im Erscheinungsintervall[6].

Die LpA stellt eine statisch fixierte Auskunft dar; im allgemeinen werden jedoch für eine Werbekampagne mehrere, aufeinanderfolgende Ausgaben von Zeitschriften eingesetzt. Die Leserschaft, die demnach durch mehrere Anzeigen erreicht werden kann, variiert, da es regelmäßige, gelegentliche und seltene Leser einer Zeitschrift gibt. Von Bedeutung sind die innerhalb eines Zeitraumes jeweils neu erreichten Leser; man bezeichnet diesen Reichweitenzuwachs als *Kumulation*[7].

Die Kumulationscharakteristiken zweier Werbeträger können recht verschieden sein; im Extremfall sind die Leser mehrerer Ausgaben einer Zeitschrift immer die gleichen, d.h. die Kumulation ist Null bzw. die Leser sind jeweils andere,

[5] Wird das Werbesubjekt von der Werbebotschaft erreicht, so spricht man von einem psychischen Kontakt, läßt sich lediglich ein Kontakt mit dem Werbeträger feststellen, so haben wir es mit einem physischen Kontakt zu tun. Der Begriff der Reichweite baut nur auf physischen Kontakten auf, sie kann zum einen als Absolutzahl ausgedrückt werden, indem die Anzahl der in der Stichprobe befragten Personen auf die Gesamtbevölkerung projiziert wird, zum anderen kann sie als Prozentzahl der Gesamtbevölkerung angegeben werden. Diese Daten sind ebenso für nach verschiedenen Merkmalen aufgegliederte Untergruppen ableitbar.

d.h. die Kumulation ist sehr hoch. Dieser Prozeß ist durch empirisches Datenmaterial belegbar[8]. Daneben gibt es Ansätze zur analytischen Darstellung mit Hilfe statistischer Verteilungsgesetze [4; 276; 242].

6 Dieser Sachverhalt wird aus der folgenden Abbildung ersichtlich:

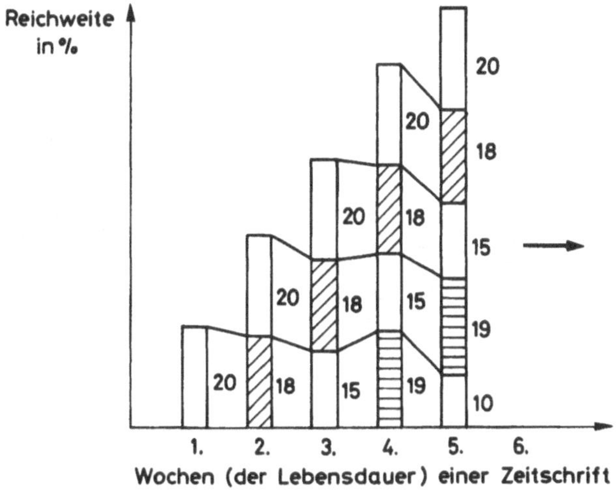

Der LpN wurde in der LA 68 durch eine Befragung in 4 Wellen (wegen der saisonalen Unterschiede) aus einer Gesamt-Stichprobe auf der Basis von 12.000 Interviews, repräsentativ für 42,8 Mio. Personen erhoben. Dabei lautete die Fragestellung: „Wann haben Sie eine beliebige Nummer der Zeitschrift X zuletzt gelesen?" Der LpN wird also dadurch ermittelt, daß nur diejenigen Befragten gewertet werden, deren letzter Lesevorgang innerhalb eines Stichzeitraumes lag, der dem Erscheinungsintervall der betreffenden Zeitschrift gleich ist (vgl. LA 68, Berichtsband der Arbeitsgemeinschaft Leseranalyse e.V., Essen 1968/69, S. 6; neuerdings Media-Analyse AG. MA MEDIA-MICROCENSUS 1972, Stichprobe 14645 Fälle, repräsentativ für 47,8 Mio. Personen); s. a. *HESS* [181].

7 Die Kumulation wurde in der LA 68 (S. 7) durch die folgende Frage erhoben: „Von dieser Zeitschrift hier, die wöchentlich erscheint, kommen im Laufe eines Vierteljahres also 12 Nummern heraus. Wie viele von diesen 12 Nummern lesen Sie im allgemeinen bzw. blättern Sie durch?" S. zu den verschiedenen Erhebungsmethoden: *POLITZ* [315]; *STROSCHEIN* [374]; *HESS* [182]; *AGOSTINI* [6]; *CLAYCAMP* and *McCLELLAND* [80].
In der LA 69 wurden eklatante Differenzen zwischen dem aus der Häufigkeitsangabe auf einmaligen Kontakt zurücktransformierten Kumulationswert K_1 und dem LpN festgestellt, so daß man nicht wie in den Vorjahren eine Justierung durchführte, sondern sich mit dem arithmetischen Mittel beider Werte behalf; dies löste eine Diskussion über methodische Probleme aus, s. z.B. *BRAUNSCHWEIG* [58]; *LANDGREBE* [246].

8 Vgl. z.B. die LA 68 (S. 60 ff.). Es fehlen jedoch Informationen darüber, wie der Reichweitenzuwachs sich auf die nach unterschiedlichen soziodemographischen Merkmalen segmentierten Leser einer Zeitschrift aufteilt, was hinsichtlich der Zielgruppenbildung zu wissen wichtig wäre.

Wird die Reichweite in Abhängigkeit zur Häufigkeit der Belegung einer bestimmten Zeitschrift dargestellt, so ergibt sich die aus der Approximation einer Treppenkurve hervorgegangene monoton wachsende Funktion R = f(s), wobei s die Anzahl der Belegungen bedeutet und R die Reichweite in Prozent der Grundgesamtheit (s. Abb. 5).

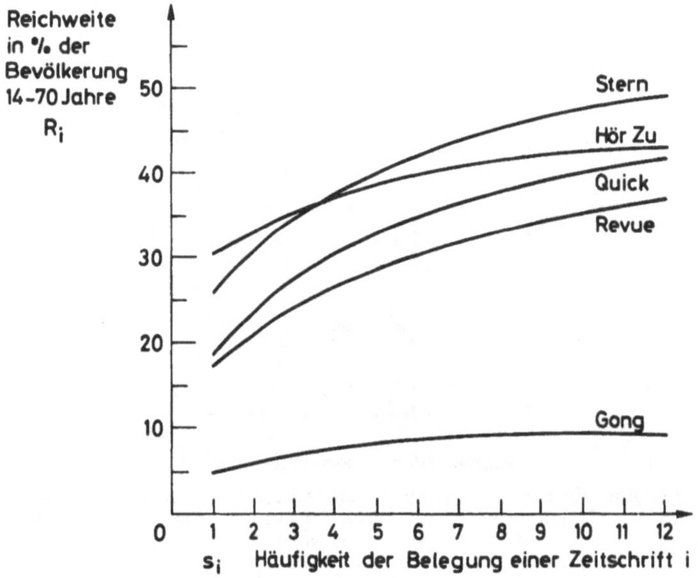

Abb. 5: Kumulationscharakteristiken bekannter Zeitschriften[9].

Auch die Kumulation stellt nur auf physische Kontakte ab; ein niedriger Reichweitenzuwachs bedeutet gleichzeitig eine hohe durchschnittliche Kontakthäufigkeit in Bezug auf den durch mehrere Schaltungen eines Werbeträgers berührten Personenkreis.

Durch die Feststellung der Kontakthäufigkeit ist indes noch nichts darüber ausgesagt, wie die reale zeitliche Verteilung der Kontakte im Planungszeitraum aussieht. Für die Zuordnung der Häufigkeitsangabe zu bestimmten zeitlich spezifizierten Einheiten von Werbeträgern (Zeitschriftenausgaben) bedient man sich deshalb der Simulation mit Hilfe der Monte Carlo-Methode [338]. Dies berührt dann jedoch auch die Definition der Reichweite, d.h. die Belegungsvariable s_i hätte nun als zeitliche Dimension s für die kumulierte Reichweite zu dienen.

[9] S. dazu LA 68, S. 60 f.

Es stellt sich die Ausgangsfrage nach einer adäquaten Abbildung des Kumulations-Tatbestandes in einem Media-Selektionsmodell. Da aus aufeinanderfolgenden Belegungen bzw. physischen Kontakten jeweils unterschiedlich große Reichweiten resultieren, sind andere als lineare Strukturen erforderlich. Darüberhinaus sind jedoch noch weitere, diese letzte Aussage bestärkende Gesichtspunkte zu beachten, sofern die Analyse auf die simultane Berücksichtigung *mehrerer Werbeträger* ausgedehnt wird.

3.133 Die Quantuplikation

Sobald mehrere Werbeträger zur Auswahl stehen, tritt das Problem auf, daß zwischen den einzelnen Medien *Überschneidungen* zu berücksichtigen sind, weil eine Zielperson z.B. mehrere Zeitschriften im Betrachtungszeitraum liest. Dieser Tatbestand, bei zwei Medien Duplikation, allgemein *Quantuplikation* genannt, hat zwei Ausprägungen. Die einfache Quantuplikation bezeichnet diejenigen Überschneidungen zwischen allen in Betracht gezogenen Medien, die zum gleichen Zeitpunkt einmal eingesetzt werden; sie können demnach über die LpA ermittelt werden. Man unterscheidet etwa Exklusivleser, Doppelleser, Dreifachleser usw. (s. dazu die mengentheoretische Darstellung in Abb. 6).

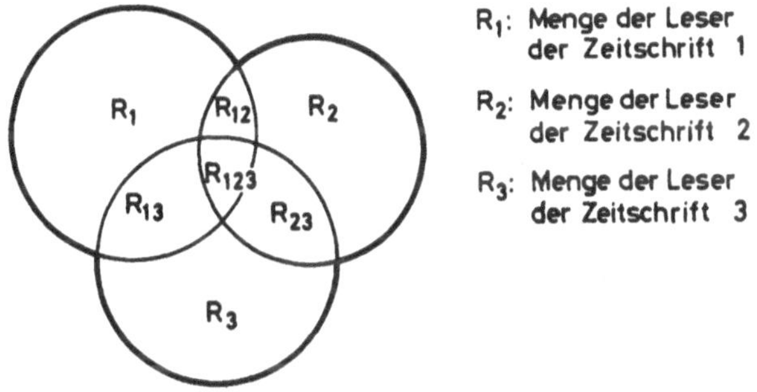

Abb. 6: Triplikation

Daraus läßt sich sehr einfach der Begriff der Netto-Reichweite ableiten, die nämlich angibt, wie groß der Kreis derjenigen Werbeberührten ist, der von einer bestimmten Medienkombination zumindest einmal angesprochen wird. Die Netto-Reichweite umfaßt also alle Elemente innerhalb des dick umrandeten Feldes, wobei keine Rücksicht darauf genommen wird, daß einige Teilmengen mehrfach berührt werden. Demgegenüber kommt die Brutto-Reichweite durch Addition der individuellen Reichweiten zustande. Die Teilmengen R_{12}, R_{13}, R_{23} und R_{123} bilden die Überschneidungsverhältnisse ab, d.h. R_{23} z.B. ist die Menge der sowohl von Werbeträger 2 als auch von Werbeträger 3 erreichten Personen. Bezeichnet man allgemein mit $R_{\bar{i}}$ die Menge der durch den Werbeträger $\bar{i}$ berührten Personen, dann werde mit $a(R_{\bar{i}})$ die Anzahl der Personen dieser Menge $R_{\bar{i}}$ definiert. Daraus ergibt sich die Anzahl der physischen Kontakte im Betrachtungszeitraum als

$$\sum_{\bar{i}=1}^{\bar{i}*} a(R_{\bar{i}})$$

unter der Voraussetzung, daß ein physischer Kontakt als Berührung einer Person mit einem Werbeträger definiert ist. Stellt man nun auf das Kriterium der σ-fachen Erreichung einer Person oder Zielgruppe ab, so ergibt sich als Anzahl der Personen, die einfach berührt werden (Exklusivleser $R^{(1)}$):

$$a(R^{(1)}) = \sum_{\bar{i}=1}^{\sigma} a(R_{\bar{i}}) - \sum_{\substack{\bar{i}_1, \bar{i}_2=1 \\ \bar{i}_1 \neq \bar{i}_2}}^{\sigma} a(R_{\bar{i}_1} \cap R_{\bar{i}_2}) + \ldots$$

$$\ldots - (-1)^n \sum_{\substack{\bar{i}_1, \ldots, \bar{i}_n=1 \\ \bar{i}_j \neq \bar{i}_k \text{ für } j \neq k \\ j,k=1, \ldots, n}}^{\sigma} a(R_{\bar{i}_1} \cap R_{\bar{i}_2} \ldots \cap R_{\bar{i}_n}) - \ldots$$

$$\ldots - (-1)^{\sigma} \cdot a(R_1 \cap \ldots \cap R_{\sigma})$$

$$\bar{i} = \bar{i}_1, \bar{i}_2, \ldots, \bar{i}_j, \ldots, \bar{i}_k, \ldots, \bar{i}_n, \ldots, \bar{i}_{\sigma}$$

Ersetzt man die Glieder dieses Ausdrucks in der Reihenfolge durch $b_1, b_2, \ldots, b_{\sigma}$, so ergibt sich für:

$$a(R^{(1)}) = b_1 - b_2 + b_3 \ldots - (-1)^n b_n \ldots - (-1)^{\sigma} b_{\sigma}$$

$$a(R^{(2)}) = \quad b_2 - b_3 \ldots\ldots\ldots\ldots + (-1)^{\sigma} b_{\sigma}$$

$$a(R^{(3)}) = \quad + b_3 \ldots\ldots\ldots\ldots - (-1)^{\sigma} b_{\sigma}$$

Ein ähnlich gelagertes Problem der Überschneidung besteht auch media-intern, wenn man die zeitlichen Belegungs-Kombinationsmöglichkeiten betrachtet. Dem Kreis der Einfachberührten $R^{(1)}$ entsprechen die innerhalb des Gesamtzeitraumes belegungsmäßig (zeitlich) Einfachberührten, dem Kreis der durch mehrere Medien Berührten $R^{(\sigma)}$ die belegungsmäßig Mehrfachberührten.

An empirischen Informationen stehen die Doppelleser-Tabellen der LA (MA) zur Verfügung, die die Überschneidungen aller möglichen Kombinationen von je zwei Zeitschriften darstellen. Quantuplikationswerte höherer Ordnung sind prinzipiell ebenfalls durch eine entsprechende Sortierung der Basisdaten der LA (MA) zu ermitteln. Daneben werden analytische Näherungsverfahren entwickelt [240; 187; 168, S. 54 ff; 241; 242][10].

Die zweite Ausprägung des Problems betrifft den Komplex der sog. erweiterten Quantuplikation bei *mehrfacher Schaltung mehrerer Medien*, also unter Einbeziehung der Kumulation. Die Hauptschwierigkeiten resultieren hierbei daraus, daß die Kumulation nur über Häufigkeitsangaben erfaßt wird, woraus keine zeitlichen Festlegungen der Kontakte abgeleitet werden können. Damit scheiden Verfahren der Auszählung aus. Man behilft sich einmal mit der Simulation, wobei jedoch wieder die Frage der adäquaten Zufallsverteilung entsteht.

Ein anderer Weg führt über analytische Approximationsmodelle. Dabei werden jedoch die Leserstruktur bei der Spezifizierung höherer Quantuplikationen ebenso wie auch die zeitliche Kontaktverteilung vernachlässigt.

Die Berücksichtigung des abgeleiteten Sachverhaltes der Kumulation und Quantuplikation führt in der nachfolgenden Modellformulierung der Media-Selektion notwendigerweise zu einer *kombinativen Betrachtungsweise*, d.h., auch zu einer veränderten Definition der Indices, die dann die Werbeträgerkombinationen und Belegungskombinationen bezeichnen[11], da nur dann die Beziehungen der Abfolge der Belegungen wie auch die Werbeträgerüberschneidungen vollständig zum Ausdruck gebracht werden können.

Außerdem kann damit auch die Überlegung, ob es für eine Unternehmung vorteilhafter ist, bestimmte Werbesubjekte durch eine extensive Werbung, das bedeutet eine möglichst große Netto-Reichweite in der Bevölkerung, oder eine mehr intensive Werbung, also die Konzentration einer großen Zahl von Kontakten bei einer verhältnismäßig kleineren Zielgruppe durch Zielansprüche im Modell konkretisiert werden. Insgesamt ist die Modellstruktur also, wie noch explizite gezeigt wird, so zu verbessern, daß sie auch derartige Phänomene aufnehmen

[10] *HOFMANS* stellt nur auf die Nettoreichweite ab; die Vorgehensweise von *HARDER* ist unter Einbeziehung der Kontaktverteilung, sowie die Zahl der Medien „über vier oder fünf hinauswächst", nicht mehr praktikabel (*HARDER* [168, S. 57]).

[11] Vgl. hierzu die S. 74 dieser Arbeit.

kann. Ein eigenes Problem ist die Ausfüllung der theoretisch abgeleiteten Zusammenhänge mit den entsprechenden empirischen oder analytisch ermittelten Daten. Auf diesen Aspekt wird im folgenden Abschnitt eingegangen.

3.134 Die Zusammenstellung der Media-Kombinationen unter Berücksichtigung des empirischen Datenmaterials

Im Hinblick auf die praktische Anwendung soll in diesem Abschnitt ein Überblick über das allgemein zur Verfügung stehende, aus vielen Quellen stammende Datenmaterial gegeben werden. Zunächst muß die Frage beantwortet werden, welche Mediengruppen überhaupt in ein Modell aufgenommen werden können. Soll die Mediaselektion nur eine Werbeträgerkategorie, z.B. Zeitschriften, oder aber auch andere Media-Bereiche wie etwa Rundfunk-, Fernseh- oder Plakatwerbung umfassen? Welche neuen Aspekte ergeben sich bei anderen Werbeträgern gegenüber der bisher hauptsächlich in Betracht gezogenen Zeitschriftenanalyse? Es geht hier also darum, die jeweiligen Besonderheiten gegenüber der Zeitschriftenwerbung herauszustellen.

Innerhalb der Gruppe *Tageszeitungen* fallen sowohl Reichweitenzuwächse wie auch Überschneidungen nicht besonders stark ins Gewicht, da von der Mehrzahl der Haushalte nur eine Zeitung im Abonnement gehalten wird. Demgegenüber sind jedoch hier sehr hohe Kontaktzahlen zu erreichen, zum einen wegen der kurzen Erscheinungsintervalle und zum anderen wegen der konzentrierten Art des Lesens[12]. Dieser letzte Gesichtspunkt führt jedoch schon zum Problem der Bewertung der Kontakte.

Für die *Fernsehwerbung* lassen sich durch die kombinierte Auswertung der genauen Tammeter-Aufzeichnungen und der Tagebuchführung Basisdaten gewinnen[13]. Das Tam-Rating ist definiert als derjenige Prozentsatz der Fernsehhaus-

[12] s. z.B. „Die Zeitungsleser 1966", Leseranalyse der deutschen Tageszeitungen, hrsg. vom BDZV (Bundesverband Deutscher Zeitungsverleger e.V.), Bad Godesberg 1966. Erfragt wurde u.a., unterteilt nach soziodemographischen Kategorien, „Leser pro Woche", „Leser pro Nummer", „Leser pro Exemplar".
Vgl. auch die Untersuchungen „Kumulation und Kontaktverteilung" bei Tageszeitungen DIVO-Institut im Auftrag der REGIONALPRESSE, Arbeitsgemeinschaft regionaler Abonnementszeitungen e.V., Frankfurt/M. 1968. Die leseranalytischen Ermittlungen sind methodisch mit denen der Zeitschriftenleser-Analyse vergleichbar, den Kumulationsfragen liegt jedoch hier eine 6er-Skala zugrunde.
Bei einer durchschnittlichen Regionalzeitung kann man bei 6 Schaltungen bei 76% der insgesamt erreichten Personen auch mit 6 Kontakten rechnen (vgl. „Kumulation und . . ., Tab. 4); s. auch regional abgegrenzte Studien, wie z.B.: Media-Bibliothek Kernstück Nielsen II, Bd. 2, Die Mediasituation, hrsg. von der Zeitungsgruppe Rhein-Wupper-Ruhr (RWR), Bad Godesberg 1969.

[13] Vgl. z.B. die „Werbefernsehen-Zuschaueranalyse" der INFRATAM GmbH & Co KG Frankfurt/M., die in vierteljährlichen Berichtszeiträumen erscheint und Reichweite, Projektion und Zuschauerstrukturdaten ausweist; s.a. *WINKLER* [401].

haushalte in einem Sendebereich oder in allen Sendebereichen zusammen, die ein Programm in einem bestimmten Zeitabschnitt sehen (in England 1/4 Stunde, in Deutschland ein Werbeblock von 20 Minuten). Sehen heißt analog zu den physischen Kontakten der Leserschaftsforschung, daß sich eine Person in dem entsprechenden Raum bei eingeschaltetem Gerät aufhält. Das Problem des Reichweitenzuwachses tritt hier hicht in gleicher Weise hervor wie bei den Zeitschriften, da die Sehgewohnheiten als ziemlich konstant angenommen werden können. Jedoch mangelt es an empirischen Informationen hierüber. Eine Besonderheit besteht darin, daß die zeitliche Spot-Verteilung – von der Unternehmung nicht kontrolliert – durch die Fernsehanstalten vorgenommen wird, so daß man sich, um zu Aussagen über Sehwahrscheinlichkeiten zu kommen, bestimmter Hilfsmethoden bedienen muß. Überschneidungen zwischen den Sendegebieten fallen kaum ins Gewicht. Durch die Tammeter-Aufzeichnungen ist es möglich, hinsichtlich der Stichprobenpersonen die zeitliche Kontaktfolge für verschiedene Programme durch Auszählung zu ermitteln. Solche Informationen haben jedoch den Nachteil, daß sie auf zurückliegenden Tatbeständen basieren, während sich die zeitliche Festlegung der Spots innerhalb und zwischen den Werbeblöcken verändert. Aus diesem Grunde verwendet man analytische Verfahren, die auf der Basis von Einschaltwahrscheinlichkeiten arbeiten[14].

Für den *Werberundfunk* steht in größerem Maße empirisches, durch Befragung gewonnenes Datenmaterial zur Verfügung[14a]. Ermittelt werden in Form einer Stichtagsbefragung nach dem Hörerverhalten (Welche Sender, Programm, Sendung „gestern morgen 6 Uhr bis gestern abend 22 Uhr") Reichweiten für die „Hörer pro Sendung" und „Hörer pro Viertelstunde". Zur Feststellung der Kumulation dient die Frage nach der Häufigkeit des Werbefunkhörens innerhalb einer Woche, eine ähnliche Methode wie bei der Leserschaftsforschung. Die Angaben zum Hörverhalten sind allerdings in besonderer Weise durch Kontrollfragen anhand von Tagesablaufschemata, unterteilt nach Viertelstunden, nachprüfbar. Die Quantuplikation läßt sich hier als Überschneidung zwischen den einzelnen

[14] Vgl. *BEALE, HUGHES, BROADBENT,* [34, insbes. S. 150 f.] Die Verfasser beschreiben selbst die Annahmen, unter denen das Approximationsmodell gilt: (1) die physischen Fernsehkontakte werden als zufällige Ereignisse angesehen, deren Wahrscheinlichkeiten allein vom Werbeblock und vom Wochentag abhängen. (2) Die fünf Wochentage wurden in der nächsten Stufe zu einem einzigen hypothetischen Wochentag zusammengefaßt. (3) Die entsprechenden Kontaktzahlen der Werbeblöcke werden über 4 Wochen gemittelt. (4) Die Basiszuschauerzahlen wurden angeglichen, um zu einem allgemeinen Rating zu kommen.

[14a] s. z.B. die ZAW-Werbefunkhörer-Analyse 1968 (hrsg. vom Zentralausschuß der Werbewirtschaft e.V., Bad Godesberg 1968), sie basiert auf einer mehrstufigen, geschichteten Zufallsstichprobe von 12.000 Fällen. Ausgewiesen werden Reichweite und deren Zusammensetzung, „Hörer pro Woche", Frequenz und Kumulation sowie Überschneidungen; s.a. *IRLE,* [196].

Werbefunksendungen bzw. Sendegebieten deuten. Eine weitere Differenzierung erfolgt in Ergänzung der sonstigen soziographischen Merkmalskategorien noch nach Nielsen-Gebieten.

Auch für den Sektor *Plakatanschlag* liegen empirische Untersuchungen vor, die für bestimmte Teststädte sowie zufällig ausgewählte Standorte von Anschlagstellen die kumulative Entwicklung der Reichweite sowie der durchschnittlichen Kontaktzahlen über einen Zeitraum von 10 Tagen anzeigen[15]. Sie wurden für Allgemeinstellen, Ganzstellen und Großflächen durchgeführt und beinhalten Aussagen wie die folgenden: „Bei einer Belegung von 30 Ganzstellen in einer Stadt mit 100.000 Einwohnern kann in dem Belegungszeitraum von 10 Tagen pro männlichem Einwohner (14 bis 70 Jahre) dieser Stadt mit 140 Kontakten gerech net werden". Dies gilt für sog. Kontaktzonen, die als der Bereich definiert sind, in dem die Chance besteht, das jeweilige Plakat zu sehen. Es wurde eine lineare Abhängigkeit der Durchschnittskontakte von der Zahl der einbezogenen Anschlagstellen empirisch bestätigt. Eine Aufgliederung der so erhaltenen Reichweiten in der Bevölkerung findet nach Altersgruppen, sozialen Schichten und Fortbewegungsart statt.

Anhand der letzten Analyse wird besonders deutlich, welche Schwierigkeiten einer Simultanplanung aller Werbeträgergruppen im Wege stehen. Empirisches Material liegt zwar für die meisten Werbeträgergruppen vor, wenn auch mit unterschiedlicher methodischer Absicherung. Die Hauptschwierigkeit liegt jedoch in der Tatsache, daß die Daten zumeist aus isoliert erhobenen Stichproben der Bevölkerung stammen. Sie lassen sich jedoch nicht ohne schwerwiegende Verzerrungen zusammenführen; benötigt werden indessen Informationen über die unterschiedlichen Media-Kontakte in Bezug auf *dieselben* Zielpersonen bzw. Werbesubjekte. Da aber eine so breit angelegte Erhebung, in der alle benötigten Kriterien erfragt werden könnten, nur in relativ engen Grenzen möglich ist, weil die Befragten überfordert und damit Ergebnisse verfälscht werden, hat man Versuche zur Überwindung dieser Problematik unternommen.

Ein erfolgversprechender Weg scheint über die Fusion von Stichproben, welche für isolierte Media-Analysen durchgeführt wurden, zu führen. Dies geschieht dadurch, daß bestimmte Schlüsselaussagen, wie sie in den meisten Werbeträgeruntersuchungen für andere Mediengattungen miterhoben werden, als Basis dafür dienen, die in verschiedenen Stichproben ermittelten Daten einander zuordnen.

15 Vgl. z.B. „Reichweiten- und Kontakermittlung des Plakatanschlags in Gemeinden bis zu 300.000 Einwohnern", Werbeträgeruntersuchung für Ganzstellen, durchgeführt von Infratest im Auftrag des Fachverbandes Plakatanschlag, o.O. 1968.
Zur Ermittlung der Reichweite wird anhand von Standortskizzen die Frage gestellt: „Wann zuletzt vorbeigekommen?" und zur Bestimmung der Kontaktzahlen „Wie häufig im allgemeinen vorbeigekommen?".

Man spricht von „marriaged samples". So sind z.B. auch in der Leseranalyse Informationen darüber enthalten, welche Bevölkerungsgruppen, unterteilt nach soziographischen Merkmalen, verschiedene Werbeblöcke von Werbefunk bzw. Werbefernsehen eingeschaltet hatten. Da sich bei den Detailuntersuchungen der jeweils anderen Medien, in unserem Fall also der Werbefunkhörer bzw. Fernsehzuschauer jeweils gleiche oder ähnliche soziographisch unterschiedliche Bevölkerungsgruppen bilden lassen, sind jeweils sog. Zellen gleicher Merkmale zu fusionieren.

Die Fusionierung wird um so genauer, je kleiner die Zellen sind, am günstigsten, wenn jedem Befragten aus der einen Stichprobe einer Person mit den Merkmalen aus der anderen Stichprobe entspricht[16]. Dabei besteht zudem die Möglichkeit, bestimmte Schlüssel-Merkmale, etwa spezifische Kommunikationsverhaltensmerkmale, durch eine gegenüber den anderen Merkmalen stärkere Gewichtung überproportional herauszuheben. Die dann abgeleiteten Ergebnisse gelten für statische Reichweiten; sobald jedoch kumulative Effekte einbezogen werden sollen, muß auch das Problem der zeitlichen Vergleichbarmachung gelöst werden.

Insgesamt steht die Untersuchung dieses Komplexes der gegenseitigen Beziehungen zwischen den einzelnen Werbeträgergattungen noch sehr am Anfang, das zeigt sich schon darin, daß kaum Informationen über die Überschneidungen vorliegen. Die Folge daraus ist für die Zusammenstellung der Media-Kombinationen, daß man sich entweder bei der Modellbildung auf einzelne Medienbereiche, in der Praxis zumeist Zeitschriften, beschränkt, oder aber unter Einbeziehung mehrerer Bereiche, jedoch ohne Spezifizierung auf Kumulation und Überschneidung, lediglich auf die Gesamtzahl der Kontakte abstellt.

3.2. Die Problematik der Evaluierung der Kontakte

3.21 Die Erweiterung der Grundkonzeption durch die Aufnahme von Aspekten der psychischen Werbewirkung

BROADBENT prägte den Begriff von den „harten" und „weichen" Daten, die in die Modelle eingehen [34, S. 149]. Unter harten Daten versteht er jene empirisch begründeten Informationen wie Kosten und Reichweiten, die „verhältnismäßig objektiv sind und schwerlich angezweifelt werden können". „Weich" sind

16 *BEALE*, et al. [34, S. 152] bilden 120 Gruppen von Befragten mit ähnlichen Merkmalen und wenden zur Lösung die Transportmethode an, so daß die Summe der Merkmalsdifferenzen ein Minimum wird. Das Problem der Quantifizierung dieser Unterschiede wird hilfsweise durch eine Bewertung mit Punkten zu lösen versucht, wobei einzelne Merkmal*skategorien* wiederum unterschiedliche Gewichte erhalten können.

Daten, die mehr auf Urteil und Meinung der Planenden basieren und damit ein stark subjektives Element enthalten. Dieser letztere Gesichtspunkt soll uns im folgenden beschäftigen. Den Ausgangspunkt bildet die Überlegung, daß außer der reinen Streuwirkung der Werbemaßnahmen, d.h. der Messung der „audience" eines Mediums auch Aspekte des „impact", also der Wirkungen der Werbebotschaft, die auf die Werbesubjekte ausgehen, in die Untersuchung einzubeziehen sind.

Die zweite Stufe der Werbewirkungen stellt darauf ab, daß nach den physischen Kontakten bei der Streuwirkung nun auch gewissermaßen als Voraussetzung für die dritte Stufe der Erlöswirkungen *psychischer Kontakte* aufgrund der Werbe schaltung zustande kommen müssen. Dies bedeutet im Hinblick auf eine Verwendung in der Modellanalyse mangels genügender empirischer Absicherung die Notwendigkeit der Ableitung von Wahrscheinlichkeiten für die Intensität eines psychischen Kontaktes. Solche Bewertungsüberlegungen treten noch mehr in den Vordergrund, wenn das Konzept in der 3. Stufe in Richtung auf die Abschätzung des eigentlichen ökonomischen Werbeerfolges erweitert wird.

Man geht von der plausiblen Vorstellung aus, daß nicht jeder Kontakt mit einem Werbemittel, sofern er physisch zustandekommt, die gleiche Wirkung hat, im Grunde gibt es nicht zwei Kontakte, die die gleiche Effizienz hervorrufen, da logischerweise niemals die gleichen räumlichen, zeitlichen oder persönlichen Komponenten der angesprochenen Wirtschaftssubjekte vorliegen. Allgemein ist dieser Sachverhalt ein noch wenig erforschtes Gebiet. Die Erarbeitung von begründeten oder methodisch gesicherten Ergebnissen steht erst am Anfang und wird in vielen Fällen wegen der vielfältigen Interdependenzen auch nicht zu erreichen sein. Grundsätzlich sind hinsichtlich der Datenlage folgende Möglichkeiten gegeben:

(1) Es stehen empirische Informationen zur Verfügung

(2) Es gibt begründete Anhaltspunkte zur Ableitung analytischer Wahrscheinlichkeitsverteilungen.

(3) Es werden mit Hilfe von Simulationsverfahren Daten „künstlich geschaffen" (oft unter Ausnutzung bestehender Grobinformationen).

(4) Man ordnet den einzelnen Alternativen subjektive Wahrscheinlichkeiten zu (Evaluierung, ebenfalls unter Ausnutzung bestehender Grobinformationen).

In diesem Abschnitt interessiert in erster Linie der letzte Aspekt der Evaluierung, speziell also die subjektive Bewertung unterschiedlicher Kontakte. Damit wird gleichzeitig die Diskussion über die bestmögliche Abbildung der Kontaktkombinationen in der Zielfunktion eines Modells weitergeführt.

Um die Vielzahl der Evaluierungsmöglichkeiten einordnen zu können, erscheint es vorteilhaft, folgende Unterscheidung zu treffen [s.a. 143]:

(1) Die Evaluierung der Kontakte, die auf in ihren Merkmalsausprägungen unterschiedliche Zielpersonen treffen.

(2) Die Evaluierung der Kontakte, die durch verschiedene Werbeträger kommuniziert werden.

(3) Die Evaluierung von Kontakten, die durch in ihrer Gestaltung veränderte Werbebotschaften zustande kommen.

(4) Die Evaluierung der Zahl der empfangenen Kontakte.

3.22 Die Evaluierung der Zielpersonen

3.221 Die konkrete Beschreibung der Zielpersonen

Die Feststellung des „Nutzwertes" eines Individuums für das Werbeziel hängt natürlich entscheidend von der geplanten Marktstrategie und der Art und Ausgestaltung der zu fördernden Werbeobjekte bzw. Produkte ab. Solange kein umfassenderes, diese Aspekte *als Aktionsparameter* einschließendes Modell zur Verfügung steht, wird durch eine entsprechende Zielgruppenbestimmung der Bezug zu den anderen Marketingsektoren, in erster Linie natürlich zur Konsumentensphäre, hergestellt, darüberhinaus jedoch auch zum Produktsektor, da den Zielgruppenmerkmalen bestimmte Eigenschaften der Absatzobjekte entsprechen sollen.

Die Auswahl von Merkmalen und die Schichtung der Konsumenten nach Merkmalskombinationen bedeutet nichts anderes als die Durchführung der Politik der Marktsegmentierung [218; 260; 118; 207; 145]. Sie bildet wiederum die Voraussetzung für den genau abgestimmten Einsatz der absatzpolitischen Instrumente. Im einzelnen differenziert man in der praktischen Durchführung im wesentlichen nach den folgenden Merkmalskategorien[17]:

(1) Demographische Merkmale
z.B. Geschlecht
Familienstand
Altersklasse
Haushaltstypus
Wohnort (-größe)

[17] Die aufgeführten Faktoren sind hier nicht im Sinne einer streng logischen überschneidungsfreien Klassifizierung geordnet, sondern vielmehr im Hinblick auf ihre empirische Verfügbarkeit aufgeführt.

(2) Soziographische Merkmale
z.B. Soziale Schicht
Beruf
Stellung im Beruf
Schulbildung
Nettoeinkommensklasse

(3) Geographische Merkmale
z.B. Nielsen-Gebiet
Kaufkraftbezirk
Kaufzone (City, Stadtrand, ländliche Zone)

(4) Psychologische Merkmale
z.B. Einstellungstypen (modern und experimentierbereit – neutral – konservativ)
Verhaltenstypen („sich etwas gönnen" – sparsam)
Gestaltpsychologische Typen (Farbseher – Formseher – Sachtyp)

(5) Bestands- und konsumanalytische Merkmale
z.B. Verbrauch von ... (Nichtverbrauch – seltene – ständige Verwendung)
Besitz von ...
Vorrat an ...
Kaufabsicht für ...

(6) Kaufverhaltensmerkmale
z.B. Kaufintensität
Einkaufsrhythmus
Einkaufsstättenbevorzugung
Preisklassenbevorzugung

(7) Kommunikationsverhaltensmerkmale
z.B. Kontakthäufigkeit (regelmäßiger – häufiger – seltener Leser oder Seher)
Kontaktaufnahmesituation

Wie angedeutet, umfassen die einzelnen Merkmale jeweils wieder verschiedene Ausprägungen, die je nach dem Verfeinerungsgrad der Analyse in unterschiedlich großer Zahl zu bilden sind. Neben den altbewährten sozio-demographischen Merkmalen werden neuerdings vor allem auch psychologische Grunddispositionen der Konsumenten erfaßt [297; 412; 378; 379]. Deren eindeutige Spezifizierung sowie ihre Bedeutung im Hinblick auf das Konsumentenverhalten ist jedoch noch nicht ausdiskutiert [412, S. 261 ff.]. Gerade bei den psychologischen Komponenten kommt man wohl nicht umhin, spezielle, auf das jeweilige Werbeobjekt abgestimmte Untersuchungen anzustellen.

Die bestands- und konsumanalytischen Merkmale werden ziemlich umfassend berücksichtigt, Daten hierzu finden sich in fast allen speziellen Media-Analysen sowie auch in Untersuchungen auf regionaler Basis[18]. Schwierigkeiten bei der Auffüllung der Merkmalsklassen mit konkreten Zahlenwerten ergeben sich schon eher bei den Faktoren des Kaufverhaltens und den Kontaktaufnahmesituationen. Diese Informationen stehen noch nicht in der gewünschten Breite zur Verfügung; auch hier erscheint es vorteilhaft, damit verbundene Fragestellungen produktindividuell zu behandeln. Zudem sind die letzteren Kategorien von Merkmalen solche, die sich in vielfältiger Weise erweitern lassen. Vor allem hätte dies in Richtung auf die Einteilung der Merkmale, die durch die Haushaltstechnologie und die Lager-, Transport- und zeitlichen Restriktionen der Haushalte bestimmt werden, zu erfolgen [37; 245; 289; 390].

Die dargestellten Merkmalsklassen spiegeln schon das Gewicht der Wechselbeziehungen wider, das man den anderen Sektoren des Marketing-Komplexes beimißt. So zeigen z.B. die Merkmalsklassen (1) bis (4) und (7) hauptsächlich die Verbindung zur Konsumentensphäre, während in den Klassen (5) und (6) hauptsächlich Gesichtspunkte der Produkt- oder Distributionssphäre enthalten sind. Mit Hilfe dieser Merkmale kann also eine möglichst genaue, auf die Werbung abgestellte Beschreibung der Zielgruppe erfolgen. Das Konzept der Marktselektion ist später noch im Hinblick auf die anderen Marketingaktivitäten zu verallgemeinern.

3.222 Die Evaluierungsverfahren

Neben der Frage der relevanten, zielgruppenbestimmenden Merkmalsausprägungen bleibt noch das eigentliche Problem der Bewertung der einzelnen Nachfragerschichten. Dies soll an einem Beispiel illustriert werden.

Gelten die einzuleitenden Werbemaßnahmen beispielsweise einem Kosmetikprodukt, so kommen dafür aus der Sicht der Unternehmung etwa fortschrittlich eingestellte Frauen in mittlerem Alter in einer höheren sozialen Schicht in Frage. Dabei ist die Überlegung anzustellen, welche Ausprägungsklassen auszuwählen sind und ob man sich, wie in der Praxis stark verbreitet, nur an bereits bestehende Vorstellungen orientiert.

Warum sollten z.B. nicht auch Frauen jüngeren Alters mit niedrigerem Einkommen als potentielle Nachfrager auftreten können? Deshalb erscheint ein Weg, der nur das Marktsegment, das ausschließlich die 30 – 39jährigen in die Betrachtung einschließt, unbefriedigend; das bedeutet nämlich, daß diese das Gewicht 1 erhalten und alle anderen Ausprägungen das Gewicht 0. Eine Eva-

[18] Vgl. speziell *KOPP* [223]; *SPOO* [366]; *MEDIA*-BIBLIOTHEK Kernstück *NIELSEN* II. Bd. 3, Das Verbraucherpotential, hrsg. von der Zeitungsgruppe Rhein-Wupper-Ruhr (RWR), Bad Godesberg 1969.

luierung könnte deshalb zweckmäßigerweise so erfolgen, daß zwar die Altersgruppe 30 – 39 das Gewicht 1 erhält, jedoch auch die 20 – 29jährigen z.B. mit dem Gewicht 0,6 und die 40 – 49jährigen mit dem Gewicht 0,4 berücksichtigt werden. Parallel dazu ist zu prüfen, wieviele Kontakte zusätzlich entstehen, wenn noch andere Marktsegmente einbezogen werden und was diese kosten.

Bei anderen Merkmalen ist für die Gewichtung einzelner Ausprägungen analog zu der eben aufgezeigten Methode zu verfahren. Es treten jedoch dann Schwierigkeiten auf, wenn verlangt wird, daß in einer Zielgruppe mehrere Merkmale simultan zu gewichten sind, also externe Überschneidungen vorkommen.

Eine relativ einfache und gleichzeitig die am häufigsten angewandte Form der Verbindung ist die „multiplikative Bewertung". Dabei werden die isoliert zustande gekommenen Gewichtungswerte miteinander multipliziert; wenn z.B. bei einer Zielgruppenevaluierung „Frauen" das Gewicht 0,8 und die Altersgruppe „30 – 40jährige" das Gewicht 0,5 erhalten, ergibt sich daraus ein multiplikativer Faktor von 0,4[19]. Diese Art der Verknüpfung führt vor allem dann zu verzerrten Ergebnissen, wenn die einzelnen Ergebnisse nicht voneinander unabhängig sind. Eine derartige Unabhängigkeit ist jedoch in vielen Fällen, man denke nur an die offensichtlich positive Korrelation von Bildungsstand, Einkommensklasse und Beruf, nicht gegeben.

In relativ einfacher Weise wird dieser Tatbestand in den verschiedenen Werbeträgeranalysen durch die Bildung von sozialen Schichten berücksichtigt, wobei nach einem Punktgruppensystem diese drei Merkmalsklassen ihren Ausprägungen gemäß jeweils gewichtet und dann nach Punkten abgestuft zu fünf Schichten zusammengefaßt werden[20].

Allgemein müssen Überlegungen angestellt werden, wie bei der Vielzahl möglicher Segmentationen nur diejenigen Merkmalskombinationen auszuwählen sind, die einen bestimmten Grad der Differenzierung zueinander aufweisen. Dazu sind z.B. Verfahren der Diskriminantenanalyse oder die Faktorenanalyse bei komplexen Zusammenhängen geeignet [379; 126; 15]. Es kommt darauf an, die Gesamtmasse in der Weise zu zerlegen, daß möglichst unterschiedliche Teilmassen entstehen. Gesucht werden also zunächst solche Merkmale, die eine große Diskriminierungsfähigkeit besitzen sowie eine Rangfolge der Merkmale nach dieser Trennschärfe. Danach erfolgt dann der Prozeß der Typologisierung, wobei die vorher durch die Diskriminierungstechnik als relevant erkannten Variablen (Merkmale) nunmehr als Ausgangspunkt zur Bildung von Nachfragertypen dienen. Es sind dabei sowohl qualitativ wie quantitativ charakteristische Variable verwendbar, da deren Ausprägungen auf binäre Alternativen zurückgeführt werden können.

19 Dieses Ergebnis läßt sich auch als bedingte Wahrscheinlichkeit deuten, wenn man die Einzelgewichtungswerte als subjektive Wahrscheinlichkeiten ansieht.

20 Vgl. z.B. LA 68, S. 10; *UNHOLZER* [382, S. 77 ff.]

3.23 Die Evaluierung der Medien

Heterogenen Werbeträgern werden unterschiedliche Eignungswerte im Hinblick auf Werbekonzeption und Werbeziel beigemessen. Man unterscheidet:

(1) die *intermediale Bewertung* bei verschiedenen Werbeträgergattungen, also z.B. zwischen Zeitschriften, Tageszeitungen oder Werbefunk und

(2) die *intramediale Bewertung* für Medien innerhalb der gleichen Werbeträgergruppe, also etwa zwischen zwei Zeitschriften.

Beim Intermediavergleich stehen über die zuvor schon beschriebenen analytischen Daten hinaus vor allem solche Gesichtspunkte im Vordergrund, die die Effekte von Werbeanstößen in verschiedenen Werbeträgern aufzeigen. Gesucht wird beispielsweise eine Maßzahl, die angibt, wieviel mehr wert ein Fernsehspot von bestimmter Länge gegenüber einer Anzeige in bestimmter Größe ist. Dabei kommen insbesondere die verschiedenen sensorischen Wirkungselemente zum Tragen. Die Skala reicht von der einfachen Schwarzweiß-Anzeige bis hin zur multisensorischen Einwirkung der farbigen Fernseh- oder Filmwerbung. Damit liegt zweifellos eine unterschiedlich intensive Ansprache vor. Gleichzeitig kann durch die Wahl des Werbeträgers auch eine verschiedenartige Zwecksetzung der Ansprache verfolgt werden, so z.B. eine aktuelle und informierende Werbung in der Tageszeitung und ein mehr suggestiver, unterschwelliger Appell in Zeitschriften und Fernsehen. Weiterhin spielen dabei noch Aspekte wie Image und Glaubwürdigkeit des Werbeträgers eine Rolle.

Von großer Bedeutung sowohl für die intermediale wie auch die intramediale Bewertung erscheint auch die Frage, in welches Umfeld die jeweilige Werbebotschaft gebettet ist. Zweifellos werden durch eine entsprechende Vordisposition der Zielpersonen durch vorhergehende oder nachfolgende Redaktionsbeiträge günstigere Voraussetzungen für die Aufnahme einer Werbebotschaft geschaffen. Wenn auch hier zumeist noch schlüssige Beweise fehlen, so geben doch die Ergebnisse von Aufmerksamkeits- und Erinnerungsmessungen sowie Content-Analysen Aufschluß wenigstens über die Tendenzen einer Bewertungs ordnung[21].

[21] S. dazu beispielsweise: *GRIMM-FRISKE* [151]; *BRÜCKNER* [62]; *RIPPEL* [325]. Zur Erinnerungs- und Aufmerksamkeitsmessung s. *LUCAS-BRITT* [264, insbes. S.234f.]. Die Content-Analyse befaßt sich mit der Struktur von Medien, insbes. Zeitschriften hinsichtlich des Anteils verschiedener Themenkreise am redaktionellen Inhalt, des Anteils der Werbung und ihre Häufigkeit für bestimmte Produktbereiche. S.z.B. *DOHSE* [99].

In letzter Zeit versucht man auch Maßstäbe dafür zu entwickeln, wie „ähnlich" sich zwei Medien in Bezug auf ihr Publikum sind[22]. Dies geschieht auf der Basis ausgewählter, die Publikumsstruktur der Medien beschreibender Merkmale mit Hilfe der multiplen Korrelationsrechnung. Es gelingt dadurch, eine Rangfolge von Medien im Hinblick auf ihre Eignung für eine bestimmte Zielgruppe aufzustellen; damit ist gleichzeitig eine Verbindung zwischen dem Aspekt der Auswahl von Werbeträgern und der Auswahl von Zielgruppen gegeben.

3.24 Die Evaluierung der Gestaltungsalternativen

Es erscheint selbstverständlich, daß verschiedenartige Ausgestaltungen von Werbebotschaften mit feststehender Zielrichtung eine unterschiedliche Beurteilung ihres Werbewertes erfahren können. Die Formate von Zeitschriftenanzeigen, ihre Farbigkeit und Gestaltfestigkeit, die Abwägung von Bild- und Wortelementen, die Länge von Fernseh- und Funkspots und deren Szenen- und Wortfolge sind Faktoren, die hierbei eine Rolle spielen. Pre-Tests und Laborversuche geben manchmal schon wertvolle Hinweise für die Bewertung, sie versagen jedoch, wenn völlig neue, „kreative" Lösungswege eingeschlagen werden sollen [162; 161; 383; 363; 203]. Ex post stehen Untersuchungen über die Beachtung von Markenartikelanzeigen und Einzelhandelsanzeigen nach Formatgrößen, Farbvarianten und Planungseinfluß, untergliedert nach Teilleserschaften und Produktbereichen zur Verfügung[23].

3.25 Die Evaluierung der Anzahl der Kontakte

Mit der Frage nach der Bewertung der Aufeinanderfolge mehrerer psychischer Kontakte wird ein Zentralproblem der erweiterten Mediaselektion angeschnitten. Dabei dreht es sich hier zum einen um die Wirkung zeitlich nacheinander erfolgender Werbeanstöße (z.B. in einer Kampagne über mehrere Wochen), während die zu einem Zeitpunkt bzw. innerhalb eines bestimmten Zeitrau-

[22] Eine derartige Maßzahl stellt beispielsweise das „Entfernungsmaß" der LA 68 dar. In einem durch Merkmale definierten Raum „bilden die Personen, die die Leserschaft einer Zeitschrift ausmachen, jeweils eine Art Wolke. Jede Leserschaftswolke wird durch ihren Schwerpunkt charakterisiert, der die demographische Deskription des Durchschnittslesers des betr. Titels in 12 Dimensionen darstellt. Mit Hilfe einer statistischen Analyse wird die maximale Entfernung in 100 transformiert und die Distanzen zwischen den Schwerpunkten aller anderen Titel in Relation zu dieser Basis mit einer Zahl zwischen 0 und 100 ausgedrückt." (LA 68, o.S.). Ähnlich wird beim „Allensbacher Differenzenmodell" vorgegangen, s. *TENNSTÄDT* [376, S. 16 ff.].

[23] Vgl. z.B. „Die Beachtung von Anzeigen in regionalen Abonnementszeitungen" hrsg. von der „Regionalpresse" in Zusammenarbeit mit GfK-DIVO-CONTEST, Frankfurt/M. 1970; s.a. *TROLDAHL-JONES* [380]; *WELLS* [397].

mes (etwa einer Woche) erhaltenen Berührungen normalerweise durch verschiedene Medien kommuniziert werden und somit wiederum zusätzlich einer anderen Bewertungsklasse unterliegen. Ohne diese Differenzierung zu berücksichtigen, stellt man näherungsweise auf die Gesamtzahl der Kontakte ab und evaluiert somit die *Kontaktsumme.*

Es läßt sich einigermaßen sicher sagen, daß die Wirkung von Werbemaßnahmen in der Regel mit der Zahl der empfangenen Kontakte steigt.

Es läßt sich jedoch nicht sicher sagen, wie die Wirkung von der Zahl psychisch zustande gekommener Kontakte abhängt.

Vom empirischen Standpunkt aus gesehen muß zunächst die Frage geklärt werden, wie derartige psychische Kontaktzahlen zu messen sind. Durch Anwendung des Copy-Test-Verfahrens gelangt man beispielsweise bei Zeitschriften zu Seitenkontaktwerten[24], die angeben, wieviele Kontakte ein durchschnittlicher Leser einer bestimmten Zielgruppe mit einer durchschnittlichen Anzeigenseite einer Ausgabe empfängt, wobei auch die Mehrfachnutzung berücksichtigt ist. Die Medium-Kontaktsumme stellt indessen auf die Gesamtreichweite des Werbeträgers ab und kommt durch Multiplikation des jeweiligen Seitenkontaktwertes mit dem LpN zustande. Zur Verbesserung solcher „Durchschnittsaussagen" bildet man verschiedene Typen von Zeitschriftenseiten, Nutzungsstufen (gründlich, wenigstens flüchtig, wenigstens aufgeschlagen), unterschiedliche Kontaktaufnahmesituationen und differenziert nach soziographischen Merkmalen der Leser. So sehr beispielgebend diese Untersuchungen auch einzuschätzen sind, haben ihre Ergebnisse doch vorwiegend statischen Charakter, da sie zwar vergleichbar für verschiedene Medien in einem Erscheinungsintervall gelten, aber die Kontaktaufnahme über mehrere Perioden vernachlässigen[25].

Auf die auf solche Weise gewonnene Summe psychischer Kontakte sind nun Methoden der Evaluierung anzuwenden, d.h. die Kontakte sind auf ihre Wirkung, letztlich auf ihre Erlöswirkung hin, abzuschätzen. Ein solches Vorgehen der Evaluierung unterschiedlicher Kontaktzahlen bedeutet ökonomisch nichts anderes, als die Frage nach dem Grenznutzen jedes zusätzlichen Kontaktes für das Werbeziel zu stellen.

Zunächst ist die Bezugsbasis zu klären: Man hat zwischen *individuellen Response-Funktionen* und solchen Wirkungskurven, die sich auf eine Vielzahl von Zielpersonen beziehen, zu unterscheiden. Zunächst ist ja davon auszugehen, daß die Wirkung von Kontakten im Extrem auf jedes einzelne Werbesubjekt

[24] Vgl. Anzeigen-Kontakt-Chancen in Publikumszeitschriften, eine Untersuchung über Faktoren zur Media-Gewichtung, durchgeführt von INFRATEST im Auftrage von Hör Zu, Bd. 1 Ergebnisse, München 1969, Bd. 2 Methoden, München 1970 (s. insbes. Bd. 2, S. 133 ff.) sowie „Die Beachtung von Anzeigen. . ., a.a.O., S. 15 ff.

[25] Hier könnten anstelle von Reichweiten u.U. Kumulationsdaten für die Bildung der Kontaktsummen eingeführt werden.

in verschiedener Weise erfolgt, da sich jede Person in einer anderen persönlichen Aufnahmesituation befindet. Grundsätzlich stehen dann für die Übertragung von Individual- auf Gruppenverhalten von Zielpersonen zwei Wege offen: Entweder man definiert eine hypothetische mittlere Zielperson (dick ausgezogene Wirkungskurve in Abb. 7), so daß sich die zu prognostizierende Gruppenwirkung als ein Vielfaches der individuellen Wirkung ergibt, oder man stellt von vornherein auf die Bewertung einer ganzen Gruppe ab, indem man für jede Kontaktzahl die durchschnittliche Wirkung aufzeigt (Abb. 8). Im ersten Fall haben wir es mit einer unstetigen „Schritt"-Funktion zu tun, d.h. das Werbesubjekt braucht eine gewisse Anzahl psychischer Anstöße (Kontakte), bevor eine bestimmte Werbewirkung ausgelöst wird. Diese Wirkung ist je nach Zwecksetzung z.B. als bloßes Wiedererkennen einer Anzeige, als in einer semantischen Skala gemessener Präferenzzuwachs oder letztlich als Kauf zu definieren. Wenn nur die Alternativen Kauf oder Nichtkauf (innerhalb einer Periode) in Abhängigkeit von der Anzahl der Kontakte auftreten, nimmt die individuelle Wirkungsfunktion die dargestellte Stufenform an. Bezieht man allerdings die Kaufwirkung auf einen längeren Zeitraum und handelt es sich bei den Werbeobjekten z.B. um permanent benötigte Güter des täglichen Bedarfs, so lassen sich gekrümmte, annähernd kontinuierliche Verläufe für ein Individuum ableiten.

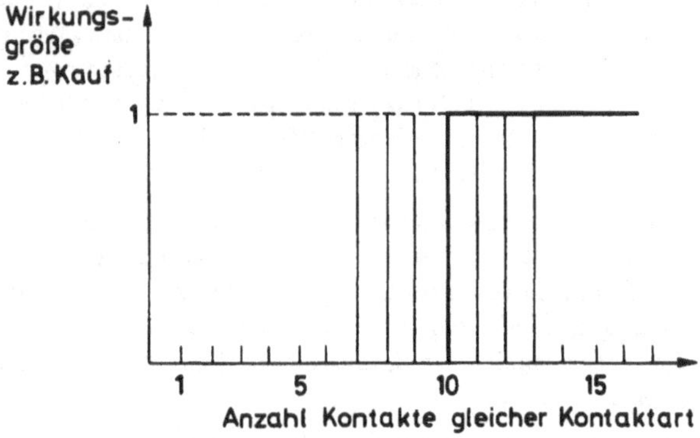

Abb. 7: Individuelle Wirkungskurve

Auf der anderen Seite, bei der Betrachtung der Wirkung auf eine Vielzahl von Werbesubjekten, erhält man eine *Gruppenwirkungskurve*, die dadurch zustande kommt, daß für jede Kontaktzahl eine durchschnittliche Wirkungsgröße gebildet werden kann. Über die Form lassen sich nur Hypothesen formulieren. Zwei Extreme sind u.a. denkbar: zum einen die Vorstellung, daß aus jedem zusätzlichen Kontakt ein gleicher Wirkungszuwachs resultiert, zum anderen, daß genau eine bestimmte Anzahl von Kontakten erforderlich ist und jeder zusätzliche Kontakt keinerlei Wirkungszuwachs bringt. In der Abb. 8 sind dies die Funktionen I (lineare Funktion) und II (Schrittfunktion). Beide Hypothesen erscheinen wirklichkeitsfremd; man hat in der Realität die Erfahrung gemacht, daß es bestimmte Wirkungsschwellen gibt[26] sowie daß mit steigender Kontaktzahl zunehmende wie auch abnehmende Wirkungszuwächse festzustellen sind. Aus diesem Grund erscheint die Annahme einer S-förmigen oder zumindest durch abnehmende Wirkungszuwächse gekennzeichneten Kontaktbewertungskurve oder Response-Function plausibel (s. die Funktionen III und IV in Abb. 8).

Es bleibt noch die Frage nach der empirischen Relevanz der dargestellten Kontaktbewertungsfunktionen. Auf der Ebene der psychischen Wirkungen, wo indirekte Erfolgskriterien wie Markenbekanntheit, Erinnerung der Werbebotschaft, Kaufpräferenz in Abhängigkeit von der Kontaktzahl gemessen werden, weist *POLITZ* in der Rochester-Untersuchung für diese Phänomene degressive sowie S-förmige Wirkungsverläufe nach[27].

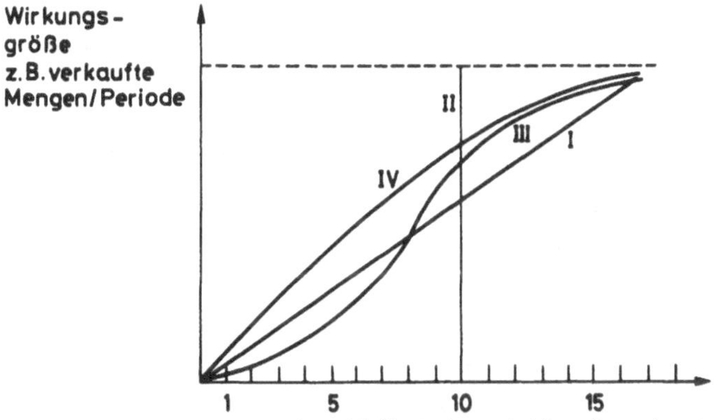

Abb. 8: Gruppenwirkungskurven

In den Zusammenhang der indirekten Messung gehören auch die Erkenntnisse der Lern- und Informationstheorie. Dabei wird auf der Grundlage des psychologischen Lernprozesses von der Annahme ausgegangen, daß die Aufnahme einer Werbebotschaft nur von der Anzahl der Wiederholungen oder Schaltungen ($\bar{s}$), von einem bestehenden (ziel-) gruppenspezifischen Lernniveau und von der

[26] Eine Faustregel in der Praxis lautet: mindestens 5, höchstens 15 Kontakte.

[27] Vgl. *POLITZ, A.*, The Rochester Study for the Saturday Evening Post, 1960; ders.: An Exposure in 4 Magazines for Reader's Digest and Saturday Evening Post, 1960; ders.: Repeat Exposure Value, for Reader's Digest, 1966 (zitiert nach Anzeigen-Kontakt-Chancen . . ., a.a.O., S. 13 f.);
für Fernseh-Spots: *GRASS-WALLACE* [148, S. 3 ff.]

Lernintensität, die von der Werbebotschaft (Stimulus) ausgeht, also von einem konstanten Aufmerksamkeitswert (a) abhängt. *FISCHERKOESEN* [119, S. 20 f. u. 114] bestätigt durch ein Lernexperiment mit Anzeigen unter diesen Prämissen die folgende Exponentialfunktion:

$$R' = R'(\bar{s}) = 1 - (1 - a)^{\bar{s}}$$

$$0 \leq a \leq 1$$

die die Form der Kurve IV in Abb. 8 hat und wobei R' die Resonanzwirkung oder diejenige relative Anzahl von Personen, die einen „Werbeanstoß empfangen bzw. bewußt aufgenommen haben", ($0 \leq R' \leq 1$) bezeichnet[27a]. Er verbessert dieses Modell jedoch in mehrfacher Weise. Zum einen ist die Hypothese aufgegeben, daß der von der Werbebotschaft ausgehende Lerneffekt (Lernrate a) konstant ist, was wegen der Veränderung der zu lernenden Botschaft sowie variierender Umweltbedingungen nicht der Fall ist. Andererseits wird auch der Vergessensprozeß berücksichtigt, wobei ein Vergessensfaktor ρ ebenfalls variabel für den unterschiedlichen Zeitraum zwischen zwei Botschaften (t) definiert ist[28]. Damit sind gleichzeitig Überlegungen einbezogen, die die zeitlichen Abstände zwischen den einzelnen Schaltungen (Kontakten) als neues Element in die Analyse einführen.

Schließlich ist noch auf Untersuchungen einzugehen, die den direkten ökonomischen Erfolg zu messen versuchen. Hierbei wird indessen nicht auf die Zahl der erreichten Kontakte abgestellt, sondern eine mehr globale Beziehung zwischen Werbekosten oder allgemein „selling costs", also über den Werbe-Submix hinausgehend, und entsprechenden Erlösänderungen herbeigeführt. Unter den wenigen empirisch begründeten Analysen ist diejenige von *VIDALE-WOLFE* [385] hervorzuheben. Die Verfasser leiten eine „response function" in exponentieller Form ab, die auf der funktionalen Abhängigkeit zwischen einem konstanten Werbereaktionskoeffizienten, einer konstanten Verkaufsabnahmerate bei Nicht-Werbung und dem Sättigungsniveau für das betreffende Absatzobjekt basiert. Die Besonderheit besteht bei derartigen Ansätzen darin, daß versucht wird, die Wirkungskoeffizienten aufgrund der Beobachtungswerte in längeren vergangenen Perioden zumeist mit Hilfe statistischer Verfahren zu ermitteln, um daraus bestimmte Gesetzmäßigkeiten abzuleiten [179; 65, S. 157 ff; 318]. Man muß sich darüber im klaren sein, daß derart erworbene Ergeb-

27a Dieser Funktionstyp hat sich in der neueren Lernpsychologie allgemein als begründet durchgesetzt, vgl. dazu auch: *BUSH-MOSTELLER* [64]; *OSGOOD* [300, S. 372 ff.].

28 *FISCHERKOESEN* leitet für den kombinierten Lern-Vergessensprozeß die folgende Funktion ab und überprüft sie empirisch:

$$R = \frac{a}{a + \rho(\bar{s},t)} - \frac{a}{a + \rho(\bar{s},t)} [1 - a - \rho(\bar{s},t)]^{\bar{s}}$$

s. *FISCHERKOESEN* [119, S. 130 ff.] sowie zu diesem Sachverhalt weiterhin: *ZIELSKE* [410]; BENJAMIN-MAITLAND, [42; 43]; *JOHANNSEN-FLÄMIG* [204].

nisse keine Allgemeingültigkeit beanspruchen können, sondern höchstens Aussagen und Erfahrungswerte über *spezifische* zurückliegende Werbeaktionen liefern. Es darf bei dieser Frage nach den direkten ökonomischen Wirkungen nicht übersehen werden, daß neben den angesprochenen endogenen Faktoren der Kontakthäufigkeit über die Zeit auch exogene Gesichtspunkte wie die bereits bestehende Markenbekanntheit, die Unterstützung durch andere Marketinginstrumente wie z.B. Verkaufsförderungsmaßnahmen, sich ändernde Konkurrenzaktivitäten oder auch Konjunktureinflüsse eine Rolle spielen. Ob deshalb allgemeingültige Aussagen bei der Komplexität der Materie jemals möglich sind, erscheint sehr fraglich[29].

Es bleibt festzuhalten, daß zwar generell die Hypothese der S-förmigen Funktion durch diese Untersuchungen gestützt oder zumindest nicht falsifiziert wird[30], daß sie jedoch keine Schlüsse im Hinblick auf den genauen Verlauf einer speziellen, zu planenden Werbeaktion zulassen.

Für derartige Zwecke kommt man deshalb nicht umhin, wiederum Methoden der Evaluierung heranzuziehen, wobei umso weniger auf empirische Anhaltspunkte zurückgegriffen werden kann, desto mehr man den eigentlichen öko-

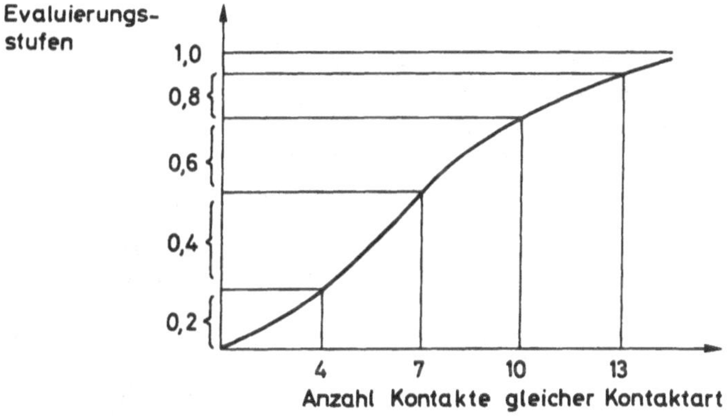

Abb. 9: Darstellung einer Evaluierungsfunktion

[29] *ZENTLER-RYDE* [408, S. 413] beschreiben diesen Tatbestand so: „In the absence of direct measurements of the effects of promotion the formulation of a suitable ‚response curve' for promotion in one direction only, must be based on intelligent guess work."

[30] Man spricht bei einem solchen Verlauf der Wirkungskurve in Analogie zum Ertragsgesetz der Produktionstheorie auch vom Werbeertragsgesetz, obwohl beide Phänomene wegen der Lerneffekte beim Einsatz von Werbemitteln nur bedingt vergleichbar sind. S. dazu beispielsweise *ZENTLER* [408]; *PARTHEY* [308, S. 134]; *GUTENBERG* [158, S. 460]; *BEHRENS* [39, S. 132].

nomischen Erfolg der Kontakte bewerten will. Man hilft sich in der Praxis durch die Bildung von Kontaktklassen, in denen jeweils eine Anzahl von zusätzlichen Kontakten zusammengefaßt und die dann nach einem der dargestellten Funktionsverläufe evaluiert werden. Daraus resultieren auf der Achse der Wirkung Evaluierungsstufen in einer Intervallskala, beispielsweise wird der Kontaktklasse 7-10 Kontakte der Wert 0,6 zugeordnet (Vgl. Abb. 9).

Im Hintergrund steht dabei oft die Frage nach einer optimalen Kontaktzahl, die jedoch neben der Kenntnis des Wirkungsverlaufs auch voraussetzt, daß nicht, wie es zumeist geschieht, die Kostenkomponente unterschiedlicher Kontaktzahlen vernachlässigt wird.

3.26 Formen und Aussagekraft der Evaluierung

In diesem Abschnitt sollen für den Problemkreis Evaluierung abschließend noch einige den einzelnen Bereichen übergeordnete Aspekte sowie die subjektiv ausgerichtete Deutung dieses Konzeptes aufgezeigt werden. Nachdem bisher in der Hauptsache beschrieben wurde, „was" evaluiert werden kann, ist nun vor allem auf das „wie" näher einzugehen.

In den jeweils zuvor analysierten Bewertungsgruppen geht man in praxi so vor, daß die einzelnen Zielpersonenmerkmale, Medien, Gestaltungsalternativen bzw. Kontakthäufigkeiten nach ihrer (geschätzten) Bedeutung für das Werbeziel, also eines der aufgezeigten Wirkungsmaße (letztlich die Erlöswirkung) in eine Skala, meist von 0 bis 100 oder 0,00 bis 1,00 eingeordnet werden. Das gleiche Problem der Verbindung mehrerer Gewichtungsfaktoren wie innerhalb der Bewertungssektoren tritt nun auch auf der übergeordneten Ebene zwischen den Klassen in der Zusammenfassung der isolierten Gewichtungsergebnisse auf.

Auch hier wird wieder die Form der multiplikativen Verknüpfung angewendet; wenn z.B. bei der Zielpersonengewichtung „Frauen in der Altersgruppe 20 bis 40 Jahre" das Gewicht 0,8 erhalten, die Zeitschrift X das Gewicht 0,7 und die Werbesubjekte von insgesamt 10 Kontakten erreicht werden, was nach der unterstellten Response-Funktion eine Bewertung von 0,6 ergibt, kommt man insgesamt zu einem Gewichtungsfaktor von 0,336. Das Ergebnis scheint insofern fragwürdig, als auch auf der Ebene der Bewertungsklassen vielfältig positiv miteinander korrelierende Beziehungen, etwa zwischen der Gewichtung der Gestaltungselemente, der Gewichtung der psychologischen Merkmale der Zielpersonen und der durch beide Phänomene bestimmten psychischen Kontaktaufnahmehäufigkeiten auftreten. Darüberhinaus sind die Bewertungsgruppen von Fall zu Fall nicht gleichbedeutend einzuschätzen; dieser Tatbestand hätte Praktisch eine „Gewichtung der Gewichtung" zur Folge.

Hier muß deshalb eine Analyse einsetzen, die in einem erweiterten, auf alle Evaluierungsgruppen ausgedehnten Segmentationsprozeß die verschiedenen Elemente auf ihre Diskriminierungsfähigkeit untersucht. Ein solches Verfahren bildet gleichzeitig eine wertvolle Grundlage für eine bessere Technik der Bewertung, wie sie die *„Evaluierung von Zellen"* darstellt. Dabei werden nicht mehr individuelle Bewertungen verknüpft, sondern ganze sog. Zellen unabhängig voneinander evaluiert. Das bedeutet nichts anderes, als daß nach aus mehreren oder allen Bewertungsgruppen entnommenen Merkmalen Personensegmente selektiert werden, denen dann insgesamt ein einziger Gewichtungsfaktor zuzuordnen ist[31].

Eine solche Verfahrensweise erspart zudem die hier aus Gründen der Problemsichtbarmachung vorgenommene Aufspaltung in getrennte Bewertungskategorien und führt zu einem einheitlichen Evaluierungskonzept in Form einer einzigen segmentweisen Bewertung für jede *Kombination* von Werbeaktivitäten.

Zum Schluß soll noch die Frage nach dem Zustandekommen der Bewertungszahlen gestellt werden. Da diese in überwiegendem Maße auf individuellen Vorstellungen und Meinungen der Entscheidungsträger basieren – wenn auch manchmal auf empirische Erhebungen und Experimente gestützt – handelt es sich um „weiche" Daten. Sie lassen sich in der Praxis dadurch gewinnen, daß allen alternativen Handlungsmöglichkeiten (Kombinationen) durch die an der Entscheidung Beteiligten gewisse Wahrscheinlichkeiten beigemessen werden, die notwendigerweise subjektiven Charakter haben[32].

Dieser Prozeß ist aus der Sphäre der rein persönlichen Meinung herauszulösen, indem entweder mehrere oder alle mit der Disposition der betreffenden Marketingaktivität in Zusammenhang stehenden Entscheidungspersonen, z. B. Marketingleiter, Marktforscher, Produktmanager, Verkäufer usw. sich unter Abwägung aller relevanten Gesichtspunkte und Zusammenhänge auf einen wahrscheinlichen

31 Voraussetzung dafür bildet allerdings auf der empirischen Ebene die Verfügbarkeit solchen Datenmaterials, das die Beziehungen zwischen den einzelnen Merkmalen auch zahlenmäßig ausdrückt. Darunter fallen z.B. Erhebungen, die quantitative, vergleichbare Aussagen über die Relationen zwischen Merkmalsstruktur und „Benutzer" von Werbeträgern und deren Kontaktvermittlungsfähigkeit, zwischen der Gestaltung von Werbebotschaften, ihrer Einbettung in ein entsprechendes Umfeld oder der Nutzungsintensität der Medien und den erreichbaren Kontakthäufigkeiten wiedergeben.
Vgl. dazu die bereits zitierten Mediauntersuchungen, die diese Bedingung nur teilweise erfüllen sowie insbes. auch: Anzeigen-Kontakt-Chancen . . ., a.a.O., Bd. 1 Ergebnisse; Media-Bibliothek, Kernstück *Nielsen* II, Bd. 4 Copytest, hrsg. von der Zeitungsgruppe Rhein-Wupper-Ruhr (RWR), Bad Godesberg 1969.

32 Im subjektivistischen Wahrscheinlichkeitskonzept haben sich zwei Richtungen herausgebildet, zum einen die Richtung, die die Wahrscheinlichkeiten als intuitives Urteilen auffaßt (Intuitionisten) und andererseits diejenigen, die die Wahrscheinlichkeit als „Grad des Fürwahrhaltens" ansehen (Bayesianer). Vgl. *MENGES* [274, S. 31 ff; 275, S. 26 f.]; s. zu den einzelnen Richtungen auch: *KOOPMAN* [220]; *SAVAGE* [333]; *RAIFFA* [319].

Wert einigen. *CHURCHMANN-ACKOFF-ARNOFF* [76, S. 133 ff.] beschreiben eine Verfahrensweise, nach der durch den Vergleich von Präferenzrelationen bezüglich der einzelnen Ergebnisausprägungen einer Aktion eine einheitliche Bewertungsstruktur zustande kommt. Dabei beurteilen die Mitglieder der Entscheidungsgruppe jede mögliche Vergleichsalternative und ordnen ihre Abstimmungsergebnisse jeweils nach der größten Häufigkeit des Auftretens, um so eine Rangfolge der Bewertungen, konkret, auf unseren Sachverhalt angewandt z. B. von Auswirkungen einer Werbemaßnahme, zu erhalten.

Stehen Informationen zur Verfügung, die auf genügend vielen tatsächlichen Realisationen einer gleichbleibenden Aktion (bei Konstanz aller sonstigen Umweltbedingungen) basieren, so bedarf es keiner subjektiven Schätzung, sondern man kann über eine derartige a-posteriori-Bestimmung auf die eigentlich benötigten a-priori-Wahrscheinlichkeiten schließen [275, S. 24 u. 192].

Beide Vorgehensweisen, also entweder die mögliche Ermittlung von Massenwahrscheinlichkeiten oder gewissermaßen ersatzweise dafür die Bestimmung subjektiver Wahrscheinlichkeiten, führen dann in nachfolgender Modellbehandlung zur Anwendung des Risikomodells, das auf der Annahme von bekannten a-priori-Verteilungen beruht [275, S. 243 f.].

3.3 Die modellmäßige Behandlung der Media-Selektion – die quantitative Diskussion

In diesem Abschnitt soll aufgezeigt werden, wie sich die zuvor untersuchten Problemkreise, von der Zielfunktion (3.0) ausgehend[33], in eine modellmäßige Betrachtung einfügen. Dabei sind die bestehenden Ansätze kritisch zu beleuchten und gleichzeitig soll versucht werden, sie in einigen Aspekten weiterzuentwickeln.

3.31 Die Einbeziehung von Kumulation, nichtlinearen Wirkungsverläufen und Quantuplikation in die Zielfunktion

3.311 Die stufenweise Linearisierung der Zielfunktion

Es wurde zuvor bereits dargestellt, daß bei einer Konkretisierung der Zielfunktion Linearitätsannahmen aus mehreren Gründen nicht aufrecht erhalten werden können. Dabei fallen insbesondere zwei sich überschneidende Gesichtspunkte ins Gewicht. Einerseits sind diejenigen *physischen* Kontakte von Bedeutung, die durch zusätzliche Schaltungen bei jeweils anderen, neuen Werbe-

[33] Vgl. S. 45 dieser Arbeit.

subjekten erzielt werden; diesen Tatbestand beinhaltet der Komplex Reichweitenzuwachs (Kumulation). Jede neue Belegung bedingt also einen unterschiedlich großen, in der Regel abnehmenden Zuwachs an Reichweite. Dazu ist noch anzumerken, daß dieser Sachverhalt sowohl für jedes Medium gesondert, als auch für eine Medienkombination zutrifft. Nur dann, wenn die Kumulation für einzelne Medien getrennt betrachtet wird, sind separable Funktionen, wie sie *MILLER-STARR* [277, S. 190 ff.], *BUZZEL* [65, S. 77 ff.], *GUTENBERG* [158, S. 475 f.] und *KORNDÖRFER* [224, S. 199 ff.] benutzen, angemessen.

Außerdem ist auch im Hinblick auf die Kategorie der *psychischen* Kontakte zu beachten, daß beim Empfang mehrerer Kontakte, also einer Kontaktsumme, und zwar sowohl aufeinanderfolgend durch ein einziges Medium wie auch durch verschiedene Werbeträger im gleichen Zeitraum durch gleiche Zielpersonen ein abnehmender Wirkungszuwachs zu beobachten ist. Berücksichtigt man diesen Aspekt des Problems, so ist die Annahme der trennbaren Funktionen nicht realitätsgemäß; dies bedeutet nämlich, daß der Wirkungszuwachs aufgrund eines Kontaktes mit der Werbebotschaft im Medium A der gleiche ist, gleichgültig, ob z.B. mit einem anderen Werbeträger B noch ein oder zehn Kontakte erfolgen. Aus diesen Gründen sind zu einer genaueren Abbildung der Wirklichkeit *nichtlineare Funktionen*[34], insbesondere aus dem letzten Grund eine nichtlineare *Gesamt*kontaktbewertungsfunktion heranzuziehen.

In der Entwicklung der Modelle wird deshalb die Methode der *stufenweisen Linearisierung* einer eigentlich konkaven Funktion angewandt, um die Zielfunktion insgesamt linear zu halten. Die Krümmung der Funktion wird durch einen Polygonzug mit unterschiedlichen Steigungsstufen approximiert; es ist klar, daß die Annäherung um so genauer wird, je mehr Wirkungsstufen gebildet werden. Technisch geschieht dies durch die Aufspaltung der Variablen, in unserem Fall also der Variable Kontaktzahl in mehrere, der Zahl der Stufen entsprechende Menge von Hilfsvariablen[35].

[34] Darüberhinaus verlangt auch das Auftreten des Rabattphänomens bei steigenden Belegungszahlen eine Aufspaltung in Rabattzonen. Dieser Gesichtspunkt kommt insbesondere bei der noch folgenden Beschreibung der Budgetrestriktion zum Tragen.

[35] *BROWN-WARSHAW* [61, S. 87] geben ein Beispiel für die Approximation mit 3 Stufen, wobei sie als Variable jedoch nicht Kontakte, sondern die Zahl der Belegungen eines Mediums i (N_i) heranziehen. Indem sie annehmen, daß sich in der „response function" bei den Belegungszahlen $N_i = 12$ und $N_i = 16$ der Wirkungszuwachs (= Steigung) verändert sowie die Obergrenze bei $N_i = 52$ liegt, kommen sie zu dem folgenden System von Hilfsvariablen:

$$0 \leqq N_i \leqq 12 \qquad N_{i1} = N_i$$
$$N_{i2} = 0$$
$$N_{i3} = 0$$

Fortsetzung der Fußnote umseitig

Ein derartiger Weg kann formal in gleicher Weise für unterschiedliche Varianten der Zielfunktion angewandt werden[36], so beispielsweise den drei Erfolgskategorien entsprechend für

(1) die Maximierung der Reichweite (audience)
(2) die Maximierung der psychischen Kontakte (impact)
(3) die Maximierung der Erlöswirkung (response),

wobei in (2) und (3) Evaluierungsüberlegungen eingehen.

Die Zielfunktion lautet in einer solchen Betrachtung für die Medien $\bar{i} = 1 \ldots \bar{i}^*$, die konstante Anzahl der pro Belegung und Medium erzielbaren Kontakte $w_{\bar{i}}$, die Zahl der Belegungen pro Medium $\bar{s}_{\bar{i}}$ sowie dem stufenindividuellen Wirkungsfaktor $\bar{\alpha}_\delta$, $\delta = 1 \ldots \delta^*$, der sich auf die gesamten Kontakte in der jeweiligen Stufe bezieht und sowohl eine physische Kumulations- wie auch eine psychische Wirkungscharakteristik beinhalten kann:

$$Z^{(1)} = \sum_{\delta=1}^{\delta^*} \bar{\alpha}_\delta \left(\sum_{\bar{i}=1}^{\bar{i}^*} w_{\bar{i}} \cdot \bar{s}_{\bar{i}} \right) \cdot u_\delta \rightarrow \text{Max!} \tag{3.1}$$

wobei

$$u_\delta = \begin{cases} 1 \text{ für } 0 < \sum_{\bar{i}=1}^{\bar{i}^*} w_{\bar{i}} \cdot \bar{s}_{\bar{i}} \leq M_\delta \\ 0 \text{ sonst} \end{cases} \tag{3.1a}$$

$$\text{für } \delta = 1 \ldots \delta^*$$

$$\sum_{\delta=1}^{\delta^*} u_\delta \leq 1 \; ; \tag{3.1b}$$

$$\bar{\alpha}_\delta, \bar{s}_{\bar{i}}, u_\delta \geq 0 \text{ für } \begin{matrix} \delta = 1 \ldots \delta^* \\ \bar{i} = 1 \ldots \bar{i}^* \end{matrix}$$

Fortsetzung der Fußnote 35

$$12 < N_i \leqq 16 \quad N_{i1} = 12, \; N_{i2} = N_i - 12, \; N_{i3} = 0$$

$$16 < N_i \leqq 52 \quad N_{i1} = 12, \; N_{i2} = 4, \; N_{i3} = N_i - 16$$

$$N_i = N_{i1} + N_{i2} + N_{i3}$$

s.a. *KOTLER* [228, S. 41–43]

36 Vgl. z.B. auch die Zielgrößendiskussion bei *LEE* [253, S. 229 – 242, insbes. S. 235 ff.]

Zur Verdeutlichung des Wirkungsstufenkonzeptes dient die folgende Abb. 10:

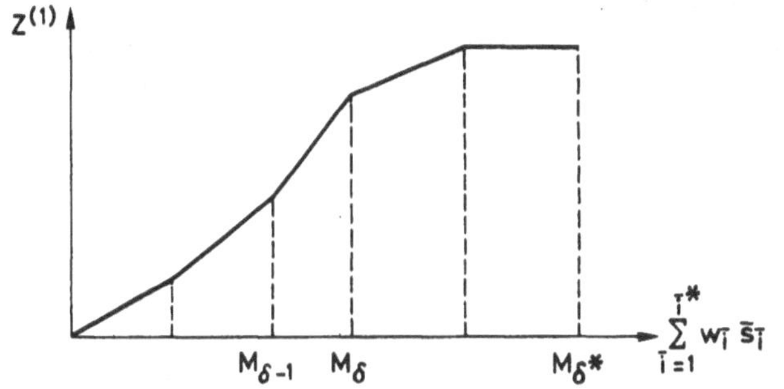

Abb. 10

Im dargestellten Ansatz gewährleisten die Hilfsvariablen u_δ, daß zwischen zwei aufeinanderfolgenden Wirkungsstufen $M_{\delta-1}$ und M_δ, definiert als vorgegebene Kontaktsummen, nur jeweils ein unterschiedlicher Wirkungsfaktor $\bar{a}_\delta$ zum Tragen kommt. Die Bedingung (3.1 b) stellt zudem sicher, daß in der Lösung immer nur eine Hilfsvariable u_δ alternativ einen positiven Wert annehmen kann [98, S. 181 ff.].

Im Unterschied zu den am Anfang des Abschnitts genannten Autoren, beispielhaft sei *KORNDÖRFER* [224, S. 199 – 206] herausgegriffen, wird hier also nicht nur auf die isoliert mit den einzelnen Werbeträgern zustande gekommenen Berührungen, sondern auf die *Gesamtzahl* aller erreichten Kontakte abgestellt und diese dann stufenförmig bewertet. *GUTENBERG* [158, S. 475 f.] bestimmt lediglich Ober- und Untergrenzen seiner Werbeintensitäten (die etwa als Belegungshäufigkeiten zu interpretieren sind), um damit die Annahme einer linearen Wirkungsfunktion aufrecht erhalten zu können.

3.312 Die binäre Formulierung

Auch diese verbesserte Art der Formulierung kann deshalb noch nicht befriedigen, weil das Phänomen der Überschneidungen bisher nicht einbezogen ist. Dies gilt sowohl für die internen Überschneidungen zwischen den einzelnen Werbeträgern, also die Quantuplikation, wie auch für die serielle Überschneidung im Zeitablauf (etwa im Hinblick auf den Vergessensfaktor). Beide Bereiche lassen sich wegen dieser Interdependenzen nur durch eine kombinatorische Betrachtungsweise adäquat abbilden. Die konventionelle Auswahl von Werbeträgern, z.B. nach dem Kriterium des 1000-Leser-Preises, führt hauptsächlich deshalb zu völlig falschen Schlüssen, weil neben der Vernachlässigung von Nebenbedingungen keine Rücksicht auf die internen Überschneidungen sowie die externen Überschneidungen bei der Zusammensetzung des Publikums der Werbeträger genommen wird.

Aus dem vorher gesagten geht schon hervor, daß die Formulierung der Zielfunktion nun einer grundlegend anderen Interpretation bedarf. Die Definition der Variablen und Koeffizienten ist so vorzunehmen, daß der Index i nicht nur für einen einzelnen Werbeträger, sondern ebenso für eine Kombination mehrerer Medien, die zusammen eingesetzt werden, steht. Weiterhin steht jetzt s nicht mehr als Bezeichnung für die Variable Belegungszahl, also die Zeitpunkte oder Zeiträume, in denen Einschaltungen erfolgen, sondern sie symbolisiert nun als Index eine Kombination zeitlich hintereinander geschalteter Werbeeinblendungen, konkret z.B. wöchentliche Ausgaben von Zeitschriften. Eine derartige Anordnung wird in der folgenden Tab. I beispielhaft gezeigt. Die Kreuze geben dabei an, welche Alternativen bestehen; so zeigt etwa die Spalte 26, daß die Werbemedien 1 – 3 zum Zeitpunkt 1 und 2 zu belegen sind.

Das bedeutet für die mathematische Formulierung, daß über die Entwicklung der stückweise kontinuierlichen Funktion hinaus jetzt nur noch einzelne diskontinuierliche Alternativen zur Auswahl stehen. *Für eigentlich diskontinuierliche Phänomene werden keine kontinuierlichen Ersatzlösungen mehr benötigt.*

Sei w_{is} die Aktivitätsbezeichnung, wobei i die Kombination der Medien und s die Kombination der Belegungen angibt, so kann eine Entscheidung nur lauten: Wahl der betreffenden Kombination oder nicht. Das Entscheidungsproblem ist ausschließlich durch binäre Variable beschrieben. Die Zielfunktion wird damit durch den Ausdruck

(3.2) $$Z^{(2)} = \sum_{i=1}^{i^*} \sum_{s=1}^{s^*} \bar{\alpha}_{is} \cdot w_{is} \cdot u_{is} \rightarrow \text{Max!}$$

(3.2a) $$\sum_{i=1}^{i^*} \sum_{s=1}^{s^*} u_{is} \leq 1; \quad u_{is} \geq 0$$

(3.2b) $$\sum_{i=1}^{i^*} u_{is} \leq 1 \quad \text{für alle } s$$

$$u_{is} \geq 0$$

$$\sum_{s=1}^{s^*} u_{is} \leq 1 \quad \text{für alle } i$$

gegeben, wobei w_{is} die durch die Kombination erreichte Zahl der Kontakte, $\bar{\alpha}_{is}$ in zunächst noch undifferenzierter Form den für jede Kombination individuellen Wirkungsfaktor angibt und schließlich u_{is} als Variable nur die Werte 0 oder 1 annehmen kann.

Obwohl in diesem Abschnitt die Behandlung der Zielfunktion im Vordergrund steht und die Diskussion der eigentlichen Restriktionen erst im Anschluß daran erfolgt, erscheint es doch zum Verständnis des binären Auswahlprozesses angebracht, bestimmte technische Nebenbedingungen bereits im Zusammenhang mit der jeweiligen Zielfunktion zu erläutern. Dazu dient die Fallunterscheidung in (3.2 a) und (3.2 b). Während bei (3.2 a) gesichert wird, daß nur jeweils eine aller möglichen Variablen bzw. Kombinationen in Frage kommt, folgt aus (3.2 b), daß sich einmal nur die Medienkombinationen und zum anderen nur die Belegungskombinationen gegenseitig ausschließen. Der letztere Fall (3.2 b) dient dazu, den binären Optimierungsprozeß je nach Definition der Kombinationen anders zu steuern und damit die Zahl der zu prüfenden Alternativen schon durch die Formulierung einzuschränken.

Das Hauptproblem bei einem solchen kombinatorischen Lösungsansatz ist nämlich im Hinblick auf die Operationalität in der Vielzahl möglicher Enumerationen zu sehen. Bei n Werbeträgern gibt es ohne die Null-Kombination $2^n - 1$ Alternativkombinationen, mit acht Medien z.B. bereits $2^8 - 1 = 255$ mögliche Lösungen. Dazu kommen die Kombinationen der Belegung; im Beispiel der Tab. I mit nur vier Medien und vier aufeinanderfolgenden Zeitpunkten (s), also keineswegs vollständig enumeriert, erhalten wir $(2^n - 1) \cdot s = (2^4 - 1) \cdot 4 = 60$ Alternativen[37].

Da bei einer wirklichkeitsnahen Planung die Zahl der Elemente, hier also die Zahl der Medien und Belegungsmöglichkeiten sehr hoch wird und somit auch die Zahl der Variablen (Kombinationen) dementsprechend große Ausmaße erreicht, sind Wege zu finden, die es erlauben, die Anzahl der Kombinationen u.U. stark einzuschränken. Zu diesem Zweck können verschiedene Techniken angewandt werden; diese Problematik wird Gegenstand des Kapitels 3.42 sein.

Durch die rein binäre Betrachtungsweise bietet die Einbeziehung der kumulativen Reichweite bzw. der kumulativen Kontaktzahl sowie der Überschneidungseffekte zwischen den Medien bei der Modellformulierung keine Schwierigkeiten, da jede mögliche oder relevante zeitliche Belegungs- und Medienkombination im Modell enthalten ist. Jeder Kombination sind dann die entsprechenden, empirisch erhobenen oder u.U. analytisch abgeleiteten und fusionierten Daten zuzuordnen. Bei fehlendem empirischen oder analytisch-statistischem Material gewinnen die Evaluierungsüberlegungen, wie sie ausführlich im nächsten Hauptabschnitt berücksichtigt werden, sehr stark an Bedeutung.

[37] Allgemein wird die Anzahl der Kombinationen aus n Grundelementen in der Klasse r (Zahl der Elemente in der Kombination), wobei jede Kombination dasselbe Element nur einmal enthalten darf, durch die folgende Formel bestimmt:

$$C(r,n) = \binom{n}{r} = \frac{n!}{r!\,(n-r)!}$$

Kombinationen		u_{i1}	u_{i2}	u_{i3}	. . .
Werbemedien	1	x xxx xx xx	x xxx xx xx	x xxx xx xx	x . . .
$\bar{i}$	2	x x xx xxx x	x x xx xxx x	x x xx xxx x	x
	3	x x x xx xxx	x x x xx xxx	x x x xx xxx	x
	4	x x xx xxxx	x x xx xxxx	x x xx xxxx	x
Belegungs-	1	xxxxxxxxxxxxxxx	xxxxxxxxxxxxxxx	xxxxxxxxxxxxxxx	xxxx . .
zeitpunkte	2		xxxxxxxxxxxxxxx	xxxxxxxxxxxxxxx	xxxx . .
$\bar{s}$	3			xxxxxxxxxxxxxxx	xxxx . .
	4				xxxx . .
		1 . . 7 . . 15	16 . . 21 . 26 . 30	31 . . 37 . . 45	46 . .

Tabelle I: Kombinatorische Darstellung der Media-Aktivitäten

3.313 Das Modell von Zangwill

Einen etwas anderen Ansatz zur binären Optimierung stellt *ZANGWILL* [406] dar, der, da er nur die Duplikation einbezieht, einen sachlich vereinfachten, jedoch formal aufwendigeren Weg geht. Er stellt in unserer Betrachtungsweise explizit nur auf die Kombinationen zeitlich nacheinander erfolgenden Belegungen ab, während die Medien nur isoliert betrachtet werden ($\bar{i}$) und die Überschneidungseffekte durch ein zusätzliches additives Glied in der Zielfunktion berücksichtigt werden. Sein Lösungsgedanke soll hier hinsichtlich der Bezeichnungsweise in etwas veränderter Form sowie auf die Triplikation ausgeweitet dargestellt werden:

$$(3.3)\qquad Z^{(3)} = \sum_{\bar{i}=1}^{\bar{i}^*} \sum_{s=1}^{s^*} \Bigg\{ \bar{\alpha}_{\bar{i}s} \cdot w_{\bar{i}s} + \sum_{\substack{\bar{i}'=1 \\ \bar{i} \neq \bar{i}'}}^{\bar{i}^*} \Big[\bar{\alpha}'_{(\bar{i}s)(\bar{i}'s)} \cdot w_{(\bar{i}s)(\bar{i}'s)} \cdot u_{\bar{i}s} \cdot u_{\bar{i}'s}$$

$$+ \sum_{\substack{\bar{i}'=1 \\ \bar{i} \neq \bar{i}' \\ \bar{i} \neq \bar{i}'' \\ \bar{i}' \neq \bar{i}''}}^{\bar{i}^*} \bar{\alpha}''_{(\bar{i}s)(\bar{i}'s)(\bar{i}''s)} \cdot w_{(\bar{i}s)(\bar{i}'s)(\bar{i}''s)} \cdot u_{\bar{i}s} \cdot u_{\bar{i}'s} \cdot u_{\bar{i}''s} \Big] \Bigg\} \to \text{Max!} \qquad \bar{i}, \bar{i}', \bar{i}'' \in \{1, \ldots, \bar{i}^*\}$$

$$(3.3.a)\qquad \sum_{s=1}^{s^*} u_{\bar{i}s} \leq 1; \qquad u_{\bar{i}s} = \begin{cases} 0; \\ 1; \end{cases} \qquad u_{\bar{i}s} \geq 0 \text{ für} \begin{cases} \bar{i} = 1, \ldots, \bar{i}^* \\ s = 1, \ldots, s^* \end{cases}$$

$w_{\bar{i}s}$ drückt im Gegensatz zu früher die kumulierte Reichweite des Mediums $\bar{i}$ in der s-ten Belegung aus, $\bar{\alpha}_{\bar{i}s}$ gibt den noch nicht näher spezifizierten Wirkungsfaktor an und $u_{\bar{i}s}$ sind binäre Hilfsvariable für die zeitlichen Belegungskombinationen. Die Wirkungsveränderung, die aufgrund der Duplikation entsteht, wenn sowohl s Belegungen im Medium $\bar{i}$ wie auch im Medium $\bar{i}'$ auftreten, gibt der Faktor $\bar{\alpha}_{(\bar{i}s)(\bar{i}'s)}$ an, der Ausdruck $u_{\bar{i}s} \cdot u_{\bar{i}'s}$ nimmt nur dann den Wert 1 an, wenn beide Glieder jeweils 1 sind; andernfalls wird er 0 und damit kann auch kein Wirkungsfaktor $\bar{\alpha}$ in die Lösung gelangen. Das analoge Verfahren gilt für die Triplikation und den Faktor $\bar{\alpha}''_{(\bar{i}s)(\bar{i}'s)(\bar{i}''s)}$.

$w_{(\bar{i}s)(\bar{i}'s)(\bar{i}''s)}$ bezeichnet die Kontakte bei den von den Werbeträgern $\bar{i}$, $\bar{i}'$ und $\bar{i}''$ zugleich erreichten Zielpersonen[38]. Eventuell die Wirkung abschwächende Effekte werden durch negative α-Werte ausgedrückt.

[38] Dies entspricht den Dreifachberührten, allgemein den σ-fach Berührten in der mengentheoretischen Darstellung auf S. 49 dieser Arbeit.

Ein für die Rechenbarkeit schwerwiegender Nachteil liegt darin, daß die Zielfunktion infolge der multiplikativen Verknüpfung der u-Variablen nicht mehr linear ist[39]. Aus diesem Grund erscheint es sinnvoll, die vollständige kombinatorische Betrachtungsweise beizubehalten, zumal hierbei bestimmte Quantuplikationen höherer Ordnung ebenfalls vernachlässigt werden können.

3.32 Die Berücksichtigung der Evaluierung in Bewertungsmodellen

3.321 Die multiplikative Verknüpfung der Bewertungen

In diesem Abschnitt stellt sich die Aufgabe, die bisher zu kurz gekommene Aufnahme des Bewertungskomplexes in die Modellbehandlung zu vertiefen. In der Literatur werden die sich damit befassenden Ansätze auch als *Bewertungsmodelle* bezeichnet.

Die Evaluierung zielt, wie vorausgehend bereits dargestellt wurde, in erster Linie auf psychische, mit den Zielpersonen zustande gekommene Kontakte ab und ist notwendig, wenn nicht genügend empirisch abgesicherte Informationen über die Wirkungsgesetzmäßigkeiten zur Verfügung stehen. Kontakte können unterschiedlich evaluiert werden, abhängig von der Art des Mediums bzw. der Medienkombination, der Art der Gestaltung der Werbebotschaft, der Anzahl der Kontakte und der als charakteristisch erkannten Merkmale der Zielpersonen. In der modellmäßigen Konkretisierung ist der einfachste Fall die Gleichbehandlung aller Werbeanstöße, meist innerhalb von Ober- und Untergrenzen; in einer nächsten Stufe werden einzelne Bewertungselemente eingeführt.

Bereits *MILLER-STARR* und die *BBDO* sehen in ihren linearen Modellen die Notwendigkeit einer unterschiedlichen Beurteilung verschiedener Medien und Zielgruppen, was durch „qualitative media values" sowie bei den Zielgruppen der *BBDO* durch Gewichte geschieht, die auf Prozentsätzen zurückliegender Verkäufe bei den betreffenden Zielgruppen basieren[40]. In sehr differenzierter Form wird der Bewertungskomplex bei *BROWN-WARSHAW* [61, S. 84 f.][41] behandelt. Die Evaluierung erfolgt aufgrund mehrerer als „qualitative characteristics" und „effectiveness rating coefficient" bezeichneten Einzelgewichte, die multiplikativ verknüpft werden. Die Problematik dieser Art des Vorgehens wurde bereits aufgezeigt.

39 Es ist zwar grundsätzlich möglich, diese multiplikativen Ausdrücke durch Einführung zusätzlicher Hilfsvariablen und mit Hilfe von weiteren Ungleichungen zu linearisieren, der Aufwand ist jedoch im Hinblick auf eine noch operationale Zahl von Restriktionen beträchtlich.

40 Vgl. zum Modell der BBDO: *BUZZEL* [65, S. 89–92]; s.a. *MILLER-STARR* [277 S. 190 ff.] hier wird in einem etwas anders strukturierten Modell die Gewichtung der Nebenbedingungen vorgenommen.

Die Bewertung kommt durch Aufnahme in die Zielfunktion zustande, d.h. die einzelnen Zielgrößenvariablen, bei *BROWN-WARSHAW* die Zahl der Belegungen, werden jeweils mit den ihnen entsprechenden Werten verknüpft. In gleicher oder ähnlicher Weise verfahren auch die meisten der nachfolgenden Modelle bei der Berücksichtigung der Evaluierung. Es fällt nicht schwer, diese Technik in analoger Weise auch auf die kombinatorische, binäre Formulierung der Zielfunktion zu übertragen. Der zuvor in den Funktionen (3.1) bis (3.3) nicht besonders spezifizierte Wert a_{is} sei nunmehr in der Weiterentwicklung unseres Grundmodells (3.2) aufgespalten in die unterschiedlichen Dimensionen α, μ und ρ. Dabei drückt α_i die Bewertung der jeweiligen Medienkombination hinsichtlich der damit erreichbaren Zielgruppen aus, der Wert μ_i beinhaltet die qualitativen Faktoren, die sich aus der Gestaltung der Werbebotschaft im weitesten Sinne einschließlich deren Einordnung im Umfeld sowie der Belegung in unterschiedlichen Medien ergeben. Der Faktor $\hat{\rho}$ schließlich beschreibt die Wirkung unterschiedlicher Kontaktzahlen. Da sich hierfür nur eine kampagnenspezifische funktionale Abhängigkeit feststellen läßt, genügt es, den allgemeinen Funktionsausdrück $\hat{\rho}(w_{is})$ mit diskontinuierlichem Charakter einzuführen, so daß die erweiterte Zielfunktion (3.2) nun in binärer Schreibweise wie folgt lautet:

$$Z^{(4)} = \sum_{i=1}^{i^*} \sum_{s=1}^{s^*} \alpha_i \cdot \mu_i \cdot \hat{\rho}(w_{is}) \cdot u_{is} \rightarrow \text{Max!} \tag{3.4}$$

Dabei gibt w_{is} die Gesamtzahl der meßbaren (physischen oder psychischen) Kontakte an, die durch die Kombination is erreicht werden.

3.322 Die Bewertung von Marktsegmenten (Zellen)

Eine weitere Verbesserung der Evaluierungskonzeption kann nur noch in der Weise erfolgen, daß sich der Schwerpunkt der Analyse in Richtung auf eine *genauere Abbildung der Zielgruppen durch Aufspaltung in einzelne Segmente* verlagert. Dies muß so geschehen, daß sich nach einem vorgeschalteten Seg-

[41] Die Autoren beschreiben die folgende Zielfunktion (S. 85):

$$\max Z = s_1 \cdot c_1 \cdot q_1 \cdot e_1 \cdot v_1 \cdot N_1 + \ldots + s_n \cdot c_n \cdot q_n \cdot e_n \cdot v_n \cdot N_n$$

wobei

$0 \leq s_i \leq 1$	s_i:	Bewertung der Größe/Länge einer Botschaft im Werbeträger i
$0 \leq c_i \leq 1$	c_i:	Bewertung der Gestaltung der Botschaft in i
$0 \leq q_i \leq 1$	q_i:	Mediagewicht für i
$0 \leq e_i \leq 1$	e_i:	Zielgruppengewicht von i
	v_i:	Bruttoreichweite des Mediums i
	N_i:	Zahl der Belegungen von i

mentbildungsprozeß nun auch zwischen den damit vorgegebenen Segmenten ein Auswahlprozeß abspielen muß, der explizite in das Modell aufzunehmen ist. Theoretisch gilt für die Segmentation die Bedingung, daß die Differenzierung so weit zu gehen hat, bis bei denjenigen Individuen, die dem Segment angehören, gleiche oder zumindest ähnliche Verhaltensweisen voraussetzbar sind. Dies mag sich z.B. in ihren Mediagewohnheiten wie auch etwa im gleichen Typus des zur Verfügung stehenden Mittelpotentials oder der Kaufentscheidung äußern. Dazu kommen je nach Zielrelevanz auch solche Komponenten, die den Restriktionsrahmen von Haushalten, also z.B. deren Lager-, Kühl-, Einkaufszeitkapazitäten, betreffen.

Erst auf diese Weise ist auch das Problem der „response function" adäquat lösbar. Die Werbewirkung ist logischerweise nicht nur im Hinblick auf ein Medium oder eine Kombination davon abzuleiten, sondern auch im Hinblick auf einzelne Zielgruppen oder Gruppen sich gleichartig verhaltender Individuen. Damit wird gesichert, daß nicht, wie in den meisten Ansätzen zu diesem Problem immer angenommen, etwa zehn Kontakte bei einer Zielperson genauso viel wert sind wie ein Kontakt bei zehn verschiedenen Zielpersonen.

Aus diesen Gründen ist es angebracht, eine weitgehend „disaggregative" Modellformulierung vorzunehmen. Diesen Gesichtspunkt stellen in ihren Ansätzen vor allem auch *AAKER* [1] und *LITTLE-LODISH* [262] heraus.

Bevor die Zielfunktion abgeleitet wird, sei zunächst noch die notwendige Verknüpfung von Medien und Zielgruppen analysiert. Sie läßt sich am anschaulichsten mit Hilfe der folgenden Tabelle (Matrix) beschreiben:

Medienkomb. i→ Merkmalskomb. k↓	1	. . .	i	. . .	i^*
1	n_{11}	. . .	. . .	. . .	n_{1i^*}
.	.	.		.	.
k	.	.	n_{ki}	.	.
.	.	.		.	.
k^*	n_{k^*1}	. . .	. . .	. . .	$n_{k^*i^*}$

In der Kopfspalte stehen die verschiedenen Segmente, die aus der Zusammenfassung bestimmter Merkmale ($\bar{k}$) resultieren. Je nach der Art der Zusammenfassung ist es möglich, daß ein oder mehrere Merkmale für verschiedene Segmente gemeinsam gelten, wodurch die sog. *externe Überschneidung* zustande kommt.

Hier soll indessen im Hinblick auf die Modellformulierung von disjunkten Mengen der Merkmalsträger ausgegangen werden, da die Mengen dann additiv verknüpft werden. Die Bildung der Merkmals*kombinationen* $k = 1 \ldots k^*$ aufgrund der Einzelmerkmale $\bar{k}$ bzw. deren Ausprägungen zeigt die folgende Darstellung:

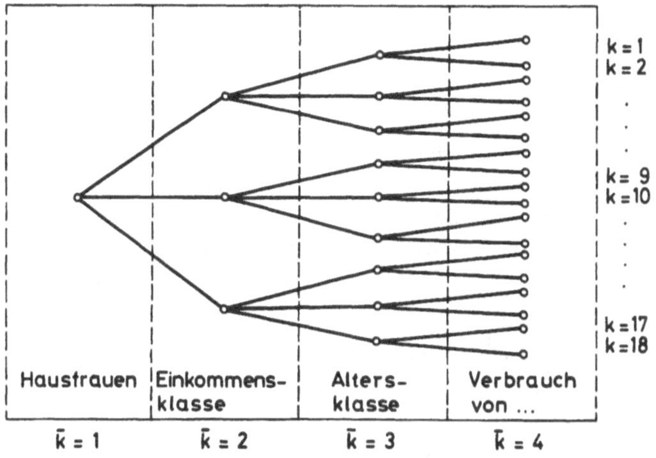

Abb. 11: Bildung von Marktsegmenten durch Merkmalskombinationen

Die so zustande gekommenen Merkmalskombinationen stehen dann in der Kopfspalte der Matrix und tragen als Ordnungszahl den Index k. Die Kopfzeile enthält die Medienkombinationen i in der gleichen Weise, wie sie zuvor definiert wurden. Damit sind die internen Überschneidungen (Quantuplikationen) enthalten. Die einzelnen Elemente n_{ki} in den Feldern stellen die übergeordnete Überschneidung dar, bedeuten also die Anzahl der Personen mit der Merkmalskombination k, die durch die Medienkombination i erreicht werden. Es gilt bei einer solchen Ableitung die Voraussetzung, daß auf die Anzahl der Belegungen (s) keine Rücksicht genommen wurde, man geht vielmehr von Durchschnittswerten aus, da über kumulierte und gleichzeitig quantuplizierte Zielsegmente kaum Informationen vorliegen. Insofern handelt es sich also nur um statische Zusammenhänge.

Eine auf Marktsegmente abgestellte, disaggregative Bewertungsfunktion ist damit unter Berücksichtigung der bisher abgeleiteten Ergebnisse wie folgt zu definieren:

$$Z^{(5)} = \sum_i \sum_s \left[\sum_k n_{ki} \, \alpha_{ki} \, \rho(w_{kis}) \right] u_{is} \rightarrow \text{Max!} \tag{3.5}$$ [42]

(3.5a) $$\sum_i \sum_s u_{is} \leq 1$$ $$u_{is} = \begin{cases} 0 \\ 1 \end{cases}$$

(3.5b) $$\sum_i u_{is} \leq 1 \quad \text{für alle s} \qquad \sum_s u_{is} \leq 1 \quad \text{für alle i}$$

Die Bedingungen (3.5 a) und (3.5 b) sind analog (3.2 a) und (3.2 b) zu interpretieren.

Dabei bedeuten:

n_{ki}: Die (durchschnittliche) Anzahl der durch die Medienkombination i erreichten Personen im Marktsegment k.

a_{ki}: Das Gewicht einer durch die Medienkombination i erreichten Person im Segment k (im Hinblick auf das Werbeziel).

$\rho(w_{kis})$: Die Bewertung (response function) der *Anzahl* der Kontakte (w_{kis}), die ein Individuum im Segment k durch die Medienkombination empfängt (individuelle Kontaktzahl).

u_{is}: Binäre Hilfsvariable.

Die zuvor in der Funktion (3.4) verwendeten Faktoren a_i und μ_i, die die jeweiligen Bewertungen der Zielpersonen bzw. der Medien bezeichneten, können zu einem Wert a_{ki} zusammengefaßt werden, da sich ihre Aussage in der disaggregativen Betrachtungsweise sehr stark in Bezug auf die Segmentperson n_{ki} überdeckt. Der Ausdruck $\rho(w_{kis})$ läßt je nach Wirkungsstufe unterschiedliche Interpretationen zu.

LITTLE-LODISH gehen so weit, daß sie die Funktion bereits in Geldeinheiten ausdrücken und somit als Ergebnis der Zieloptimierung eine antizipierte Umsatzrate erhalten [262, S. 13]. Dies mag deshalb gerechtfertigt erscheinen, weil durch die weitgehende Disaggregation und die daraus resultierende geringe Abstraktion die Voraussetzungen für derartige Schätzungen in einem besseren Maße vorliegen.

Konkret lautet z.B. *eine* Alternative der Zielfunktion:

> Für das Marktsegment „Hausfrauen, 30 – 40 Jahre, in gehobener sozialer Schicht, fortschrittlich gesinnt, mit bestimmten Kaufgewohnheiten

42 Aus Gründen der Vereinfachung sei hier und im folgenden die Summenschreibweise $\sum_{i=1}^{i^*}$, $\sum_{s=1}^{s^*}$ usw. durch die Kurzschreibweise $\sum_i$, $\sum_s$ usw. ersetzt.

und Haushaltskapazitäten ausgestattet und in größeren Städten wohnend, erreichbar durch eine Medienkombination aus fünf Zeitschriften, Werbefunk und Werbefernsehen", beträgt $n_{ki} = 100.000$
die Bewertung des Marktsegmentes im Hinblick auf die Medienkombination $a_{ki} = 0{,}7$

die Zahl der Kontakte mit der Medienkombination pro Individuum des Marktsegmentes $w_{kis} = 15$ sowie

deren Bewertung $\rho(w_{kis}) = \rho(15) = 0{,}8$.

Als Ergebnis erhalten wir damit zunächst eine Kontaktsumme von 100.000 $\cdot$ 15 = 1.500.000 und unter Einbeziehung der Evaluierung eine Bewertungsgrößenordnung von 100.000 · 0,7 · 0,8 = 56.000. Stellt man nun auf die ökonomische Erfolgsgröße „Umsatz" ab, so ist unter der Voraussetzung, daß 15 Kontakte in der gewählten Mediakombination mit der subjektiven, bedingten Wahrscheinlichkeit von 0,56 (= 0,7 · 0,8) zu einem Kaufakt führen und das Werbeobjekt einen Preis von beispielsweise 2,– DM hat, aufgrund der hier angenommenen Werbeaktivitäten mit einem zusätzlichen Umsatz von 56.000 $\cdot$ 2,0 = 112.000 DM zu rechnen.

Das Modell bezieht in der beschriebenen Ausgestaltung die Segmente oder Merkmalskombinationen jeweils in Verbindung mit der zu schaltenden Medienkombination ein, damit wird der Zielgruppengedanke durch die Möglichkeit einer freien Auswahl unter den Segmenten übersetzbar. Die Selektion kann sich einerseits nur auf benachbarte Segmente erstrecken, sie ist jedoch andererseits auch aus der Menge vorgegebener, völlig verschiedener Konsumentenschichten möglich.

Je genauer die Abbildung des tatsächlichen Konsum- und Mediaverhaltens der Nachfrager im Modell erfolgen soll, desto homogenere und damit kleinere Teilsegmente müssen gebildet werden. Die Informationen aus den großen Mediauntersuchungen sind dafür nicht ausreichend, da in ihnen nur relativ wenige konsumspezifische und kaufanalytische Merkmale erhoben werden. Als gangbarer Weg erscheint deshalb die Gewinnung von Daten über die Ziehung von auf das Werbeobjekt ausgerichteten Stichproben, die für jedes Marktsegment repräsentativ sind, oder aber die Ausnutzung von Haushaltspanels. Ersatzweise könnte auch eine Fusion verschiedener Stichprobenergebnisse vorgenommen werden. Den Weg der *marktsegment-individuellen Stichproben* schlägt *AAKER* [1, S. 48; 268] vor. Bezieht man diesen Gedanken in die Analyse ein, so ergibt sich folgende Abänderung der bisher abgeleiteten Bewertungsfunktion:

$$Z^{(6)} = \sum_i \sum_s \sum_k \eta_{ki} \cdot N_{ki} \cdot \alpha_{ki} \cdot \rho(w_{kis})\, u_{is} \rightarrow \text{Max !} \tag{3.6}$$

N_{ki} bedeutet jetzt die Zahl der Stichprobenpersonen im Marktsegment k; η_{ki} gibt den Hochrechnungsfaktor wieder, mit dem die Stichprobenergebnisse auf die Grundgesamtheit projiziert werden[43].

Die w_{kis} sind nun als individuelle Kontaktzahlen der Stichprobenpersonen aufzufassen.

3.33 Die Erweiterung zum stochastischen Modell

3.331 Die Ableitung analytischer Kontaktverteilungen

Der hier anzusprechende Problemkreis beinhaltet die Frage nach den Kontakthäufigkeiten. Wir sind bisher bei der Darstellung der Modelle davon ausgegangen, daß die Anzahl der Kontakte, die eine Zielperson im Marktsegment erhält (w_{kis}) gewissermaßen deterministisch aus empirisch erhobenen Unterlagen hervorgeht. Wenn entsprechendes Material fehlt, sind geeignete Ersatzmöglichkeiten zu suchen; ein Ansatzpunkt läuft darauf hinaus, die Kontakthäufigkeiten der Zielpersonen bzw. Stichprobenpersonen als *Wahrscheinlichkeitsverteilung* zu deuten. Die Funktion (3.5) geht dann in die Erwartungsfunktion (3.7) über:

$$(3.7) \qquad Z^{(7)} = \sum_i \sum_s \sum_k n_{ki} \cdot \alpha_{ki} \cdot E\{\rho(w_{kis})\} u_{is} \rightarrow \text{Max !}$$

Die Deutung des Ausdruckes $E\{\rho(w_{kis})\}$ ist komplexer Natur und kann nur in einem mehrstufigen Prozeß erklärt werden. Die Kontakthäufigkeiten, die aus den Medienuntersuchungen, beispielsweise der LA entnommen werden können, geben an, wie groß die Wahrscheinlichkeit ist, daß eine Person, die z.B. im Durchschnitt acht von zwölf Nummern einer Zeitschrift liest, einen physischen Kontakt erhält.

In einer zweiten Stufe ist dann die Wahrscheinlichkeit zu ermitteln, mit der die Person auch von der Werbebotschaft erreicht wird, also einen psychischen Kontakt erhält. Ist die physische Kontaktwahrscheinlichkeit (nach unserem Beispiel) 0,66 und sei die psychische Wahrscheinlichkeit 0,5, so ist das Ergebnis für den Empfang eines Kontaktes die bedingte Wahrscheinlichkeit von 0,33. Die Ableitung gilt so nur für den Empfang einer Werbebotschaft, die einmal in einem bestimmten Werbeträger geschaltet wurde, benötigt werden indessen die Kontaktwahrscheinlichkeiten für mehrere Schaltungen in mehreren Medien.

[43] *AAKER* bezieht sich in seinem Ansatz auf Werbemaßnahmen für Investitionsgüter mit der Zielgruppe „Leitende Angestellte von Produktionsbetrieben"; es ist deshalb die Grundgesamtheit in etwa bekannt. Ähnliches gilt z.B. für Werbemaßnahmen von Markenartikelherstellern gegenüber Handelsbetrieben, die Sachlage ändert sich bei der Betrachtung der Konsumentenseite, hier läßt sich die Größe von Marktsegmenten nicht ohne Einsatz besonderer Verfahren bestimmen.

Zur Approximation solcher komplex strukturierter Kontakthäufigkeiten werden in der Literatur mehrere Wahrscheinlichkeitsverteilungen herangezogen. Im Vordergrund stehen dabei die *Binomialverteilung* und die *hypergeometrische Verteilung*[44]. Es ist zu prüfen, welche Verteilung das reale Kommunikationsverhalten, jedoch auch unter Beachtung der Operationalität, am besten abbilden kann. Bei der Übertragung des Binomial-Modells auf diesen Sachverhalt müssen folgende Annahmen gemacht werden:

(1) Eine Zielperson empfängt einen statistisch zufälligen Kontakt mit der Schaltung s in einem Werbeträger oder nicht, wobei die binären Ausprägungen der Wahrscheinlichkeit dafür p bzw. (1 – p) sind, und wobei der Kontakt bei jeder Realisation mit der gleichen (durchschnittlichen) Erfolgswahrscheinlichkeit p eintritt.

(2) Die Wahrscheinlichkeit, daß eine Zielperson aus einer Schaltung einen Kontakt erhält, ist unabhängig davon, wieviel Berührungen sie zuvor schon erhalten hat.

(3) Es müssen sehr viele (streng genommen unendlich viele) Realisationen stattfinden, d.h. es muß ein genügend langer Zeitraum für mögliche Belegungen betrachtet werden.

Nach der Binomialverteilung ist dann die Wahrscheinlichkeit, daß eine Person w Kontakte erhält, wenn s Belegungen erfolgen:

$$P(w,p) = \binom{s}{w} \cdot p^{w} \cdot (1-p)^{s-w} = \frac{s!}{w!\,(s-w)!} \cdot p^{w}(1-p)^{s-w} \tag{3.8}$$

Eine Schwierigkeit bildet die Schätzung des Parameters p. Man stützt sich dabei auf die bereits erwähnten Frequenzangaben der Media-Untersuchungen, i.d.R. also eine Felderhebung mit der Frage nach tatsächlich erreichten Kontakten bei 12 möglichen Belegungen.

Für das hypergeometrische Modell (H-Modell) gelten dann die folgenden Voraussetzungen:

(1) Die Ereignisse, also Kontakte mit den Schaltungen in einem Werbeträger, kommen wiederum statistisch zufällig zustande.

(2) Die Wahrscheinlichkeit, einen Kontakt zu erhalten, ist abhängig von den vorangegangenen Realisationen.

[44] Die Binomialverteilung wenden z.B. an: *BEALE-HUGHES-BROADBENT* [34, S. 157 f.]; *AGOSTINI* [5, S. 95–106.]
Die hypergeometrische Verteilung diskutieren z.B. *HARDER* [168, S. 44–58; 167]. Vgl. allgemein zu den Verteilungen: *MENGES* [274, S. 151 f. sowie S. 227–230]. Das Binomialmodell entspricht dem Urnenmodell „mit Zurücklegen", während die hypergeometrische Verteilung auf der Annahme „ohne Zurücklegen" (der gezogenen schwarzen bzw. weißen Kugeln) basiert.

(3) Man geht von einem begrenzten Zeitraum aus, in dem höchstens s* Belegungen möglich sind; innerhalb dieses Zeitraumes werden genau s Belegungen real geschaltet.

Nach diesem Modell lautet die Wahrscheinlichkeit, eine gewisse Anzahl von Kontakten (w) zu erhalten, wenn s Belegungen erfolgen:

(3.9)
$$P(w) = \frac{\binom{s}{w} \cdot \binom{s^* - s}{w^* - w}}{\binom{s^*}{w^*}}$$

Die Annahme im Binomialmodell, daß alle Realisationen mit derselben Erfolgswahrscheinlichkeit p verbunden sind, ist beim H-Modell aufgehoben. Wenn eine Zielperson nämlich in einem Zeitraum, der höchstens s* Belegungen zuläßt, w* Kontakte aufnimmt (z.B. Ausgaben von Zeitschriften liest), dann ist unter der Annahme der H-Verteilung die Wahrscheinlichkeit für den (w+1)ten Kontakt geringer als für den Kontakt w, und zwar umso geringer, je mehr Kontakte w die Zielperson bereits erhalten hat. Die Größe w* wird durch die empirisch erhobenen Frequenzangaben gestützt (8 von 12 z.B.); die Verwendung des H-Modells führt dann zu Schwierigkeiten, wenn der Planungszeitraum für die Belegungen den Befragungszeitraum übersteigt ($s > s^*$). Da hier von einer endlichen Grundgesamtheit der Zahl möglicher Schaltungen ausgegangen wird, ist es nicht ohne weiteres möglich, über diese Grundgesamtheit hinaus Aussagen zu machen. Weiterhin steckt darin die Hypothese eines konstanten Verhaltens hinsichtlich der Mediabenutzung. Demgegenüber vermag die Binomialverteilung, die auf ein vollkommen zufälliges Verhalten der Zielpersonen abstellt, auch im Hinblick auf die psychische Aufnahme der Werbebotschaft als dem Ergebnis mannigfacher Faktoren unterschiedlicher Art, die Realität u.U. in einem größeren Maße widerzuspiegeln[45]. Die Prämisse der zufallsverteilten Ereignisse erscheint zwar in beiden Fällen wirklichkeitsfremd, ist jedoch einem völligen Verzicht auf Wahrscheinlichkeiten vorzuziehen.

Grundsätzlich können beide Verteilungen in die Kontaktbewertungsfunktionen eingebaut werden. Im Unterschied zu *AAKER* [1, S. 51 f.], der Wahrscheinlichkeiten für jeden einzelnen Kontakt und jede Zielperson bestimmt, ist die hier beschriebene Verfahrensweise dadurch gekennzeichnet, daß für jede Zielperson innerhalb eines Segments und jedes Medium insgesamt Kontaktwahrscheinlichkeiten abgeleitet werden. Da eine derartige Analyse jedoch jeweils

[45] Im Falle einer unendlichen Grundgesamtheit deckt sich das H-Modell mit dem B-Modell, da die Variation einer unendlichen Menge von Realisationen um eine endliche Menge nicht ins Gewicht fällt. D.h. gleichzeitig, daß sich die H-Verteilung bei einer großen Grundgesamtheit (Zahl möglicher Belegungen s*) gut durch die Binomialverteilung approximieren läßt. Vgl. *MENGES* [274, S. 231].

nur auf einen Werbeträger abstellt, ist es nun noch notwendig, die Wahrscheinlichkeiten auf die Kombination mehrerer Medien zu erweitern. Ein dafür geeignetes Instrument stellt die *Faltung* (convolution) der einzelnen Verteilungen dar[46].

Der Anwendung der Binomialverteilung wie auch der H-Verteilung stehen in Bezug auf ihre Operationalität bei einer vieldimensionalen Konvolution Schwierigkeiten entgegen, da damit ein großer rechnerischer Aufwand verbunden ist. Man versucht deshalb, die beiden beschriebenen Grundverteilungen durch einfachere Verteilungen zu approximieren[47].

Eine andere Konzeption geht dahin, die individuellen Verteilungen nicht mehr zu „falten", sondern eine einzige Verteilung für die gesamte Kombination als gültig aufzufassen, da die verschiedenen Kontakte sowieso als zufällige Ereignisse angenommen werden. Die Schwierigkeit liegt dann jedoch in der Ermittlung der Kontakthäufigkeitsparameter für die gesamte Kombination.

3.332 Die Anwendung der Simulation

Im Anschluß an das Vorhergesagte soll noch ein anderes, eng verwandtes Konzept aufgezeigt werden. Es handelt sich dabei um die Simulation. Während bisher die Kontaktverteilungen analytisch ermittelt wurden, geht man bei der Simulation, etwa mit Hilfe der Monte-Carlo-Methode, so vor, daß bestimmte reale Ereignisse, wie z.B. der Kontakt mit einer Werbebotschaft, durch sog. Pseudo-Zufallszahlen nachgeahmt werden. Bestehen bestimmte Vorstellungen über Gesetzmäßigkeiten, denen die realen Ereignisse gehorchen, also beispielsweise einer Binomialverteilung, so werden die Zufallszahlen entsprechend dieser Verteilung transformiert. Auf den Bereich der Mediaselektion angewandt, be-

[46] Diesen Weg gehen *BEALE* [34, S. 157]; zur Ableitung der Formel für die Konvolution s. z.B. *MENGES* [274, S. 223].
Voraussetzung für die Faltung von Verteilungen ist das Vorliegen nicht negativer, voneinander unabhängiger und nur ganzzahlige Realisationen annehmender Zufallsvariabler (*MENGES*, S. 223). Die Annahme der Unabhängigkeit zwischen den Kontakten mehrerer Medien ist hinsichtlich des psychischen Aufnahmeprozesses nicht unbedingt gegeben.

[47] Die Approximation kann auf verschiedene Weise erfolgen: zur Annäherung der Binomialverteilung kommen insbesondere die Poissonverteilung für kleinere w_{i*} sowie die Normalverteilung für größere Kontakthäufigkeiten in Frage. Vgl. *AAKER* [1, S. 52], der die Poissonverteilung anwendet; *BEALE* et al. [34, S. 158] wenden für die Faltung der Binomialverteilungen eine Hilfskonstruktion an, in der für die Kontakthäufigkeiten unterschiedliche, wachsende Schrittweiten eingeführt werden, die es ermöglichen, bis zu 160 Kontakte zu erfassen. *CHARNES* et al. [72, S. B-426 f.] legen der Kontaktverteilung eine diskrete logarithmische Normalverteilung zugrunde. Weiterhin bleibt noch das Näherungsmodell von *HOFMANS* [187, S. 275] für kumulierte Nettoreichweiten von Kombinationen zu erwähnen.

deutet dies, daß Zufallszahlen in Kontaktzahlen umgewandelt werden, was dann im Wiederholungsprozeß schließlich zu einer Kontaktverteilungsfunktion führt [414; 141; 142; 268; 86; 159].

Für den Spezialfall der rein zweiwertigen Ausprägungen, wie er beim Empfang einer Werbebotschaft annäherungsweise auftritt (Kontakt oder nicht), genügt es, wenn die diesen Effekt ausdrückenden binären Variablen $z_{\bar{i}}$ durch einen Zufallsprozeß bestimmt werden. Dies kann dadurch geschehen, daß die für die einzelnen Medien $\bar{i}$ empirisch erhobenen Frequenzangaben $h_{\bar{i}}$ $(0 < h_{\bar{i}} < 1)$ mit den transformierten Zufallszahlen ϵ $(0 \leq \epsilon \leq 1)$ verglichen werden. Dabei ist insbesondere von Vorteil, daß bei dieser Art der Simulation bereits vorhandene, empirisch begründete Daten in die Analyse einbezogen werden, was normalerweise nicht der Fall ist, wenn alle Daten „künstlich" erzeugt werden. Die mathematische Formulierung lautet deshalb für die Bestimmung der $z_{\bar{i}}$:

$$z_{\bar{i}} = \begin{cases} 0 \text{ für } \epsilon > h_{\bar{i}} \\ 1 \text{ für } \epsilon \leq h_{\bar{i}} \end{cases} \tag{3.10}$$

Auf diese Weise gelangt man durch die Zusammenfassung der für die einzelnen Medien so ermittelten Kontakte ebenfalls zu zufällig erzeugten Kontaktsummen für alternative Medienkombinationen.

Das Konzept der Simulation läßt sich über den hier angeschnittenen Bereich hinaus auch auf andere Marketingtatbestände ausdehnen. Naheliegend ist etwa die Nachahmung bestimmter Nachfrage- und Kommunikationsverhaltensweisen von hypothetisch erzeugten, mit bestimmten Merkmalen ausgestatteten Zielpersonen oder die Abschätzung von Konkurrenzaktivitäten. Die Simulation ist immer dann mit Vorteil anzuwenden, wenn entweder die Abbildung realer Gegebenheiten durch analytische Modelle zu aufwendig wird, so daß sie nicht mehr operational ist, oder es stehen für eine genauere Abbildung nicht genügend Daten zur Verfügung, so daß man gezwungen ist, z.B. aufgrund von Wahrscheinlichkeitsverteilungen die wirkliche Situation abzubilden. Verändert man dabei die die Verteilung kennzeichnenden Parameter und analysiert mehrere Alternativen, so ist die Verbindung zu den in einem folgenden Abschnitt noch zu behandelnden Verfahren der Sensitivitätsanalyse und parametrischen Programmierung geschaffen.

3.333 Der Einbau in die Zielfunktion

Die zuvor analytisch oder durch Simulation zustande gekommenen Kontakt-Verteilungsfunktionen wären nach ihrer Konkretisierung in die Erwartungsfunktion (3.7) einzusetzen; wir erhalten damit ein wahrscheinlichkeitstheoretisches System, das für alle Zielpersonen im Marktsegment k sowie über alle

Marktsegmente summiert, angibt, welche Kontaktzahlen insgesamt mit welchen Wahrscheinlichkeiten erreicht werden. Die stochastische Zielfunktion lautet dann:

$$(3.11) \qquad Z^{(11)} = \sum_i \left[\sum_k n_{ki} \cdot \alpha_{ki} \sum_f \bar{\rho}(w_{kif}) \cdot P_{kif} \cdot w_{kif} \right] \cdot u_i \rightarrow \text{Max !}$$

$$(3.11a) \qquad \sum_f P_{kif} = 1 \qquad \text{für alle k und i}$$

$$(3.11b) \qquad \sum_i u_i \leq 1 \qquad u_i = \begin{cases} 0 \\ 1 \end{cases} \qquad u_i \geq 0$$

Dabei bedeuten wie vorher n_{ki} die Zahl der Zielpersonen gleichen Verhaltens im Marktsegment k, die durch die Medienkombination i berührt werden. Der Index s für die Anzahl der Belegungen entfällt in dieser Funktion, er ist explizit als konstanter Parameter im Verteilungsgesetz enthalten. α_{ki} gibt wie früher das Zielgruppengewicht in Bezug auf die Medienkombination an, die Variable u_i bedingt den binären Auswahlprozeß zwischen den Kombinationen. Es bleibt die Interpretation des Ausdrucks $\sum_f \bar{\rho}(w_{kif}) \cdot P_{kif} \cdot w_{kif}$.

Die P_{kif} bezeichnen die Wahrscheinlichkeiten dafür, daß eine Person im Marktsegment k durch die Medienkombination i w_{kif} Kontakte erhält, wobei der Index f die diskreten Ausprägungen der den verschiedenen Wahrscheinlichkeiten zugeordneten Kontaktzahlen angibt [287, S. 390 f.]. Die Summe der P_{kif} ergibt für alle Ausprägungen f zusammen 1.

Die so erhaltenen Erwartungs-Kontaktzahlen sind jetzt aber in einer weiteren Stufe analog der deterministischen Vorgehensweise noch hinsichtlich ihres Zielbeitrages, u.U. monetär zu bewerten. Da nicht mehr, wie im deterministischen Fall (3.5), bekannt ist, welche Kontakte durch welche Medien und welche Belegungen erfolgten, sondern nur deren Wahrscheinlichkeiten, bleibt nur die Möglichkeit, für die stochastische Kontaktsumme jeder Kombination i insgesamt eine durchschnittliche Evaluierungsgröße $\bar{\rho}$ einzuführen.

Die Funktion drückt also letztlich aus, wie die Unternehmung die Anzahl der Kontakte, die von Zielpersonen bzw. Stichprobenpersonen aufgenommen werden, hinsichtlich des angestrebten Werbezieles (Kauf eines Produktes) bewertet. Dabei bleibt die kombinatorische Betrachtungsweise erhalten, die davon ausgeht, daß unterschiedliche, sich jeweils ausschließende Mediapläne zur Auswahl stehen.

Die Unternehmung als Entscheidungseinheit wird denjenigen Plan auswählen, der in Bezug auf die unterstellte Response-Funktion den *höchsten Erwartungswert* für Kontakte mit den potentiellen Käufern verspricht.

Damit sei die Diskussion der Zielfunktion unter Einschluß der grundsätzlichen Segmentierungs- sowie Kontaktverteilungs- und Bewertungsproblematik abgeschlossen.

In den folgenden Abschnitten ist zum einen noch auf die Beschränkungen, denen eine derartige Mediaplanung unterliegt, einzugehen sowie andererseits die Frage nach den Lösungstechniken zu behandeln.

3.34 Die Abbildung der restriktiven Bedingungen

3.341 Die Budgetrestriktion

Um das Modellsystem zu vervollständigen, sind die oben dargestellten Zielfunktionen noch verschiedenen Nebenbedingungen zu unterwerfen. Eine Optimierung ist nur dann sinnvoll durchzuführen, wenn bei der Abbildung der Planungssituation der Mediabelegung bzw. Kontakterreichung die möglicherweise auftretenden Beschränkungen beachtet werden.

In den konventionellen LP-Modellen wurden für die „Anzahl der eingesetzten Werbemittel" bestimmte Ober- und Untergrenzen festgelegt, um die Linearität der Wirkungsannahmen auf einen gewissen Bereich einzugrenzen [158, S. 475]. Daneben sind solche Bedingungen zu nennen, die *BROWN-WARSHAW* als „institutional constraints" bezeichnen [61, S. 83]. Sie beschreiben den Tatbestand, daß z.B. für manche Werbeträger, vor allem etwa Fernsehen oder Rundfunk, gewisse Belegungsbeschränkungen institutioneller Art bestehen oder aber daß z.B. im Monat nicht mehr als durchschnittlich 4 Anzeigen in einer wöchentlich erscheinenden Zeitschrift zu plazieren sind. Restriktionen von so einfacher Struktur gehören zu einem Typus von Bedingungen, die bereits durch die kombinative Definition der Variablen in der Zielfunktion berücksichtigt werden können und als eigene Restriktion entfallen.

Eine der wichtigsten Nebenbedingungen ist diejenige, die aus einem begrenzten Budget für Werbemaßnahmen erwächst. Die knappen Mittel eines vorgegebenen Werbeetats sollen ja möglichst optimal auf die verschiedenen Werbeträger verteilt werden. Gehen wir zunächst davon aus, daß jede Belegung $\bar{s}$ eines einzelnen Werbeträgers $\bar{i}$ bestimmte Kosten verursacht, die wir mit $\bar{l}_{\bar{i}}$ bezeichnen, so lautet die Restriktion für ein Modell mit der Zielfunktion (3.0), wenn $\bar{s}_{\bar{i}}$ die Variable darstellt und die Anzahl der Belegungen angibt [61, S. 84; 65, S. 94 ff; 224, S. 204 u. 217]:

$$\sum_{\bar{i}} \bar{l}_{\bar{i}} \cdot \bar{s}_{\bar{i}} \leq K_W \qquad (3.12)$$

Damit ist gewährleistet, daß die wertmäßige Summe aller Belegungen das Werbebudget K_W nicht übersteigt.

Diese einfache Formulierung ist so zu verändern, daß sie auch für die hier angewandte kombinatorische Betrachtungsweise unter Einschluß der Marktsegmentsmerkmale Gültigkeit hat[48]. Wir kommen damit zu den Funktionen (3.13):

(3.13a) $$\sum_i \sum_s l_{is} \cdot u_{is} \leq K_w$$

(3.13b) $$\sum_i \sum_s \sum_k l_{kis} \; u_{is} \leq K_w$$

Beide Varianten sind jetzt im Zusammenhang mit der Definition der Zielvariablen in (3.5) zu sehen; hierbei bedeuten nun die l_{is} die Kosten der Media*kombination* i in der Belegungs*kombination* s.

Verschiedene regionale Ausgaben von Zeitschriften, Zeitungen oder Funkprogrammen, räumlich begrenzte Plakatkampagnen, allgemein marktsegmentspezifische Eigenarten, aus denen kostenmäßige Unterschiede resultieren, können entweder implizite durch entsprechende Definition von i (Variante (3.13 a)) oder explizite durch den das Marktsegment bezeichnenden Index k ausgedrückt werden (Variante (3.13 b)). Ebenso sind mit der Medienkombination is Phänomene wie Rabatte, seien es Mengenrabatte bei mehrmaliger, zeitlich aufeinanderfolgender Belegung derselben Werbeträger oder Verlagsrabatte bei unterschiedlicher Belegung mehrerer Medien des gleichen Verlages durch die dann der Alternative genau zurechenbaren Kostenquanten berücksichtigt.

3.342 Subjektive Markt-Zielanspruchsbedingungen

Eine weitere Klasse von Nebenbedingungen sind die sog. subjektiven Restriktionen. Damit werden Bedingungen gekennzeichnet, die es erlauben, bestimmte vom Entscheidungsträger nur subjektiv begründbare *Anforderungen bzw. Zielansprüche* einzuführen. Dies kann so aussehen, daß etwa

(a) eine bestimmte Anzahl der durch einzelne Merkmalsausprägungen oder eine Kombination davon gekennzeichnete Zielpersonen mindestens erreicht werden soll oder

(b) die Zahl der zeitlich nacheinander zustandekommenden Kontakte (durch s Schaltungen charakterisiert) mit einem Medium (zwei, drei Medien) oder

(c) die Zahl der in einem Belegungszeitraum durch mehrere Medien zustandekommenden Kontakte (Problem der σ-fachen Berührung)[49] oder

48 Grundlage des weiteren Vorgehens bildet in erster Linie die deterministische Zielfunktion (3.5).

49 Vgl. hierzu auch die mengentheoretische Beschreibung der Quantuplikationseffekte auf S. 50 dieser Arbeit.

(d) die Gesamtzahl der bewerteten Kontakte aller Werbemaßnahmen für ein Marktsegment

eine Mindestgrenze überschreiten sollen.

Die Restriktionsungleichungen lauten dann in allgemeiner Form, wenn die A_γ; $\gamma = 1 \ldots \gamma^*$ die jeweiligen Anspruchsniveaus angeben:

(3.14a) $$\sum_i \sum_s \left[\sum_{k \in \bar{k}_{\gamma 1}} n_{ki}\right] u_{is} \geq A_{\bar{k}\gamma 1}$$

$$\text{für } \gamma 1 = 1 \ldots \gamma'; \; \bar{k}_{\gamma 1} \subset \{1 \ldots k^*\}$$

(3.14b) $$\sum_i \sum_{s \in \bar{s}_{\gamma 2}} \left[\sum_k n_{ki} \cdot w_{kis}\right] u_{is} \geq A_{\bar{s}\gamma 2}$$

$$\text{für } \gamma 2 = \gamma' + 1 \ldots \gamma''; \; \bar{s}_{\gamma 2} \subset \{1 \ldots s^*\}$$

(3.14c) $$\sum_{i \in \bar{i}_{\gamma 3}} \sum_s \left[\sum_k n_{ki} \cdot w_{kis}^{(\sigma)}\right] u_{is} \geq A_{\bar{i}\gamma 3}^{(\sigma)}$$

$$\text{für } \gamma 3 = \gamma'' + 1 \ldots \hat{\gamma}; \; \bar{i}_{\gamma 3} \subset \{1 \ldots i^*\}$$

(3.14d) $$\sum_{i \in \bar{i}_{\gamma 4}} \sum_{s \in \bar{s}_{\gamma 4}} \left[\sum_{k \in \bar{k}_{\gamma 4}} n_{ki} \cdot \alpha_{ki} \cdot \rho(w_{kis}^{(\sigma)})\right] u_{is} \geq A_{\bar{i}_{\gamma 4}, \bar{s}_{\gamma 4}, \bar{k}_{\gamma 4}}^{(\sigma)}$$

$$\text{für } \gamma 4 = \hat{\gamma} + 1 \ldots \gamma^*; \quad \bar{i}_{\gamma 4} \subset \{1 \ldots i^*\}, \; \bar{s}_{\gamma 4} \subset \{1 \ldots s^*\}, \; \bar{k}_{\gamma 4} \subset \{1 \ldots k^*\}$$

Es sind grundsätzlich Ansprüche hinsichtlich jeder einzelnen Größe, jeder einzelnen, durch die verschiedenen Indices gegebenen Dimension und deren Teilmengen und Verbindung formulierbar.

Man sieht, daß mit einer derartigen Formulierung von Anforderungen die vorher festgelegte Zielgruppenstrategie hinsichtlich Reichweiten und Kontaktzahlen und -intensität genau beschrieben werden kann und in der Restriktionsstruktur des Modells offen zutage tritt.

Geht man diesen Weg konsequent weiter, so kann auch die Gewichtungsproblematik in die Nebenbedingungen verlagert werden, wie es in der Restriktion (3.14 d) zum Ausdruck kommt. Die Zielfunktion ist dann entsprechend einfacher zu handhaben, da im einfachsten Fall nur noch die kombinativ verknüpften, kumulierten Reichweiten aufzunehmen sind. Die Evaluierung der

Medienkombinationen und die Bewertung der Kontaktzahlen im Hinblick auf den Kaufentschluß kann ebenso wie die Evaluierung der Zielpersonen in den Zielanspruchsbedingungen erfolgen. Dies ist sogar notwendig, wie wir im folgenden noch sehen werden, wenn das Modell dahingehend geändert wird, daß die Werbe*kosten* zur Zielgröße werden. Die dann zugrunde liegende Zielsetzung der Werbekostenminimierung bedingt geradezu ein derartiges System von Anforderungen an die geplanten Werbeaktivitäten, denn diese Zielsetzung ist nur sinnvoll, wenn gleichzeitig angegeben wird, wie eine bestimmte Menge von Zielpersonen auf bestimmte Weise anzusprechen ist.

Für den stochastischen Fall ersetzt man auch in den Restriktionen die Bebewertungsfunktion $\rho(w_{kis})$ durch die bewerteten Kontaktwahrscheinlichkeiten

$$\sum_f \bar{\rho}(w_{kif}) \cdot P_{kif} \cdot w_{kif}.$$

Die Werte A_γ sind dann als „erwartete Anspruchsniveaus" zu interpretieren.

3.343 Die Methode des „Goal Programming"

In den Zusammenhang der subjektiven Restriktionen gehört auch das Verfahren des „goal programming", das darauf basiert, daß eine *Anzahl von Teilzielen* (goals) „möglichst genau erfüllt" werden soll [72; 68, S. 215 ff; 84]. Mathematisch heißt dies, daß die Summe der Über- bzw. Unterschreitungen d^+ bzw. d^- der jeweils vorgegebenen Anspruchsniveaus für die Zielkombination minimal werden soll. Zu diesem Zweck ist es notwendig, die oben unter (3.14) abgeleiteten Restriktionen in Gleichungen umzuformen. Für den Fall dreier Bedingungen mit den „goals" $A_{1\bar{k}_1}$, $A_{2\bar{k}_2}$ und $A_{3\bar{k}_3\bar{i}_3\bar{s}_3}$,

wobei es sich zweimal um eine Anforderung an bestimmte Marktsegmente und zum anderen um eine hinsichtlich aller Indices spezifizierte Mindestkontaktzahl handelt, erhalten wir folgendes System:

(3.15a)
$$\sum_i \sum_s \left[\sum_{k \in \bar{k}_1} n_{ki}\, \alpha_{ki}\, \rho(w_{kis}) + d_1^+ - d_1^- \right] \cdot u_{is} = A_{1\bar{k}_1}$$

(3.15b)
$$\sum_i \sum_s \left[\sum_{k \in \bar{k}_2} n_{ki}\, \alpha_{ki}\, \rho(w_{kis}) + d_2^+ - d_2^- \right] \cdot u_{is} = A_{2\bar{k}_2}$$

(3.15c)
$$\sum_{i \in \bar{i}_3} \sum_{s \in \bar{s}_3} \left[\sum_{k \in \bar{k}_3} n_{ki}\, \alpha_{ki}\, \rho(w_{kis}) + d_3^+ - d_3^- \right] u_{is} = A_{3\bar{k}_3\bar{i}_3\bar{s}_3}$$

In diesen Nebenbedingungen stellen die binären Variablen u_{is} die Verbindung zur neuen Zielfunktion her. Diese lautet, wobei jeweils alternativ eine Kombination betrachtet werden muß:

(3.16)
$$U = \sum_i \sum_s \left[\sum_{k \in \bar{k}_1} \Omega_1 \{d_1^+ - d_1^-\} \right] u_{is}$$
$$+ \sum_i \sum_s \left[\sum_{k \in \bar{k}_2} \Omega_2 \{d_2^+ - d_2^-\} \right] u_{is}$$
$$+ \sum_{i \in \bar{i}_3} \sum_{s \in \bar{s}_3} \left[\sum_{k \in \bar{k}_3} \Omega_3 \{d_3^+ - d_3^-\} \right] u_{is} \rightarrow \text{Min !}$$

Durch die Gewichtung mit den Faktoren Ω_1, Ω_2 und Ω_3, die den subjektiv zugemessenen Wert der einzelnen Anspruchsbedingungen zueinander ausdrücken, ergibt sich mit dem Ausdruck (3.16) eine übergeordnete Präferenz- oder Maßfunktion. Die positiven und negativen Abweichungen von den vorgegebenen Anspruchsniveaus $A_{1\bar{k}_1}$, $A_{2\bar{k}_2}$ und $A_{3\bar{k}_3\bar{i}_3\bar{s}_3}$ sind zu minimieren.

Die einheitliche Dimensionierung zeigt sich darin, daß letztlich alle in der Funktion verwendeten Größen durch entsprechende Bewertung auf Kontaktzahlen (w_{kis}) zurückgeführt werden.

Bei einer so konzipierten goal programming-Technik sind die durch die d-Werte gekennzeichneten Zielanspruchs-Überschreitungen genauso bewertet wie -Unterschreitungen; außerdem liegt insgesamt eine lineare Bewertungsstruktur zugrunde, d.h. ein Verfehlen des Anspruchsniveaus um 5 Einheiten wiegt 5 mal schwerer als das Verfehlen um 1 Einheit. Beide Phänomene können jedoch durch eine geeignete Transformation in andrer Weise berücksichtigt werden.

Im Unterschied zu den Optimierungsmodellen (3.0 – 3.11) tritt beim goal programming die Zielfunktion von der sachlichen Aussagekraft her in den Hintergrund; was zuvor optimiert werden sollte, erhält jetzt den Charakter eines Anspruchsniveaus.

Im Hinblick auf die in den vorangehenden Modellen integrierte Abbildung der Unsicherheit durch Wahrscheinlichkeitsverteilungen kann eine Erweiterung des Konzepts derart erfolgen, daß wie bisher der Erwartungswert der Kontaktzahlen als Entscheidungskriterium benutzt wird, jedoch zusätzlich auch eine minimale Streuung der Verteilungen als Zielkriterium in das Modell aufgenommen wird. Die gewichtete Verbindung von Erwartungswert und Streuung wird als „truncated-minimax-criterion" bezeichnet [129; 341; 69; 343, S. 124 ff.; 32; 144].

Auf die besonderen Probleme der zeitlichen Aufteilung der Werbeaktivitäten – ein Aspekt, der auch mit der Methode des goal programming behandelt werden könnte – wird später eingegangen. Hier sei nur gesagt, daß z.B. in einem Planungsmodell auch Restriktionen Platz finden müssen, durch welche bestimmte werbemäßige Schwerpunkte, etwa für ein Quartal oder bestimmte Monate des Jahres, festzulegen sind.

3.344 „Technische" Nebenbedingungen

Eine weitere Klasse von Nebenbedingungen betrifft diejenigen Bedingungen mehr technischer Natur, die für die logische Struktur und Auswahl des günstigsten Algorithmus erforderlich sind. Dazu gehören die binären Ganzzahligkeitsbedingungen, wie sie in einigen Fällen zur Verdeutlichung des kombinativen Charakters in Verbindung mit den Zielfunktionen (3.2), (3.5), (3.11) bereits dargestellt wurden.

(3.17a) $$\sum_i \sum_s u_{is} \leq 1 \qquad u_{is} \begin{cases} 0 \\ 1 \end{cases} \quad \text{für alle } i,s$$

(3.17b) $$\sum_i u_{is} \leq 1 \quad \text{für alle } s; \qquad \sum_s u_{is} \leq 1 \quad \text{für alle } i$$

sowie die Nichtnegativitätsbedingungen

(3.18) $$u_{is} \geq 0; \quad d_\gamma^+ \geq 0, \quad d_\gamma^- \geq 0 \qquad \text{für alle } i, s, \gamma$$

3.4 Verfahren einer optimalen Entscheidungsfindung auf der Grundlage der entwickelten Modelle

3.41 Zusammenfassende Darstellung von drei Modellvarianten

Bevor wir uns der Problematik zuwenden, wie aus der Vielzahl der sich in den Modellformulierungen niederschlagenden Alternativplänen der Werbeaktivitäten eine im Hinblick auf die gewählten Zielkriterien optimale Auswahl zu treffen ist und welche Auswirkungen die Variation von Koeffizienten in der Zielfunktion wie auch in den Nebenbedingungen hat, sollen zunächst drei vollständige Modellvarianten der Mediaselektion, welche sich aus den bisherigen Ausführungen ableiten lassen, zusammenfassend dargestellt werden.

Die 1. *Modellvariante* geht davon aus, daß die Zahl der in den verschiedenen Marktsegmenten erreichbaren Kontakte zu maximieren ist. Die notwendig werdende Evaluierung erfolgt ebenfalls in der Zielfunktion (vgl. (3.5)). Die Zielfunktion wird zur Erwartungsfunktion (3.11), wenn Kontakt-Wahrscheinlichkeitsverteilungen einbezogen werden. Hauptrestriktion ist der Budgetrahmen, innerhalb dessen die Werbeaktivitäten kostenmäßig liegen müssen (3.13). Daneben sind auch in diesem Fall Nebenbedingungen denkbar, die die Zielansprüche beispielsweise hinsichtlich der anzusprechenden Segmente ausdrücken (3.14 a).

Bei der 2. *Modellvariante* wird gerade der Aspekt der Zielanforderungsbedingungen in den Vordergrund gestellt. Die Bewertungsproblematik der Kontakte geht ebenfalls in die Nebenbedingungen ein (3.15); dazu kommt wiederum die Budgetrestriktion (3.13). Mit Hilfe des Instrumentes des „goal programming" sind Über- und Unterschreitungen bei bestimmten Anforderungen unterschiedlich zu gewichten und zu minimieren (3.16).

In der 3. *Modellvariante* werden die Kosten zur Zielgröße, d.h. als Zielsetzung eines so formulierten Mediaselektionsmodelles wird Kostenminimierung unterstellt. Damit sind die von der Marktstrategie bestimmten Anforderungen an die Mediakombinationen einschließlich deren Evaluierung in den Nebenbedingungen abzubilden. Die Zielfunktion lautet nun (in der Indizierung analog (3.13 b)):

$$K_w = \sum_i \sum_s \left[\sum_k l_{kis} \right] u_{is} \rightarrow \text{Min!} \qquad (3.19)$$

Die allgemein mit A_γ bezeichneten Zielanspruchsbedingungen können genau wie in (3.14 d) jeweils nach den verlangten Mediakombinationen, Belegungskombinationen und Marktsegmentsmerkmalen bzw. den dadurch erreichbaren Kontaktzahlen spezifiziert werden.

Dazu kommen bei jeder Modellvariante die technischen Nebenbedingungen, die den binären Auswahlprozeß und die Nichtnegativität gewährleisten (3.17) und (3.18).

Alle Modellvarianten ermöglichen eine genaue Abbildung der Mediabesonderheiten, insbes. der Überschneidungsphänomene, basieren auf beliebig klein zu wählenden Marktsegmenten und integrieren dort, wo keine empirischen Informationen zur Verfügung stehen, entsprechende Wahrscheinlichkeitsverteilungen und ein geeignetes Evaluierungskonzept.

Es sind damit bereits sehr viele Gesichtspunkte des Werbe-Submix und der darin enthaltenen Interdependenzen, wie sie in dem zu Anfang beschriebenen Marketing-System aufgezeigt wurden, modellmäßig dargestellt. Die ersten beiden Modellvarianten scheinen der in der Praxis weitgehend geübten isolierten Betrachtungsweise angemessen, während die 3. Modellvariante vor allem für den Einbau in weitergehende Modelle in Frage kommt.

3.42 Die zur Lösung der Modelle anwendbaren Methoden

Zur Auswahl einer optimalen Planalternative werden im folgenden zunächst exakte Lösungsmethoden und deren Einschränkungen beschrieben, daran anschließend werden heuristische Verfahren dargestellt.

3.421 Die Lösung aufgrund von Verfahren der binären Optimierung (exakte Verfahren)

Da es sich bei der Mediaplanung wegen der Einbeziehung der Überschneidungen um ein charakteristisches Kombinationsproblem handelt, sind solche Verfahren adäquat, die ausschließlich binäre Variable benutzen. Aus diesem Grunde ist auch das in vielen Fällen zur Lösung ganzzahliger Probleme angewandte „Schnitthyperebenen-Verfahren" (cutting-plane-method), das auf *GOMORY* zurückgeht, weniger geeignet, da dieses nur durch die iterative Einführung zusätzlicher künstlicher Ober- und Untergrenzen auf der Basis der Simplex-Methode zu ganzzahligen Lösungen führt. Die Technik kann zwar grundsätzlich auch zweiwertig formulierte lineare Probleme lösen, jedoch sind dabei wiederum neue Ungleichungssysteme notwendig.

Eine dem Problem angemessenere Abbildung geschieht durch Branch-and-Bound-Methoden, welche ihrem Wesen nach Enumerationsverfahren darstellen [20; 33; 55; 202; 250; 225; 393]. Die Vorgehensweise besteht darin, daß alle möglichen, alternativen Kombinationen (= Variable) systematisch daraufhin zu überprüfen sind, ob sie zulässige bzw. die optimale Lösung darstellen.

Da indessen eine vollständige Enumeration aller potentiellen oder auch aller zulässigen Lösungen zu aufwendig wäre, sind Wege zu suchen, die es gestatten, die Zahl der zu enumerierenden Kombinationen zu begrenzen (Verfahren der begrenzten Enumeration)[50]. Es sind also Kriterien zu finden, die angeben, ob die Weiterverfolgung eines Astes (branch) eines Lösungsbaumes hinsichtlich der Zielgröße noch vorteilhaft ist. Dies geschieht durch die Festlegung von „bounds" für jede Verzweigung, die ausdrücken, welcher Wert der Zielgröße auf diesem Ast noch zu erwarten ist. Im Prozeß der Enumeration wird immer derjenige Knoten gewählt, dem der höchste „bound" zugeordnet ist. Diejenige Verzweigung, die auf einen Knoten folgt, der gegen eine Restriktion verstößt, braucht nicht mehr weiter verfolgt zu werden. Bildet der Endpunkt eines Astes eine zulässige Kombination, so brauchen die Äste, deren bounds kleiner als derjenige des betreffenden Endpunktes sind, nicht mehr betrachtet zu werden.

Eine verwandte Technik stellt der additive Algorithmus von *BALAS* [18] und dessen Weiterentwicklung durch *BRAUER* [55, S. 58 ff.] dar. Auch hier werden „während des Enumerationsprozesses bestimmte Informationen über be-

[50] Vgl. die Terminologie und Beschreibung bei *MÜLLER-MERBACH* [287, S. 309 ff.]

reits geprüfte und noch nicht geprüfte potentielle Lösungen" registriert, um somit die Anzahl der insgesamt zu prüfenden potentiellen Lösungen möglichst gering halten zu können [55, S. 61]. Ebenso wie bei anderen Branch-and-Bound-Methoden wird auch beim additiven Algorithmus von *BALAS* bei der Abfolge der Prüfungen eine gemischt parallel-sequentielle Organisation angewandt.

Wegen der hier gebrauchten speziellen logischen Exklusions- und/oder Kontravalenzbedingungen, denen die binären Variablen unterworfen sind, kommt ein Suchalgorithmus in der Form eines rein sequentiellen Durchprüfens nicht in Frage.

Auch wenn derartige begrenzt enumerierende Lösungsmethoden zur Verfügung stehen, gibt es jedoch auch hier je nach Struktur des Problems Grenzen der Operationalität, falls die Zahl der Kombinationen (= Zahl der Variablen) zu groß wird. Berücksichtigt man, daß in einem realistischen Fall etwa 30 Medien mit durchschnittlich 15 Belegungen in Frage kommen, so beträgt die Anzahl möglicher Kombinationen bei vollständiger Enumeration bereits 2^{450}.

Um das Mediaproblem auf diese Weise trotzdem zu bewältigen, sind deshalb Möglichkeiten zu finden, die es erlauben, schon die Vielzahl der Kombinationen zu beschränken, ohne das Problem in der Struktur grundlegend zu verändern. Dies kann dadurch geschehen, daß bestimmte Kombinationsbündel von vornherein als nicht relevant angesehen werden,

(1) so etwa die Fälle, in denen Kombinationen mit unterbrochener zeitlicher Belegungsfolge auftreten.

(2) Bei genügender Größe des Budgets kann man auch davon ausgehen, daß mindestens immer vier (5, 6 . . .) Medien in Frage kommen und somit auf alle Fälle, wo nur 1, 2 (3, 4 . . .) Medien kombiniert werden, verzichtet wird.

(3) Geht man wiederum von der empirischen Informationslage aus, so ist die Einbeziehung von Kombinationen höherer Ordnung nicht sehr sinnvoll, da nur in Sonderfällen (durch Auszählung) empirisches Material für Quantuplikationen höherer Art (über Duplikationen und Triplikationen hinaus) zur Verfügung steht.

(4) Falls ein oder mehrere Werbeträger unbedingt berücksichtigt werden sollen, sind diese als Konstante zu behandeln und damit allen anderen Kombinationen ohne Beanspruchung einer eigenen Variablen hinzuzufügen.

(5) Weiterhin ist es auch möglich, einzelne Medien je nach spezifischen Merkmalen wie etwa den „Entfernungsmaßen" der LA 68 zu Blöcken und Gruppen zusammenzufassen.

(6) Für die Kombinationen, die aus den Belegungshäufigkeiten resultieren, gilt, daß in Abstimmung mit der Wirkungsbewertung gewisse Schrittweiten eingeführt werden können, die im relevanten Empfindlichkeitsbereich enger, davor und danach weiter definiert sind. Da somit nur jedes Schrittintervall, z.B. die Belegung Nr. 15, 16 und 17 zusammen nur eine Variable bilden, verringert sich auch die Zahl der Kombinationen.

Durch die genannten Modifizierungen, die bei geschickter Anwendung das optimale Ergebnis nur geringfügig beeinflussen, ist die Zahl der denkmöglichen Kombinationen bereits wesentlich eingeengt. Eine weitere Erleichterung des Lösungsprozesses geht mit der Einschränkung der Zahl der zulässigen Lösungen einher. Durch die Einführung zusätzlicher oder auch die Formulierung erhöhter Zielansprüche wird der durch den daraus abgeleiteten Restriktionsrahmen bestimmte Lösungsraum entscheidend eingeengt, so daß der Algorithmus durch die dann nicht mehr notwendig werdende Weiterverfolgung vieler „Äste" im Lösungsbaum früher konvergiert. Die wichtigste derartige Eingrenzung findet durch den Budgetrahmen statt, der, sofern er ein relativ enges Intervall umspannt, alle wertmäßig darunter- wie darüberliegenden Mediakombinationen ausschließt.

3.422 Heuristische Methoden

Für den Fall, daß sich die Zahl der Variablen trotz aller Einschränkungen nicht operational bewältigen läßt oder als Eröffnungsverfahren für eine nachfolgende Optimierung wurden heuristische Suchmethoden entwickelt, die in der Lage sind „to find schedules that are good, possibly optimal, but not necessarily guaranteed to be optimal" [262, S. 22].

Derartige Methoden arbeiten in dem Bereich der Mediaselektion i.d.R. in der Weise, daß sie, ausgehend von irgendeinem Plan, zumeist dem Null-Plan, zusätzliche Medien und Belegungen daraufhin prüfen, ob die dann entstehenden Pläne einen höheren oder niedrigeren Wirkungszuwachs aufweisen. Dieser Wirkungszuwachs wird jeweils mit den zusätzlich entstehenden Kosten verglichen; wir erhalten dadurch eine Art von Grenznutzen, definiert als Differenzenquotient:

$$\frac{\text{Wirkungszuwachs } (\triangle R)}{\text{Kostenzuwachs } (\triangle K_W)}$$ [51]

[51] Vgl. beispielsweise: *DURAND* [103, S. 141 – 147, insbes. S. 114]; er benutzt als sequentiales Kriterium „das Kriterium der Grenzkosten"; „in jedem Stadium war der ausgewählte Werbeträger der, für den der Quotient

$$\frac{\text{zusätzliche Kosten}}{\text{zusätzlich erreichte Leser}}$$

am geringsten war".

Fortsetzung der Fußnote umseitig

Dieser Quotient dient als Auswahlkriterium dafür, daß diejenige Kombination, die den jeweils größten Wert erbringt, ausgewählt wird. Die Suche wird so lange fortgesetzt, bis die Budgetschranke erreicht ist. Die *Sequentialanalyse* geht dabei so vor, daß zunächst in der ersten Stufe alle in Betracht gezogenen Medien hinsichtlich ihrer Wirkung isoliert betrachtet werden. In der zweiten Stufe kombiniert man das in der ersten Stufe als bestes ausgewählte Medium mit allen übrigen und stellt den marginalen Wirkungszuwachs bzw. Grenznutzen fest. Die relativ beste Lösung der Zweifachkombination dient dann als Ausgangspunkt für die dritte Stufe, in der die Kombinationen mit drei Medien gebildet werden; entsprechend setzt sich der Prozeß dann fort.

Der Vorteil des Verfahrens liegt darin, daß bei einer Gesamtzahl von $\bar{i}^*$ Werbeträgern bzw. Belegungszeitpunkten anstelle von maximal $2^{\bar{i}^*}$ nur maximal

$$\frac{\bar{i}^* (\bar{i}^* + 1)}{2}$$

Kombinationen zu prüfen sind[52]. Vergleicht man diese Vorgehensweise mit der zuvor betrachteten Branch-and-Bound-Methode, so gilt für die Sequentialanalyse, daß sich der Suchprozeß immer nur auf einen Weg mit streng aufeinanderfolgenden Verzweigungen des Lösungsbaumes erstreckt. Bei der theoretisch einwandfreien Lösung wird hingegen der Lösungsprozeß durch einen mehrere Äste überschneidenden Weg charakterisiert, also eine gemischt sequentiell-parallele Organisation angewandt.

Das geschilderte Grundprinzip kann in mehrerer Hinsicht verbessert werden. Dies gilt zunächst für die Interpretation des marginalen Auswahlkriteriums. So sind für den Wirkungszuwachs ($\triangle$R) nicht wie im Ausgangsmodell von *DURAND* die zusätzlichen Nettoreichweiten auf der Grundlage einer zusätzlichen Belegung maßgebend, sondern man spezifiziert den Wirkungszuwachs besser als die durch eine zusätzliche Belegung und/oder die einem u.U. zusätzlich hinzukommenden Medium für eine bestimmte Zielgruppe (Marktsegment) zusätzlich entstehenden Kontakte. Dabei kann auch die Evaluierung der Kontakte bereits einbezogen werden.

Eine andere Verbesserung geht dahin, daß nicht mehr nur die jeweils letzte Hinzunahme geprüft wird, sondern gleichzeitig auch für jede nun in der Kom-

Fortsetzung der Fußnote [51]

AAKER [1, S. 50]: „The journal will be selected which will provide the most additional total effective exposures per dollar cost". *LITTLE-LODISH* [262, S. 22]: „For each insertion not now in the schedule, calculate the incremental response/dollar for adding that insertion. Find the insertion with the largest value and add it to schedule". s. weiterhin [34, S. 158].

[52] Vgl. *DURAND* [103, S. 144]; bei 10 Medien sind statt 1024 nur noch 55 Kombinationen zu untersuchen.

bination befindliche Belegung deren *Wirkungsverlust* bei einem eventuellen Ausscheiden berechnet wird. Aus dem Vergleich der in der letzten betrachteten Stufe erzielbaren Wirkungssteigerung mit allen jeweiligen Wirkungsminderungen bei den bereits realisierten Schritten, immer in Bezug auf die Kosten, ist abzuleiten, ob gegebenenfalls auch eine der früheren Belegungen wieder ausscheiden muß. Das ist dann der Fall, wenn der Grenznutzen einer alten Belegungskombination niedriger ist als der einer neuen [1, S. 50 f.]. Dieses verbesserte Sequentialkriterium läßt sich auch für das Phänomen der *Rabattgewährung* anwenden; aufgrund größerer Rabattsprünge bei den Kosten können Medien bzw. Belegungen wieder in die engere Wahl gelangen, obwohl sie zuvor eliminiert wurden. Eine Schwierigkeit tritt auf, wenn die Budgetgrenze starr vorgegeben ist. Führt die letzte, vor der Budgetschranke durchführbare Belegung zu einem niedrigeren Grenznutzen als bei einer etwas höheren Budgetgrenze, so ist es vorteilhaft, immer noch eine zusätzliche Belegung zu prüfen.

Die meisten bereits kommerziell genutzten Modelle basieren, soweit Informationen darüber zur Verfügung stehen, ebenfalls auf heuristischen Verfahren. Eine besondere Ausprägung davon ist die *Permutationstechnik.* Hierbei werden, von einer Ausgangskombination startend, innerhalb eines festgelegten Rahmens alle benachbarten Lösungen zunächst gebildet und dann geprüft. Man unterscheidet i.d.R. zwei Arten von Unterprogrammen. Das erste (Generationsprogramm) dient dazu, die Permutationen eines Ausgangsplanes aufgrund bestimmter vorgegebener Regeln und Vorschriften, etwa über Belegungsschrittweiten, Kriterien der Hinzunahme und des Ausscheidens von Lösungen, vorzunehmen. Bewertungsprogramme werden hingegen dafür gebraucht, um die einzelnen Kombinationen hinsichtlich ihres Nutzens zu charakterisieren[53].

Von besonderer Bedeutung ist die Wahl der Ausgangslösung. In einer einfachen Version dient als Ausgangspunkt ein beliebiger, u.U. der bisherige nach konventionellen Methoden aufgestellte Mediaplan[54]. Für die Suche nach optimalen Lösungen in der Umgebung bietet diese Vorgehensweise jedoch keine Vor-

[53] Im Normalfall werden z.B. im Programm von DIVO 400–800 Kombinationen geprüft – in Ausnahmen können jedoch auch mehrere Tausend Alternativen berechnet werden; vgl. dazu: Media-Selektions-Programme [159, S. 18].
Bewertungskriterien berücksichtigen z.B. folgende Programme:
BIOP (Ifak-Institut für Absatzforschung)
DIVO – Optimierungsprogramm (DIVO-Institut)
MEDOR (CIRCE – Grenoble und LINTAS)
GIWOS (CIRCE – Grenoble und LINTAS)
MIDAS (–D) (INTERPUBLIC New York und McCann)
INOMAR (Inomarcos S.A., Zug/Schweiz)
SOP (Sincro Paris und Infratest)
CAM-S (Ceir London und Infratest)
s. dazu die Beschreibung in: Media-Selektions-Programme [159, S. 6 ff.].

[54] So etwa das Programm GIWOS (Media-Selektions-Programme [159, S. 30].

teile. Ein besserer Weg führt deshalb über die Ermittlung eines lokalen Optimums als Ausgangslösung für die Permutation mit Hilfe der vorher beschriebenen Sequentialmethode[55].

Die meisten der differenzierteren Modelle verlangen als Input-Informationen eine Liste der in Betracht gezogenen Medien und deren Kosten, die Gewichtungsfaktoren für Zielgruppen, Medien- und Kontaktklassen sowie die Höhe des Werbeetats. Bei einigen Programmen ist es auch möglich, die Art der Zielgröße aus mehreren Alternativen, etwa als höchste kumulierte Nettoreichweite oder als höchste Kontaktsumme in einer Kontaktklasse definiert, zu wählen. Die Zahl der zu prüfenden Permutationen hängt in starkem Maße von den vorgegebenen Rahmenbedingungen ab, in der Hauptsache dem Budgetintervall; je breiter dieses angelegt ist, um so mehr potentielle Lösungen werden untersucht. Als „output" erhält man normalerweise etwa zehn Pläne ausgedruckt, von denen man annimmt, daß sie einer theoretisch optimalen Lösung nahekommen.

Als Ergebnis der bisherigen Erfahrungen mit heuristischen Media-Selektions-Programmen ist festzuhalten, daß die Pläne in der optimalen Lösungszone zumeist einen *gleichartigen Kern von Grundmedien und -belegungen* enthielten [222; 405; 183]. Das hat u.U. für die Formulierung eines theoretisch exakten Modells bedeutsame Konsequenzen. Es ist damit nämlich möglich, für die binäre (exakte) Optimierung einen derart herausgefundenen Lösungskern als eine bereits feststehende Teil-Kombination aufzufassen. Nur die darüberhinaus noch möglichen „Rand"-Medien und -Belegungen können jetzt noch zusammen mit diesem Kern den binären Variablen zugeordnet werden. Alle Kombinationen niedrigerer Ordnung als diese Teilkombination sind nicht mehr in den Auswahlprozeß einzubeziehen; die Gesamtzahl der potentiellen Lösungen wird dadurch entscheidend eingeschränkt. In der Tab. III, die auf Tab. I basiert, zeigen die mit 0 bezeichneten Medien und Belegungen einen derartigen Lösungskern.

Je nach Größe des zu lösenden kombinatorischen Problems sind eine oder mehrere der in diesem und dem vorhergehenden Abschnitt aufgezeigten Techniken zusammen anzuwenden. Damit ist gewährleistet, daß das Ziel einer möglichst genauen und differenzierten Abbildung der Realität sowie das Ziel, zu einer operationalen Lösungsmethode des Modells zu kommen, erreicht werden kann[56]. Letztlich sind neben der Entwicklung des Algorithmus für eine wirkliche Lösung des Problems noch die Kapazität des eingesetzten Rechners sowie die Güte der empirischen Informationen ausschlaggebend.

[55] Soviel sich aus der Beschreibung der Programme entnehmen läßt, verwenden folgende Programme die Sequentialanalyse: DIVO, MEDOR, GIWOS (jedoch nicht zur Ermittlung der Ausgangslösung), SOP und CAM-S.

Kombination →		. . . . . .	22	23	24	25	26	27	28	. . . . . .
Werbeträger	1	. . .	x	.	x	x	x	.	x	. . . .
$\bar{i}$	2	. . .	.	.	.	x	.	x	x	. . . .
	3	. . .	.	.	.	.	x	x	x	. . . .
	4	. . .	x	x	0	0	0	0	0	. . . .
	5	. . .	x	.	.	.	x	.	x	. . . .
	6	. . .	.	x	0	0	0	0	0	. . . .
	7	. . .	x	.	0	0	0	0	0	. . . .
Belegungs-	1	. . .	.	.	0	0	0	0	0	. . . .
zeitpunkt	2	. . .	.	.	0	0	0	0	0	. . . .
$\bar{s}$	3	. . .	.	.	0	0	0	0	0	. . . .
	4	. . .	.	.	0	0	0	0	0	. . . .
	5	. . .	.	.	x	x	x	x	x	. . . .
	6	. . .	.	.	x	x	x	x	x	. . . .

Tab. III: Darstellung eines Lösungskernes

Das hier vorgeschlagene Konzept gilt im übrigen auch in der Erweiterung der Media-Selektionsmodelle für die noch folgenden, formal ähnlich gelagerten Probleme.

3.43 Die Auswirkungen der Veränderung von Parametern auf die Lösung des Entscheidungsproblems

Die hier anzuschneidende Fragestellung ist im Zusammenhang mit der Media-Selektion aus mehreren Gründen von besonderer Bedeutung. Die Unternehmung als Entscheidungseinheit ist darauf angewiesen, zu wissen, wie bestimmte subjektiv vorgenommene Bewertungen das Ergebnis eines Entscheidungsprozesses beeinflussen, wie die bei jeder Planungsalternative auftretende Unsicherheit des Eintreffens eines Ergebnisses jeweils zu beurteilen ist und schließlich welche Informationen zur Verbesserung des in die Entscheidung eingehenden Datenmaterials zusätzlich zu beschaffen sind. Ein dafür geeignetes Instrument ist

[56] Ein ganz anders geartetes Verfahren verwenden *CHARNES-COOPER* [72, S. 425; 71, S. B 431 ff.] mit einer Modifikation der linearen Programmierung, indem sie nämlich die eigentlich binären Variablen $x_j = \begin{cases} 0 \\ 1 \end{cases}$

durch die Formulierung $\sum_j x_j \leq 1$ und $x_j > 0$

approximieren (LP II). Dabei können jedoch gebrochene Werte entstehen, bei denen die Auf- bzw. Abrundbarkeit geprüft werden muß, u.U. aufgrund einer Sensitivitätsanalyse.

die Sensitivitätsanalyse bzw. darüberhinausgehend die parametrische Programmierung [89, S. 305 ff; 212; 96].

Konkret auf den Fall der Media-Selektion angewandt, stellt sich zunächst die Frage nach den Evaluierungskoeffizienten für die Media- einschließlich Gestaltungskombinationen der Werbebotschaft in Bezug auf die Merkmalskombinationen der Zielpersonen eines Marktsegmentes. In welchen Grenzen können sie variieren, ohne daß sich die optimale Lösung verändert bzw. wie verändert sich die Lösung, wenn die Evaluierung stärker variiert? Werden nur ein oder mehrere Parameter unabhängig voneinander verändert, so spricht man von einer *Sensitivitätsanalyse im engeren Sinne.*

Die Intervalle, in denen sich die Evaluierungsparameter (a_{ki}) bewegen, hängen von der Zusammensetzung der Merkmalskombinationen des Marktsegmentes, von der Zusammensetzung der Medienkombination und von den die subjektiven Urteile der Entscheidungseinheit stützenden Ergebnissen vorgenommener Testuntersuchungen ab. Der Faktor ρ ist für die Anwendung der Sensitivitätsanalyse von besonderer Bedeutung, da er ja die durch eine Belegungskombination erzielte Kontaktanzahl (w_{kis}) hinsichtlich ihrer Erfolgswirkung bewertet, d.h. es sind verschiedene Wertausprägungen für jede Kontaktzahl denkbar, was sich dann in einer unterschiedlichen Form der „response function" äußert.

Es ist weiterhin zu prüfen, wie groß die Stabilität der Lösung gegenüber den empirisch erhobenen Kontaktzahlen bzw. deren Schwankungen zu veranschlagen ist; damit können eventuelle Ermittlungsfehler relativiert werden. Darüberhinaus wurde die Ermittlung der Kontaktzahlen auch aufgrund von Wahrscheinlichkeitsverteilungen vorgenommen, die bei der Durchführung einer Sensitivitätsanalyse entweder ganz durch andere, der spezifischen Situation besser angemessene Verteilungen ersetzt werden können oder aber deren Parameter so verändert werden, daß sich das gleiche Verteilungsgesetz in einer anderen Form darstellt.

Für die auf der Basis einer Stichprobe empirisch erhobenen Zahlen der Zielpersonen N_{ki} sind Schwankungsbreiten $\overline{N}_{ki} < N_{ki} < \overline{\overline{N}}_{ki}$ für die Projektionen gegeben, die jeweils für ein bestimmtes statistisches Signifikanzmaß gelten (Vgl. (3.6)).

Schließlich gilt es auch, den Einfluß von Veränderungen der subjektiv gegebenen Anspruchsniveaus und der Belegungspreise in der Budgetrestriktion auf das Optimum festzustellen, wobei letzteres z.B. einen Preis-Verhandlungsspielraum kennzeichnen kann.

Ändern sich mehrere Koeffizienten des Modellsystems in der Weise, daß sie von einem Parameter (u.U. linear) abhängen, so stellt dies eine *parametrische Sen-*

sitivitätsanalyse dar [286; 124; 88; 96, S. 90 ff.]. Eine parametrische Analyse erfolgt z.B. auch dann, wenn alle Wahrscheinlichkeiten bzw. Evaluierungen im gleichen Maßstab „verschlechtert" werden, um so etwa eine geringere Risikoneigung der Entscheidungseinheit anzuzeigen. Sei der unabhängige Parameter z.B. r und gebe er die jeweilige Intensität der Konkurrenzwerbung an, so variiert der eigene neue Kontaktbewertungsfaktor ρ_{kis} wie folgt mit dem Parameter r_k (für jedes Marktsegment verschieden):

$$(3.20) \qquad \bar{\bar{\rho}}_{kis}(r_k) = \overset{0}{\rho}_k + r_k \cdot \rho_{kis} \quad \text{für alle k, i, s}$$

ρ_k^0 stelle die Ausgangssituation bzw. ein Normmaß ohne Konkurrenzwerbung dar und ρ_{kis} wie bisher die sich durch die verschiedenen Kombinationen ergebende Veränderung. Den Entscheidungsträger interessiert in diesem speziellen Fall, wie sich die eigene optimale Kombination verschieben könnte, wenn alternative Konkurrenzparameter eingeführt werden.

Von besonderer Wichtigkeit ist in allen Modellen die parametrische Veränderung des Begrenzungsvektors. Sofern die Evaluierung ausschließlich in der Zielfunktion vorgenommen wird, gilt dies in der Hauptsache nur für die Budgetrestriktion. In der Modellvariante 2 und in der 3. Variante des Modells, in der die Kostenkomponente als Zielgröße dient, hängt die Festlegung des Begrenzungsvektors von den subjektiv geforderten Anspruchsniveaus ab. Es stellt sich die Frage, wie sensitiv das Ergebnis auf die Herauf- oder Heruntersetzung mehrerer Zielanforderungen reagiert. Dasselbe kann für den Tatbestand der Abhängigkeit der Anforderungen $A_1 \ldots A_{\gamma^*}$ von einem exogenen Parameter, beispielsweise der Zeit, geprüft werden. Eine solche Abhängigkeit ist dann analog (3.20) im linearen Fall wie folgt zu formulieren:

$$(3.21) \qquad \begin{aligned} A_1(t) &= \overset{0}{A}_1 + a_1 t \\ &\;\vdots \\ A_\gamma(t) &= \overset{0}{A}_\gamma + a_\gamma t \\ &\;\vdots \\ A_{\gamma^*}(t) &= \overset{0}{A}_{\gamma^*} + a_{\gamma^*} t \end{aligned}$$

t bezeichnet die Zeitkomponente, $a_1 \ldots a_{\gamma^*}$ die Beiträge, um die sich die ursprünglichen Anspruchsniveaus $\overset{0}{A}_1 \ldots \overset{0}{A}_{\gamma^*}$ aufgrund zeitlicher Auswirkungen verändern; damit können beispielsweise saisonale Unterschiede dargestellt werden. Dieser Gesichtspunkt soll im nächsten Abschnitt noch vertieft werden.

3.5 Erweiterungen des Media-Selektionsproblems

3.51 Die Berücksichtigung der zeitlichen Komponente

Eine Erweiterung des bisher behandelten Media-Problems zielt darauf ab, das Phänomen des zeitlichen Bezugs der Werbemaßnahmen differenzierter zu behandeln. In den dargestellten Ansätzen wurde mit dem Index s, der für die Zahl der Belegungen steht, auch bisher schon ein Aspekt berücksichtigt, welcher eine zeitliche bzw. eine zeitähnliche Dimension beinhaltet. Daraus sind nun zusätzliche Konsequenzen hinsichtlich des zeitlichen Wirkungszusammenhanges zu ziehen. Zudem ist bisher die Frage nicht beantwortet, wie die einzelnen Belegungen innerhalb der Kalenderzeit verteilt werden sollen, d.h. es sind z.B. saisonale Gesichtspunkte zu erfassen.

3.511 Die Einbeziehung des Lern- und Vergessensprozesses

Im realen Geschehen treten innerhalb der Media-Belegungsfolgen unterschiedlich lange „Pausen" auf, d.h. es muß oder kann nicht jede durch die verschiedenen Werbeträger zur Verfügung gestellte potentielle Belegungsmöglichkeit ausgenutzt werden. Hinsichtlich der Informationslage ist zu beachten, daß empirische Daten über Reichweiten, Überschneidungen und physische Kontakte nur statischer Art sind und nur allgemein für bestimmte Werbeträger erhoben werden, unabhängig von der spezifisch auszugestaltenden Werbekampagne einer bestimmten Unternehmung.

Während in den vorher beschriebenen Modellen die Zahl der erfolgten Belegungen nur für die Anzahl der damit zu erreichenden physischen Kontakte maßgebend war, spielt nun auch der zeitliche Bezug der Belegungen bzw. Kontakte eine Rolle. Setzt man nämlich voraus, daß in den Zielpersonen ein Lern- und Vergessensprozeß stattfindet[57], so sind nicht nur die Kontaktsummen, sondern auch die zeitlichen Intervalle zwischen den Belegungen bedeutsam.

Bezieht man das Lern- und Vergessensphänomen ein, so ist die Annahme gerechtfertigt, daß die über die Zeit kumulierte Werbewirkung auf eine Person bei Fehlen neuer Kontakte in jeder Periode einer bestimmten Gesetzmäßigkeit entsprechend abnimmt bzw. bei neuen Kontakten zunimmt.

Es ist damit eine spezifische, zeitabhängige Form der response function beschrieben. *LITTLE-LODISH* definieren eine „Gedächtnis-Konstante" (sie sei hier π genannt)[58], die angibt, wie die Werbewirkung von einer Periode zur anderen abnimmt. Bezeichnet der Index $\bar{s}$ aufeinanderfolgende, normierte Zeit-

[57] S. auch S. 66 dieser Arbeit und die dort genannte Literatur.

perioden, wobei $\bar{s}$ jeweils bis zur letzten Periode der Belegungskombination s läuft, und bleiben alle anderen Indices wie vorher definiert, so ist die Wirkungsfunktion (response) nun wie folgt zu beschreiben:

$$V_{ki\bar{s}} = (1 - \pi)\, V_{ki,\bar{s}-1} + \rho\,(w_{ki\bar{s}}) \qquad \text{für alle } k, i, \bar{s} \tag{3.22}$$

$V_{ki\bar{s}}$ stellt die bis zur Periode $\bar{s}$ kumulierte Werbewirkung dar, $V_{ki,\bar{s}-1}$ die bis zur Periode $\bar{s}-1$ kumulierte Wirkung, wobei π den Teil der Wirkung, der zwischen $\bar{s}-1$ und $\bar{s}$ verlorengeht, kennzeichnet (z.B. $\pi = 0{,}15$). Die Funktion (3.22) stellt also gewissermaßen eine Hilfsformel zur Berechnung der Kontaktwirkungskoeffizienten in den Zielfunktionen (3.4) – (3.6) dar. In einer derartigen Darstellung wird jedoch nicht beachtet, daß die Gedächtniskonstante von der Mediakombination, der Merkmalskombination der Zielperson sowie der Länge des Zeitintervalls zwischen den Belegungen abhängig sein kann. Außerdem ist es konsequent, nicht nur eine abnehmende Gedächtnis- oder Vergessensrate einzubeziehen, sondern auch eine wachsende Werbewirkung als Lernfunktion im Zeitablauf aufzufassen.

Zur Abbildung eines derartigen Sachverhaltes hat neuerdings *FISCHERKOESEN* einen empirisch getesteten Ansatz geliefert [119, S. 132; 410; 254]. In der Anwendung auf unser Modell und unter der Voraussetzung gleichartiger Kontakte läßt sich dieser Ansatz wie folgt einbauen:

$$V_{ki\bar{s}} = \frac{\alpha_{ki}}{\alpha_{ki} + \pi(w_{ki\bar{s}},\bar{s})} \left[1 - (1 - \alpha_{ki} - \pi(w_{ki\bar{s}},\bar{s}))^{w_{ki\bar{s}}} \right] \tag{3.23}$$

für alle k, i, $\bar{s}$

wobei

$$\pi(w_{ki\bar{s}},\bar{s}) = 1 - \left[1 - b_1 e^{-\nu(w_{ki\bar{s}}-2)} \right]^{\bar{s}} \tag{3.23a}$$

Lern- und Vergessensprozeß sind abhängig von der jeweiligen Anzahl der von der einzelnen Zielperson jeweils vorher aufgenommenen Kontakte $w_{ki\bar{s}}$. Die Formel ist abgeleitet unter Zugrundelegung des Lernmodelles von *BUSH* und *MOSTELLER* [64] sowie der von *FISCHERKOESEN* vorgenommenen Erweiterung. Die α_{ki} bezeichnen nun die unter Umständen durch „Recall"-Techniken nachprüfbare Evaluierung des Aufmerksamkeitswertes einer auf das Marktsegment k gezielten Werbebotschaft, die in der Medienkombination i erscheint. Die Funktion $\pi(w_{ki\bar{s}},\bar{s})$ beschreibt den Vergessensprozeß auf der Grundlage

[58] s. *LITTLE-LODISH* [262, S. 11]; bei ihnen wird die „memory constant" mit α bezeichnet.

des empirisch testbaren, relativen Unterschieds ν zwischen zwei zeitlich versetzten Werbebotschaften, deren Vergessensraten b_1 und b_2 sind[59].

Zusammenfassend kann festgestellt werden, daß auch dann, wenn sich die Erkenntnisse der psychologischen Lerntheorie nicht allgemein und unbestritten auf den hier angesprochenen Problemkreis übertragen lassen, jedoch zumindest Anhaltspunkte dafür gegeben werden, welche Entscheidung in bestimmten Planungssituationen getroffen werden soll, die etwa dadurch gekennzeichnet sind, ob eine Werbekampagne bei gegebenem Budget besser und effektiver über fünf oder neun Wochen laufen soll. Diese Frage ist mit der dargelegten Konzeption unter Einfluß aller anderen Problemkreise zu lösen. Es sei noch darauf hingewiesen, daß dieser Komplex in jede der bisher behandelten Modellvarianten in entsprechender Form, sei es in der Zielfunktion oder in den Nebenbedingungen, eingebaut werden kann.

3.512 Der Einsatzzeitpunkt der Werbeaktivitäten

Während im vorhergehenden Abschnitt der innere Wirkungszusammenhang von Werbemaßnahmen über die Zeit, also die Interdependenz einer Belegung von der vorhergehenden und der nachfolgenden Schaltung herausgestellt wurde, wird jetzt ein Aspekt behandelt, der die Werbemaßnahmen in bestimmte Kalenderzeiten einordnet.

Formal kann die Einbeziehung der Kalenderzeit durch die Definition einer zusätzlichen Dimension t geschehen, so daß dann die neugebildete binäre Variable u_{ist} bedeutet, ob eine durch die Medienkombination i in der Belegungskombination s erzielte Kombination von Kontakten in der Kalenderperiode t stattfinden soll oder nicht. Die Aufnahme einer neuen Dimension t ist insbesondere dann notwendig, wenn die gewünschten Perioden der Dispositionszeiträume größer als die vorgegebenen Belegungsperioden sind.

Eines der wichtigsten Probleme, die damit faßbar gemacht werden können, ist der Aspekt der saisonalen Einflüsse auf die Werbeaktivitäten. Es besteht nämlich die Möglichkeit, bestimmte zeitliche Anforderungen hinsichtlich des Einsatzes der Werbebotschaften zu stellen [224, S. 206 ff.]. So kann z.B. gefordert werden, daß in der Periode t (beispielsweise vor Weihnachten) eine bestimmte Zahl von Belegungen, resp. Kontakten erfolgen soll, wobei jeweils eine bestimmte Belegungszahl s innerhalb einer Kalenderperiode stattfinden soll (z.B. 12 Belegungen der Komb. i im 4. Quartal des Jahres ($\bar{t} = 4$)). Die ent-

[59] s. *FISCHERKOESEN* [119, S. 132]. Der Parameter ν wird durch das Verhältnis zwischen den Vergessensraten nach je zwei Schaltungen bestimmt. $\nu = 1 - b_1/b_2$; e → Basiszahl von ln.

sprechende, subjektiv festgelegte Bedingung ist dabei analog (3.14) als Restriktion zu formulieren:

$$(3.24) \qquad \sum_{i} \sum_{t \in \bar{t}_\lambda} \sum_{s \in \bar{s}_\lambda} \left[\sum_{k \in \bar{k}_\lambda} n_{kit} \cdot \alpha_{kit} \cdot \rho_t(w_{kist}) \right] u_{ist} \geq A_{i\bar{t}_\lambda \bar{s}_\lambda \bar{k}_\lambda}$$

$$\bar{t}_\lambda \subset \{1 \ldots t^*\}$$
$$\bar{s}_\lambda \subset \{1 \ldots s^*\}$$
$$\bar{k}_\lambda \subset \{1 \ldots k^*\}$$
$$\lambda = 1 \ldots \lambda^*$$

Diese Art der Formulierung kann ebenso mit der Technik des „goal programming" berücksichtigt werden.

Aus den jahreszeitlichen Schwankungen der Werbeumsätze der einzelnen Medien [194, S. 103 ff; 415, S. 33 ff.] läßt sich ableiten, daß derartige restriktive Bedingungen im Hinblick auf bestimmte Perioden sehr weit verbreitet sind.

Parallel mit einer derartigen Berücksichtigung in der Restriktionsstruktur müssen die sich im Ablauf der Zeit ändernden Faktoren auch exogen in den Koeffizienten der Zielfunktion des Modells aufgenommen werden. Hierzu gehören in erster Linie diejenigen Tatbestände, die sich in Reichweitenveränderungen, Variationen der Marktsegmentsgröße, Veränderungen der psychologischen Aufnahmesituation des Werbesubjektes (Modeströmungen), Veränderungen der wirtschaftlichen Situation der Nachfrager (Konjunkturschwankungen) sowie der persönlichen Situation der Nachfrager im Marktsegment (z.B. Urlaubszeit) während des Kalenderjahres ausdrücken. Diese zeitgebundenen Änderungen finden ihren Niederschlag in den jeweils zugehörigen, mit einem Zeitindex zu versehenden, unterschiedlichen Werten für n_{kit}, α_{kit} und $\rho(w_{kist})$.

Es bleibt indessen festzustellen, daß für die praktische Anwendung noch nicht genügend empirische Informationen über derartige zeitliche Abhängigkeiten zur Verfügung stehen. Datenmaterial liegt nur durch eine längerfristige Beobachtung in Haushaltspanels vor[60].

Vereinzelt gibt es Modelle, die auf die langfristigen Aspekte der Werbewirkung abstellen. Sie bedienen sich folgerichtig auch Methoden der Investitionstheorie bzw. der dort abgeleiteten Kriterien der Vorteilhaftigkeit, um zu einer

[60] Geht man den Weg eines stochastischen Ansatzes, so lassen sich hier mit Hilfe des Verfahrens der Markoff-Ketten andere Lösungsmöglichkeiten finden. Diese Konzeption sieht so aus, daß die Veränderung zwischen zwei Zuständen, welche in zwei aufeinanderfolgenden Perioden t_1 und t_2 herrschen, durch Übergangswahrscheinlichkeiten zu beschreiben ist. Diese sind nicht notwendigerweise konstant, so daß nichtstationäre Ketten entstehen.

Lösung zu gelangen[61]. Da in dieser Arbeit jedoch vornehmlich kurzfristige Probleme mit einem Planungshorizont bis zu einem Jahr behandelt werden sollen, wird darauf nicht weiter eingegangen.

3.52 Die Media-Selektion bei mehreren Absatzobjekten (Werbeobjekten)

Die bisherigen Ausführungen galten dem Problem der Media-Selektion, so, wie es in der einschlägigen Literatur abgegrenzt wird. Im Rahmen des gesamten Marketing-Komplexes (Abb. 1) werden dabei die Beziehungen zwischen Konsumenten und Werbeträgern, zwischen Werbeträger und Werbebotschaft, zwischen Werbebotschaft und Konsumenten und zum Teil auch zwischen Werbeträgern bzw. Werbebotschaft und Absatzobjekten modellmäßig erfaßt. Speziell bei der letzten Verbindung liegt das nun aufzugreifende Problem.

Bei den in der Literatur diskutierten Media-Selektionsmodellen wird zumeist nichts darüber ausgesagt, wie das Werbeobjekt, für das die Streuung vorgenommen wird, definiert ist. Man geht meist stillschweigend davon aus, daß es sich um ein individuell zu förderndes Absatzobjekt, z.B. einen Markenartikel, handelt; genausogut könnte aber auch eine ganze Produktgruppe, ein Sonderangebot oder der Sortimentsteil eines Handelsbetriebes oder das Leistungsprogramm eines gesamten Unternehmens gemeint sein. Es wird also bei der Media-Selektion im zuvor definierten Sinne keine Modifizierung im Hinblick auf mehrere Werbeobjekte und deren Verflechtungen getroffen, obwohl dieser Sachverhalt in der Realität den Regelfall darstellt[62].

Der Mehrproduktfall bzw. genauer die Werbung für mehrere Absatzobjekte wurde zwar im Rahmen der Werbetheorie von einigen Autoren behandelt[63], jedoch nicht im Zusammenhang mit der Media-Selektion.

Die ökonomische Fragestellung lautet jetzt: Wie ist ein gegebenes Werbebudget aufzuteilen, damit ein bestimmter Einsatz möglicher Werbeaktivitäten für *mehrere* Werbeobjekte den höchsten Zielerreichungsgrad (Werbewirkungsgrad) erhält? Oder anders formuliert: Wie sind bestimmte werbemäßige Anforderungen, nunmehr auf mehrere Werbeobjekte bezogen, mit minimalen Kosten zu erreichen?

61 Mehr investitionstheoretisch orientierte Lösungen geben *KUEHN* [236], *PALDA* [304], *EDLER* [105, S. 214 ff.].

62 Große Markenartikelhersteller, z.B. im Bereich der Elektro-Hausgeräte-Industrie, haben mehr als 100 Produkte in ihrem Verkaufsprogramm, das Sortiment von Warenhandelsbetrieben kann bis zu 30.000 Artikel umfassen.

63 Den Mehrproduktfall behandeln ausführlich: *PARTHEY* [308]; *EDLER* [105, S. 153–191]; *KORNDÖRFER* [224, S. 217–221].

Um dem Problem näher zu kommen, ist es notwendig, das bereits in Abschn. 2.211 aufgezeigte Konzept der Definition von Absatzobjekten aufzugreifen. Ein Absatzobjekt wird demnach durch ein Bündel von Eigenschaften charakterisiert, unterschieden nach solchen Eigenschaften, die in der Werbe-, Produkt- und Distributionssphäre entstehen. Dabei gehen wir in dieser Stufe der Untersuchung noch davon aus, daß die Produkteigenschaften von der Unternehmung bereits festgelegt sind, also gewissermaßen als exogen bestimmte Daten in das Modell eingehen. Erst in einer späteren Stufe der Analyse soll auch die Auswahl bzw. Veränderung von Produkteigenschaften zur Disposition gestellt werden, d.h. sie werden im Modell als Variable behandelt. Hier interessiert diese Überlegung nur insoweit, als mit der dargestellten Produktkonzeption die Verbindung zwischen den gegebenen Eigenschaften der Werbeobjekte und den Merkmalen der Zielgruppensegmente hergestellt werden kann. Aufgabe der Unternehmung muß nämlich sein, für ihre jeweiligen Produkte Zielgruppen unter den Konsumenten herauszufinden, die Merkmalskombinationen aufweisen, die sich im Modell über Zielansprüche steuern lassen und mit den vorausgesetzten Produkteigenschaften weitestgehend korrespondieren sollen.

Während zwar vorher bereits mehrere Marktsegmente in die Planung eingingen, indessen deren Auswahl nur im Hinblick auf *ein* Werbeobjekt betrachtet wurde, sind jetzt die Segmente im Hinblick auf ihre Vorteilhaftigkeit für mehrere Werbeobjekte j zu differenzieren. Wir bezeichnen demgemäß also die Marktsegmente k, die für das Produkt j in Frage kommen, als k_j. Für jedes Produkt $j = 1 \ldots j^*$ kann die Auswahl aus $k_j = 1 \ldots k_j{}^*$ Segmenten getroffen werden, wobei wiederum grundsätzlich möglich ist, daß sich für ein Produkt je nach den in den Nebenbedingungen gestellten Anforderungen mehrere Segmente als besonders vorteilhaft erweisen.

Bei der Untersuchung des Einsatzes der Werbeaktivitäten für den Fall mehrerer Produkte (in getrennten Werbebotschaften) darf das *Problem der Verbundeffekte* nicht außer Acht gelassen werden. Hiermit ist die Wirkung gegemeint, daß z.B. von der Werbung für ein Produkt A auch gleichzeitig die Produkte B und C gefördert werden können[64].

[64] Im einfachsten Falle stellt eine Unternehmung zwar mehrere Produkte her, wirbt aber nur speziell für eines von ihnen. *PARTHEY* [308, S. 146 ff.] nennt diesen Fall in Anlehnung an die Theorie der Produktion „Einproduktwerbung". Weiterhin kann gleichzeitig, aber gewissermaßen isoliert, für mehrere Produkte geworben werden, wir haben es dann mit „Parallelwerbung" zu tun. Dazu kommt, von *PARTHEY* nicht erwähnt, im Fall, daß zwei oder mehrere Erzeugnisse in einer Werbebotschaft zusammen angesprochen werden, eine Art von „Kuppelprodukt-Effekt" in der Werbung. Diese letztere Methode eignet sich besonders für die bereits zu Anfang angedeutete Beeinflussung der Güterverbundenheit in einem von der Unternehmung gewünschten Sinne. Einen Sonderfall stellt die Repräsentativwerbung dar, bei der es mehr um den Goodwill einer Unternehmung bei den Konsumenten als um eine spezielle Produktförderung geht. *GUTENBERG* [158, S. 444] spricht von Sekundäreffekten, die „um so größer sind, je

Fortsetzung der Fußnote umseitig

Derartige Verbundwirkungen sind, je nach den in das Modell einbezogenen Werbeerfolgskategorien, für die Modellformulierung von unterschiedlicher Tragweite. Wird z.B. nur auf physische Kontakte abgestellt, so lassen sich kaum Interdependenzen feststellen, da im wesentlichen nur Reichweitenzahlen in die Analyse eingehen. Allenfalls sind über die gegenseitige Verzahnung der Marktsegmente durch gemeinsame Merkmale sozusagen hilfsweise für die Absatzobjekte Verflechtungen abzuleiten. Wird indessen in der Zielfunktion auf psychische Kontakte, Präferenzänderungen oder gar Mengenänderungen abgestellt, wenn also eine irgendwie geartete Evaluierung betrieben wird, kommen diese Verbundeffekte verstärkt zum Tragen. Zur modellmäßig genauen Berücksichtigung dieses Sachverhaltes ist es notwendig, die zusätzliche binäre Hilfsvariable $u_{(jj')}$ einzuführen. Sie stellt sicher, daß der jeweilige Verbundeffekt zwischen den Produkten j und j' durch die logische Verknüpfung (3.25 a) erfaßt wird.

Damit kann nun die Zielfunktion für die erste Modellversion folgendermaßen abgeändert werden:

(3.25)
$$Z^{(25)} = \sum_{j} \sum_{k_j} \sum_{i_j} \sum_{s_j} \Big[\underbrace{n_{jk_j i_j}\, \alpha_{jk_j i_j}\, \rho_j(w_{jk_j i_j s_j}) \cdot u_{j i_j s_j}}_{\text{direkte Wirkung}} + \underbrace{\sum_{\substack{j' \\ j \neq j'}} \rho'_{(\overrightarrow{jj'})}(w_{jk_j i_j s_j}) \cdot u_{(\overrightarrow{jj'})}}_{\text{Verbundwirkung}} \Big] \rightarrow \text{Max!}$$

(3.25a)
$$\text{wobei} \quad u_{(\overrightarrow{jj'})} \begin{cases} 0 \text{ für } u_{ji_js_j} \cdot u_{j'i_{j'}s_{j'}} = 0 \\ 1 \text{ für } u_{ji_js_j} \cdot u_{j'i_{j'}s_{j'}} = 1 \end{cases} \qquad \text{für alle } j, j'$$

(3.25b)
$$\sum_{i_j} u_{ji_js_j} \leq 1 \qquad \text{für alle } j, s_j; \qquad u_{ji_js_j} \begin{cases} 0 \\ 1 \end{cases}$$

(3.25c)
$$\sum_{s_j} u_{ji_js_j} \leq 1 \qquad \text{für alle } j, i_j; \qquad u_{(jj')} \begin{cases} 0 \\ 1 \end{cases}$$

Fortsetzung der Fußnote 64

mehr die Gegenstände zum gleichen Bedarfskreis gehören und bereits bekannt sind." Sie rufen gewisse Komplementärwirkungen zwischen den Produkten hervor bzw. verstärken bereits bestehende komplementäre Güterverflechtungen und schwächen substitutive u.U. ab. S. zu den Begriffen, ihrer Deutung und ihrer Anwendung in der Differentialanalyse auch *EDLER* [105, S. 153–191].

Hier drückt also $n_{jk_ji_j}$ die Zahl derjenigen Zielpersonen im Marktsegment k_j aus, die durch die Medienkombination i_j erreicht werden und die für das Produkt j jeweils in Frage kommen. $a_{jk_ji_j}$ sowie ρ_j stehen dafür, wie die Bewertung der Marktsegmente und der Kontaktzahlen nunmehr auch produktunterschiedlich vorzunehmen ist.

Die angesprochenen Verbundeffekte zeigen sich in der Festlegung des Wertes $\rho'_{(\vec{j}j')}(w_{jk_ji_js_j})$. So kann beispielsweise die Evaluierung der Kontaktzahlen, die aus mehreren auf ein bestimmtes Produkt hinzielenden Werbebotschaften resultieren, für die Bewertung der Kontakte im Hinblick auf ein anderes Produkt mehr oder weniger von Bedeutung sein. Damit erhalten die durch den Index j' gekennzeichneten Glieder ihre Berechtigung, denn sie gewährleisten die Berücksichtigung der Interdependenzen zwischen den einzelnen Absatzobjekten. Der Koeffizient ρ' mit dem Index $(\vec{j}j') = (\vec{1}2)$ bringt beispielsweise den Verbundeffekt zum Ausdruck, der von Produkt 1 auf Produkt 2 ausgeht; durch die binären Variablen $u_{(\vec{j}j')}$ wird gesichert, daß die Verbundwirkung $\rho'_{(\vec{j}j')}$ nur berücksichtigt wird, wenn $u_{(\vec{j}j')}$ den Wert 1 annimmt. Falls $\rho'_{(\vec{j}j')}$ als eine aufgrund der Kontakte stattfindende Absatzmengenänderung aufgefaßt wird, ist ein (in vielen Fällen) auf subjektiver Bewertung beruhender Maßstab für Verbundwirkungen gefunden. Stellt man auf Produktinterdependenzen höherer Ordnung, also gleichzeitig zwischen mehreren Produkten ab, läßt sich das Verfahren analog anwenden.

All diese Aussagen gelten in gleicher Weise auch für die Modellversion mit der Zielsetzung der Kostenminimierung, nur daß sich dann die Bewertungs- und Verbundproblematik in die Nebenbedingungen verlagert.

Wir sind bisher noch nicht darauf eingegangen, inwieweit sich bei der Formulierung der stochastischen Gesetzmäßigkeiten für den Mehrproduktfall in der Erwartungsfunktion Änderungen ergeben. Unter der Voraussetzung der stochastischen Unabhängigkeit der Ereignisse (psychischen Kontakte) können die verschiedenen Kontaktverteilungsfunktionen für jedes j isoliert betrachtet werden. Da jedoch auf der Ebene des einzelnen Konsumenten infolge dessen Bedürfniskonstellation in vielen Fällen eine Nutzenverflechtung der Güter gegeben sein wird, läßt sich die stochastische Unabhängigkeit auch für diesen Tatbestand nicht immer aufrechterhalten. Man ist daher gezwungen, sich entweder über diese Annahme hinwegzusetzen und so die Ergebnisse nur als approximativ gelten zu lassen oder die Wahrscheinlichkeitsgesetzmäßigkeiten so umzuformen, daß sie für die Werbekontaktverteilungen in Bezug auf mehrere Produkte gelten (Faltung). Die mathematische Darstellungsweise kompliziert sich dadurch beträchtlich.

Als Ergebnis eines Optimierungsprozesses erhalten wir bei dieser erweiterten Modellkonzeption eine Kombination, die uns diejenigen Medien und deren

Belegungszeitpunkte angibt, die für die jeweiligen Werbeobjekte j wirkungsmaximal bzw. kostenminimal ist. Die Optimierung findet unter Beachtung der jeweiligen marktstrategischen Nebenbedingungen, der Budgetbegrenzung und der Verbundeffekte statt.

Auch hier ist die Durchführung einer Sensitivitätsanalyse, wie sie zuvor beschrieben wurde, vor allem für die Abschätzung der Veränderungen der Koeffizienten, die die Verbundwirkungen beinhalten, von Vorteil. Ebenso verlangt das Phänomen der zusätzlichen Vielzahl möglicher Kombinationen, die bei der Durchführung der Media-Selektion für mehrere Werbeobjekte anfallen und u.U. die operationale Rechenkapazität überschreiten, eine Diskussion von Verfahren zur Einschränkung der Zahl der Kombinationsalternativen.

Dazu bieten sich folgende Wege an:

(a) Aus dem gesamten Produktionsprogramm bzw. Sortiment werden nur solche Produkte bzw. Artikel in das Modell aufgenommen, für die spezifische Werbemaßnahmen durchgeführt werden sollen. Der Nachteil liegt in der Vernachlässigung von Sekundärwirkungen auf diejenigen Produkte, für die nicht direkt geworben wird. Um diesen Nachteil zu vermeiden, kann man auch

(b) mehrere Produkte bzw. Artikel zu Produkt- bzw. Artikelgruppen zusammenfassen, woraus jedoch dann auch zwangsläufig eine geringe Differenziertheit der Ergebnisse resultiert.

(c) Es sind nur solche Absatzobjekte zu berücksichtigen, zwischen denen z.B. aufgrund früherer Messungen Verbundwirkungen in einer bestimmten Intensität erwartet werden.

(d) Ein anderer Weg führt wiederum über eine methodisch orientierte Modifikation der Lösungstechnik. Mit Hilfe heuristischer Verfahren ist isoliert für die einzelnen Werbeobjekte nach „optimalen" Lösungen zu suchen, so daß dadurch die Komprimierung vieler Variablen im Ausgangsmodell zu einer oder wenigen Variablen im Endmodell erreicht werden kann. Diese so ermittelten Kombinationskerne für die verschiedenen Werbesubjekte bilden dann zusammen mit solchen Kombinationen, die „verwandte" Medien, Belegungen bzw. Segmente enthalten, die Ausgangsvariablen für den eigentlichen Optimierungsprozeß.

3.53 Die Bestimmung des Werbebudgets

Wir sind bisher davon ausgegangen, daß als Zielfunktion der Modelle entweder bestimmte Werbeerfolgskategorien maximiert oder aber Werbekosten minimiert werden. Für die Suboptimierung des Komplexes aller Werbeaktivitäten erschien diese Konzeption angemessen; in diesem Abschnitt soll indessen der Übergang zur Einbeziehung weiterer Marketingbereiche geschaffen werden. Wie zuvor schon dargelegt, bestehen mannigfache Interdependenzen zwischen dem Werbesektor und allen anderen Marketingbereichen. Aus diesem Grunde ist auch die isoliert vorgenommene Vorgabe des Werbebudgets, die in der Praxis nach vielerlei Prinzipien erfolgt[65], nicht mehr aufrecht zu erhalten.

Die kostenmäßig bewertete Intensität aller Werbemaßnahmen, welche ja das Budget darstellt, muß sich vielmehr simultan mit anderen Marketingaktivitäten im Modell bestimmen lassen. Dies bedeutet gleichzeitig einen Schritt auf dem Wege vom Werbe-Submix zu einer allgemeineren Stufe des Marketing-Mix.

In der weiteren Untersuchung soll deshalb die Darstellung eines Ansatzes erfolgen, der diesen Sachverhalt zunächst in noch einfacher Weise berücksichtigt. Eine notwendige Voraussetzung hierfür ist die Zugrundelegung einer übergeordneten Zielgröße. Als Zielsetzung der Unternehmung sei deshalb nun Gewinnmaximierung vorausgesetzt. Da der Gewinn als Differenz zwischen Erlösen und Kosten definiert ist, muß untersucht werden, welchen Einfluß die Werbeaktivitäten auf die Komponenten der Gewinngleichung haben.

Bei der Bestimmung und Zuordnung der Kosten für die Werbekombinationen entstehen keine weitergehenden Probleme; Rabatte sowie u.U. segmentspezifisch bedingte Kostenunterschiede können leicht aufgenommen werden. Die Hauptschwierigkeit liegt bei der Erlöskomponente. Für den Bereich der Werbung kann dabei auf das zuvor im Zusammenhang mit der „response function" abgeleitete Konzept zurückgegriffen werden.

Für den nun zu beschreibenden Ansatz wird angenommen, daß die Produkte, für die geworben wird, feststehen, d.h. alle spezifischen Eigenschaften der Produkte einschließlich Preis, wie auch die daraus resultierenden variablen und fixen Produktionskosten sind Daten.

Die neue Zielfunktion des Modells lautet jetzt:

$$(3.26)\quad G = \sum_{j} \sum_{k_j} \Bigg\{ \left(\bar{p}_{jk_j} - \bar{c}^{(v)}_{jk_j} \right) \Bigg[\hat{x}_{jk_j} + \sum_{v_j} \Big[\underbrace{n_{jk_jv_j}\, \alpha_{jk_jv_j} \cdot \rho_j(w_{jk_jv_j})}_{\text{direkte Werbewirkung}} u_{jv_j} + \underbrace{\sum_{\substack{j' \\ j' \neq j}} \rho'_{(jj')}(w_{jk_jv_j}) \cdot u_{(jj')}}_{\text{Verbundwirkung}} \Big] \Bigg] - \sum_{v_j} \underbrace{\left(l_{jk_jv_j} + c^{(F)}_{jk_jv_j} \right) u_{jv_j}}_{\text{Kosten}} \Bigg\} - K_F \rightarrow \text{Max !}$$

[65] Vgl. dazu die bei *KORNDÖRFER* [224, S. 48–85] angesprochenen Methoden zur Festlegung der Budgethöhe.

(3.26a) wobei $u_{(jj')} \begin{cases} 0 \text{ für } u_{jv_j} \cdot u_{j'v_{j'}} = 0 \\ 1 \text{ für } u_{jv_j} \cdot u_{j'v_{j'}} = 1 \end{cases}$ für alle j, j'.

(3.26b) $\sum_{v_j \in \bar{v}_{j_\tau}} u_{jv_j} \leq 1$ für alle j $\quad u_{jv_j} \begin{cases} 0 \\ 1 \end{cases} \quad u_{(jj')} \begin{cases} 0 \\ 1 \end{cases}$

$\bar{v}_{j_\tau} \subset \{1, \ldots, v^*\}$; $\bigcup_{\tau=1}^{\tau^*} \bar{v}_{j_\tau} = \{1, \ldots, v^*_{j_\tau}\}$;

$\bar{v}_{j_\tau} \cap \bar{v}_{j_{\tau'}} = \phi$ für $\tau, \tau' = 1 \ldots \tau^*$; $\tau \neq \tau'$

dabei bedeuten:

$\bar{p}_{jk_j}$: (konstant) festgelegter Preis des Produktes j, der im Marktsegment k_j gefordert wird.

$\bar{c}^{(v)}_{jk_j}$: Kosten pro Einheit des Produktes j, das im Marktsegment k_j abgesetzt wird (implizite ist darin die – hier festgelegte – Kombination von technisch bestimmten Produkteigenschaften enthalten).

$\hat{x}_{jk_j}$: vor Beginn der Werbeaktion v_j abgesetzte Menge des Produktes j im Marktsegment k_j.

$n_{jk_jv_j}$: Anzahl der Personen, die im Marktsegment k_j durch die für das Produkt j disponierte Werbekombination erreicht werden.

$a_{jk_jv_j}$: Gewicht einer Person, die durch die Werbekombination v_j im Marktsegment k_j erreicht wird.

$\rho_j(w_{jk_jv_j})$: Evaluierung (response function) der für das Produkt j mit einer Person im Marktsegment k_j durch die Werbekombination v_j zustande kommenden Kontakte. (Die Evaluierung erfolgt im Hinblick auf eine Absatzmengenänderung).

$\rho'_{(jj')}(w_{jk_jv_j})$: Evaluierung der für das Produkt j mit einer Person im Marktsegment k_j durch eine Werbekombination v_j zustande kommenden Kontakte hinsichtlich deren Wirkung auf das Produkt j' (Absatzmengenänderung).

$l_{jk_jv_j}$: Kosten der Werbekombination v für das Produkt j im Marktsegment k_j.

$c^{(F)}_{jk_j}$: Produktmengenunabhängige (fixe) Kosten, die nur für das Produkt j, das im Marktsegment k_j abgesetzt wird, anfallen.

K_F: Sonstige Fixkosten.

u_{jv_j}: Binäre Variable, die, falls die Werbekombination v für das Produkt j gewählt wird, den Wert 1 annimmt, andernfalls den Wert 0.

Dabei ist zu beachten, daß die die Werbeträger- und Belegungskombinationen ausdrückenden Indices i und s aus Gründen der Vereinfachung jetzt durch den gemeinsamen Index v ersetzt werden und $\tilde{v}_{j\tau}$ Teilmengen aus der Menge der Kombinationen $\{1, \ldots, v^*\}$ darstellen.

Die mit diesem Ansatz lösbare Fragestellung betrifft die angesprochene Ermittlung des optimalen Werbebudgets. Unter den gegebenen Restriktionen, deren Formulierung analog (3.14) erfolgt und die die Anforderungen an die Zielgröße nach Produkten j spezifiziert ausdrücken, ist das optimale Werbebudget dadurch gegeben, daß die kostenmäßig bewertete Werbekombination gewählt wird, die unter Berücksichtigung aller übrigen Kosten und der Erlöswirkungen den Gesamtgewinn maximiert.

Damit ist das Problem der optimalen Höhe und Aufteilung des Werbebudgets explizit modellmäßig formuliert. Das derartig beschriebene Modell hat formale Ähnlichkeit mit der bei *GUTENBERG* [158, S. 476 ff.] oder *KORNDÖRFER-JAENSCH* [224, S. 217 ff; 201; 200] dargestellten Lösung, ist jedoch insofern weitaus differenzierter, als hier keinesfalls lineare Wirkungsannahmen, Unverbundenheit der Absatzobjekte oder die einfache Definition der Werbemittel ohne Einbeziehung der Kumulations- und Überschneidungseffekte unterstellt sind.

In diesem Abschnitt sollte nur gezeigt werden, wie sich allein der Einbau der Werbeaktivitäten unter der vereinfachenden Annahme der Konstanz aller übrigen Marketing-Maßnahmen in ein schon über die Suboptimierung hinausgehendes System bewerkstelligen läßt.

4. Die Darstellung eines allgemeinen Marketing-Modells – Zusammenführung mehrerer Suboptima zu einem Gesamtoptimierungs-Modell

Die vorhergehende Umformulierung des Modells im Hinblick auf die Zielsetzung Gewinnmaximierung war ein notwendiger erster Schritt auf dem Wege zu einem allgemeineren Marketing-Modell. Im folgenden Abschnitt soll versucht werden, die Basis des bisher entwickelten Ansatzes in Richtung auf den gesamten Marketing-Sektor zu verbreitern, also die Dispositionen über weitere Marketing-Aktivitäten, so etwa Preis- und andere Eigenschaftsveränderungen (*Produkt-Submix*) aufzunehmen, sowie zum Schluß auch den Einfluß von Distributionsmaßnahmen (*Distributions-Submix*) in formal gleicher Weise zu behandeln. Damit wird dann das ganze, in Abb. 1 zum Ausdruck kommende Beziehungsfeld in die Betrachtung einbezogen.

Der Zweck einer derartigen Analyse kann, je nach dem zugrunde liegenden Planungsstadium, einmal das Herausfinden der für mehrere, für geeignet gehaltene Käuferschichten oder Marktsegmente „besten" Produkte bzw. deren Eigenschaftskombinationen sein. Darunter fällt das bestmögliche Ausnutzen von Marktlücken, als Ergebnis also die Kenntnis der optimalen (gewinnmaximalen) Ausprägungen aller im Absatzbereich kontrollierbaren Variablen unter Berücksichtigung eigener Restriktionen und der jeweiligen Umweltsituation. Wir können dann von einem Neu-Planungsmodell sprechen, wenn die Eigenschaften neu einzuführender Produkte zur Disposition stehen[1].

Daneben besteht jedoch auch die Möglichkeit, einen gegebenen Ist-Zustand hinsichtlich des Einsatzes von Marketing-Aktivitäten mit möglichen anderen Alternativen zu vergleichen und davon die insgesamt beste Kombination auszuwählen.

Als dritte Möglichkeit kann der Fall auftreten, daß beide angesprochenen Tatbestände nebeneinander zu behandeln sind; das bedeutet, daß im Planungsmodell sowohl die Marketing-Überlegungen für neu einzuführende Absatzleistungen wie auch alternative Dispositionen für bereits bestehende Produkte und Instrumente zu erfassen sind.

[1] Es gilt jedoch die der Arbeit zugrundeliegende Prämisse, daß nur kurz- bis mittelfristig verwirklichbare Planungsalternativen in den Entscheidungsprozeß gelangen, d.h. die Planung in etwa auf der Basis gegebener Kapazitäten stattfindet.

4.1 Die Bildung des Produkt-Submix – die qualitative Diskussion

4.11 Die Beschreibung des Grundproblems

Bei der Analyse des Produkt-Komplexes können wir an die im Kap. 2. beschriebene Konzeption anknüpfen; insbesondere spielen dabei die Überlegungen zur Beziehung zwischen Produkteigenschaften und Konsumentenmerkmalen eine Rolle. Über die Beschreibung hinaus soll in diesem Abschnitt die Übersetzung dieser Zusammenhänge in eine operationale Form erfolgen. Damit soll einer Unternehmung ermöglicht werden, mit Hilfe des auf der dargestellten Eigenschafts-Konzeption aufbauenden Modellansatzes zumindest eine Entscheidungsvorbereitung treffen zu können.

Die in diesem Teil der Untersuchung über die Werbeeigenschaften hinaus explizit neu einzuführenden kontrollierbaren Variablen sind demgemäß weitere mit den einzelnen Absatzobjekten verbundene Eigenschaften wie Preise sowie die hauptsächlich im technischen Produktionsprozeß geschaffenen Produktattribute. Es bleiben dann im gesamten Marketing-Bereich nur noch diejenigen kontrollierten Eigenschaften, die durch die Distributionskomponente zustande kommen; sie bilden neben dem Konkurrenz- und Zeitaspekt einen Hauptgesichtspunkt bei der Beschreibung der potentiellen Erweiterungsmöglichkeiten im Abschn. 4.3.

Besondere Beachtung muß darüberhinaus den Wechselwirkungen zwischen den einzelnen Marketing-Instrumenten geschenkt werden, so daß sie in der Modellformulierung explizit zum Ausdruck kommen.

Zunächst soll, genau wie bei der Darstellung der Werbeaktivitäten, eine qualitative Diskussion stattfinden, bevor die Aufnahme in ein quantitativ formuliertes Modell erfolgt.

4.12 Die „Qualität" wirtschaftlicher Güter und das Eigenschaftskonzept

Die Frage, wie eine Unternehmung die Eigenschaftsstruktur eines Produktes gestalten soll, hängt davon ab, welche Nutzenerwartungen die potentiellen Nachfrager mit denen ihnen vorgegebenen Eigenschaften verbinden. Es muß also versucht werden, eine möglichst genaue Übereinstimmung konkreter Produktausprägungen mit den individuellen Bedürfnissen herbeizuführen.

In der Diskussion um die „Qualität" wirtschaftlicher Güter wird mit dieser Fragestellung in erster Linie der subjektive Aspekt der Qualitätsbestimmung charakterisiert, wie ihn insbesondere *LISOWSKI* [259, S. 46 ff.] herausgestellt hat[2]. Objektive Qualität im Sinne des Inbegriffs der technisch bestimmten und meßbaren Eigenschaften ist für die Entscheidung von Anbietern über die Verwirklichung der Eigenschaften wie auch der Nachfrager über den Kauf bzw. Nicht-Kauf von Absatzobjekten keineswegs ausreichend.

Neben den technischen, in der Produktion bestimmten Eigenschaften können natürlich auch alle anderen Merkmale eines Produktes, wie bereits zuvor aufgezeigt, dessen Nachfrage beeinflussen. Die *Qualitätspolitik im weiteren Sinne* umfaßt somit alle Maßnahmen, die den Eigenschaftsvektor einer Absatzleistung real oder nur in der Meinung der Nachfrager verändern[3]. Dies ist gleichbedeutend mit der Gesamtheit aller kontrollierten, ökonomisch relevanten Produktmerkmale. Für die hier angestellte Betrachtung ist diese Begriffsbildung jedoch zu weitgehend. Im Rahmen des Produkt-Submix sind hier in erster Linie solche Eigenschaften behandelt, die dem Produkt sozusagen körperlich „anhaften". Dazu zählen vornehmlich alle im Produktionsprozeß bestimmten Eigenschaften, also einschließlich Technik, Material, Verpackung und Design. Daß auch alle in diesen Bereichen festgelegten Produkteigenschaften von den Nachfragern unterschiedlich bewertet werden können, bedarf keiner weiteren Betonung.

In engem Zusammenhang mit der so konzipierten Produktgestaltung bzw. *Qualitätspolitik im engeren Sinne* ist die Frage der Einordnung der Eigenschaft „Preis" zu sehen. In der Theorie wird das Instrument der Preisstellung von der Anbieterseite her gesehen zumeist losgelöst von den übrigen Eigenschaften der Absatzleistung betrachtet; dies kann jedoch nicht aufrechterhalten werden, wenn man die auf der Konsumentenseite zu beobachtende enge Verzahnung zwischen Preis und den übrigen Gutseigenschaften berücksichtigt, die in den Präferenzüberlegungen beim Kaufakt der Nachfrager eine Rolle spielen. Der Preis ist in vielen Fällen beim Kaufentschluß ein Auswahlkriterium unter vielen anderen. Insbesondere neuere, auf marktpsychologischen Erkenntnissen fussende Untersuchungen bestätigen diesen Sachverhalt [364; 119, S. 59 ff; 285; 396; 324, S. 75 ff; 347; 158, S. 236 f.].

Für die weitere Analyse hat die Kenntnis einer solchen Auffassung zur Folge, daß zwar einerseits der Preis vom Anbieter her gesehen als Entgelt für das durch einen bestimmten Eigenschaftsvektor gekennzeichnete Absatzobjekt eine wichtige Erlöskomponente darstellt, jedoch andererseits in Bezug auf die Konsumenten entsprechend anderen von den Nachfragern subjektiv geforderten Eigenschaften zu behandeln ist. Beide Aspekte müssen in der folgenden Modellbeschreibung zum Ausdruck kommen.

[2] Dabei ist festzustellen, daß bereits die Aussagen der Grenznutzentheorie auf der subjektiven Bedürfnisbezogenheit wirtschaftlicher Güter basieren. Vgl. *MENGER* [273, S. 138]; vgl. weiterhin *WIRZ* [402]; *ABBOTT* [2]; *KRUSE* [235, S. 62]; *RIEGER* [324, S. 70 ff.]; *BORSCHBERG* [51].

[3] Vgl. die Auffassung von *BANSE* [24].

Die neueren deutschen Ansätze auf dem Gebiet der Qualitätspolitik, die überhaupt Nachfrageaspekte einbeziehen, beschäftigen sich hauptsächlich mit dem Gesichtspunkt der Vergleichbarkeit von Produktvarianten und geben explizit kein operationales Konzept für die Auswahl der optimalen Produktstrategie einer Unternehmung im Hinblick auf deren Gewinnfunktion. Sie leisten jedoch einen Beitrag zu der Fragestellung, ob sich die subjektive Bewertung der Produkteigenschaften durch die Konsumenten bzw. deren Messung an individuellen Bedürfnissen jeglicher, für die modellmäßige Betrachtung notwendiger quantitativer Bestimmung entzieht.

Aufgrund der durchaus wirklichkeitsnahen Annahme, daß sich die Präferenzvorstellungen der Nachfrager hinsichtlich der von der Unternehmung festzulegenden Produkteigenschaften in weiten Bereichen überdecken, was sich letztlich auch in der Segmentbildung ausdrückt, gelangt man zu einem „objektivierten", intersubjektiv nachprüfbaren Urteil [215, S. 24; 216; 402, S. 9].

Es genügt nicht, mit Hilfe von verschiedenen Methoden, wie Saldentests oder Distanzmessungen, die „Ähnlichkeit" von Absatzobjekten festzustellen [215, S. 81 ff.], da dies aus der Sicht der Unternehmung für die Disposition über die Eigenschaftsstruktur keinen Fortschritt bringt; diese Verfahren sind allenfalls, wie später noch gezeigt werden wird, bei der Auswahl und Bestimmung von Eigenschaften, die als Dispositionsgrundlage dienen, anzuwenden. *KAWLATH* [208] geht einen Schritt weiter, indem er einem System von Gutseigenschaften einen Bedürfniskomplex, der sich aus mehreren Haupt- sowie einer Anzahl von Teilbedürfnissen zusammensetzt, gegenüberstellt. Den sich aus der verwendungszweckbezogenen (teleologischen) Auffassung ergebenden Bedürfniskomplex eines Verbrauchers bildet er in einer Matrix von Einzelbedürfnissen ab. Dabei werden zeilenweise Bedürfnisvektoren gleicher Dringlichkeit definiert und diese spaltenweise nach abnehmenden Dringlichkeitsstufen geordnet. In analoger Weise wird eine Matrix der Eigenschaften aufgestellt, die alle ökonomisch relevanten Gutseigenschaften umfaßt und deren Elemente so anzuordnen sind, daß alle Teileigenschaften den nach Dringlichkeiten geordneten Teilbedürfnissen entsprechen[4].

Aufgrund der bei den Nachfragern anzutreffenden Dringlichkeitsvorstellungen für die Befriedigung der Bedürfnisse können verschiedene Anforderungen an den Eigenschaftscharakter der Absatzobjekte gestellt werden, je nachdem welche Dringlichkeitsstufen bzw. Zeilen der Matrix noch berücksichtigt werden (Mindestqualitäten). Idealqualität aus der Sicht der Konsumenten liegt dann vor,

4 s. *KAWLATH* [208, S. 69]. Da *KAWLATH* auf den Verwendungszweck als Ausfluß eines Bedürfniskomplexes abstellt, bezieht er auch den Sachverhalt einer Nutzenaufspaltung, also der Hergabe von Nutzen eines Gutes für mehrere Zwecke bzw. unterschiedliche Endprodukte ein, wie sie etwa *LANCASTER* [245, S. 132–157] aufzeigt.

wenn alle Teilbedürfnisse bis zur letzten Dringlichkeitsstufe durch entsprechende Eigenschaften befriedigt werden [208, S. 73 f.].

Dieses so formulierte Konzept ist theoretisch einleuchtend und mit der in dieser Arbeit zu Anfang aufgezeigten mengentheoretischen Problemabbildung vergleichbar; eine solche Grundkonzeption erlaubt jedoch allenfalls eine Aussage darüber, wie verschiedene konkurrierende Produkte von einem bestimmten potentiellen Käufer im Hinblick auf dessen (bekannte) Bedürfnisstruktur zu beurteilen sind. *KAWLATHs* Wertmaß (WM) oder Nutzenmaß wie auch der letztlich resultierende Qualitätswert (WQ) basieren darauf, daß alle Eigenschaften im gleichen Maßstab, den er als eine Art „sensorische Intensität" definiert [208, S. 77 ff.], zu messen sind, wobei kontinuierliche und diskontinuierliche Eigenschaftsausprägungen berücksichtigt werden.

Wir werden im folgenden ausschließlich von einer diskontinuierlichen Betrachtungsweise ausgehen. Dies erscheint auch im Hinblick auf kontinuierliche Eigenschaftsausprägungen plausibel, wenn man bedenkt, daß die Nachfrager wie auch die Anbieter hierbei zumeist nur Schwellenwerte als relevant betrachten.

Vom Standpunkt einer angestrebten Operationalität ist darauf hinzuweisen, daß aus der Sicht der über die Produkteigenschaften disponierenden Unternehmung die individuellen Bedürfnisse der Nachfrager und deren Dringlichkeiten nur in wenigen Fällen so transparent gemacht werden können, um dafür die jeweils entsprechenden Eigenschaften der Absatzobjekte „bereitzustellen"[5].

Hinzu kommt, daß auch bei Kenntnis bestehender Bedürfnisse das Problem der Auswahl und Gegenüberstellung von Produkteigenschaften nicht adäquat zu lösen ist, da die Bedürfnisstruktur der Konsumenten auch durch Werbeaktivitäten der Unternehmung geformt werden kann. Es muß deshalb die Interdependenz zwischen Werbung und Produktgestaltung explizit berücksichtigt werden.

Der Ansatz von *KAWLATH* bringt nicht zum Ausdruck, welche der überaus zahlreichen Möglichkeiten zur Gestaltung der Eigenschaftsstruktur eines Produktes zu wählen ist, d.h. es wird nicht das Problem behandelt, wie von der Unternehmung her die Auswahl aus mehreren zur Befriedigung eines Bedürfnisses tauglichen Eigenschaften zu treffen ist. Wenn man davon ausgeht, daß es Ziel der Unternehmung ist, ihre Produkte optimal zu gestalten, liegt der

[5] Zur Verbesserung der Informationslage werden tiefenpsychologisch orientierte Produkttestverfahren angewandt. Für die Gesamtheit der potentiellen Nachfrager sind entweder kostspielige Felderhebungen durchzuführen oder man schließt aufgrund der Ergebnisse mit den Testpersonen der Vortests, zumeist ohne Beachtung statistischer Repräsentanzkriterien, auf entsprechende, soziographische Charakteristiken der Verbraucher, teilt diese also nach Merkmalsausprägungen in Marktsegmente ein. Einen derartigen Versuch unternimmt z.B. *SABBAH* [330], zitiert nach *KAWLATH* [208, S. 36].

entscheidende Mangel in der Vernachlässigung der kostenmäßigen Auswirkungen, die durch Eigenschaftsvariationen der Absatzobjekte hervorgerufen werden.

Daneben fällt ins Gewicht, daß auch der Preis eines Gutes nicht in dem hier vorgenommenen engen Zusammenhang mit den übrigen Eigenschaften gesehen wird und die Aussage fehlt, wie ihn die Unternehmung in Verbindung zur sonstigen Eigenschaftsmatrix festlegen soll.

Der Ansatz von *CHMIELEWICZ* ist insofern weiter als der von *KAWLATH* zu interpretieren, weil er in die Zielkonzeption der Nachfrager unterschiedliche Preiskonstellationen für gleichartige Absatzobjekte aufnimmt und weiterhin auch die Produktions- und Kostenkomponente des Anbieters in die Analyse mit einbezieht [75, S. 82 ff. u. S. 126 ff.]. Beide Ansätze sind nicht entscheidungstheoretisch aufgebaut.

4.13 Die Auswahl der Eigenschaften für die Produktvarianten

4.131 Die Grobauswahl

In diesem Abschnitt sind Überlegungen anzustellen, nach welchen Auswahlprinzipien die Determinierung der Eigenschaftsstruktur eines Produktes erfolgen kann; d.h. es sind Mittel und Wege zu finden, wie eine als erfolgversprechend erscheinende „standardisierbare Verbrauchsidee" in reale Produkteigenschaften zu übersetzen ist.

Die Entwicklung eines neuen Produktes bzw. die Bestimmung seiner Merkmalsausprägungen trägt in starkem Maße kreative Züge; in der Literatur werden im allgemeinen in der Phase des Suchens nach neuen Produktideen Aktivitäten wie die nachfolgend aufgezählten genannt [281, S. 296; 248]:

(1) Die Abschätzung zukünftiger Verbraucherbedürfnisse
(2) Die Beobachtung der Konkurrenz
(3) Selbständige Produktforschung
(4) Die Auswertung von Patenten
(5) Die Übernahme von Verkäuferideen
(6) Allgemeines brain-storming.

Ein mehr systematischer Suchprozeß für einzelne Suchgebiete wird neuerdings mit Hilfe von Simulationsmethoden durchgeführt [314; 230].

Nach Abschluß dieser ersten Phase soll in einer zweiten Stufe zumindest eine Grobauswahl getroffen werden können. Wege zur Eliminierung von Produktideen stehen einmal mit dem bekannten *Produktevaluierungsprozeß* nach *O'MEARA* [298; 371, S. 83 ff.; 368; 271; 128; 127; 211, S. 119 ff.] zur Verfügung. Dabei wird wiederum, wie schon zuvor beim Werbe-Submix aufgezeigt, versucht, die Stärke der Interdependenzen zu benachbarten Marketing-Sektoren und anderen Betriebsbereichen, also z.B. die Beziehung der potentiellen Produkte zu den bestehenden Distributionswegen und -methoden, der Kosten- und Nachfrageverbund zu verwandten, bereits hergestellten Produkten, die Größe des möglichen Marktpotentials sowie die Investitionserfordernisse an maschinellen Anlagen, Personal sowie Rohstoffen zum groben Auswahlprinzip zu machen. Mit Hilfe einer ordinalen Skala von sechs Stufen werden die potentiell bestehenden Verflechtungen dann subjektiv bewertet und danach diejenigen Produktideen mit den höchsten Punktzahlen ausgewählt.

Ein anderer Weg führt über den Ausbau von Simulationsmodellen durch die Aufnahme von Nebenbedingungen, die derartige Sachverhalte als Zielansprüche abbilden. Zu diesen Restriktionen gehören in dieser Phase des Auswahlprozesses in erster Linie die begrenzten Mittel, die für das Forschungsbudget zur Verfügung stehen, eventuell aufgespalten nach Forschungsgebieten, die Forcierung bestimmter Produktlinien, die Nichtüberschreitung bereitgestellter Kapazitäten und ebenso bestimmte Ansprüche hinsichtlich des erwarteten Marktpotentials. In einer gleichartigen, jedoch verfeinerten Weise wird auch in der folgenden Modellerweiterung vorgegangen.

Schließlich sei als dritte Methode noch das von *CHARNES* u.a. entwickelte DEMON-System herausgestellt [70], bei dem die Entscheidungen über potentielle neue Produkte einem auf dem *BAYES*'schen Theorem basierenden go-on-no-Prozeß unterworfen sind. Dabei geht man davon aus, daß bei der Weiterverfolgung einer Produktidee die von der Unternehmung gesetzten Ansprüche, vor allem in Bezug auf bestimmte Risikoschwellen entweder erfüllt sind (go), nicht erfüllt sind (no) oder noch weitere Informationen unter Beachtung deren Kosten erhoben werden müssen (on).

Mit Hilfe der soweit kurz aufgezeigten Methoden kann die im Grunde unüberschaubare Zahl möglicher neuer Produkte und Produktvarianten auf bestimmte, erfolgversprechende Alternativen eingeschränkt werden. Dies ist jedoch kein Problem dieser Untersuchung. Für die in den ersten beiden Stufen durchzuführende Grobplanung kommt es lediglich darauf an, die für bestimmte Bedürfniskomplexe geeigneten Absatzobjekte, repräsentiert durch ein Bündel von Eigenschaften, zu finden. Die Auswahl der Eigenschaften des dann in einem Rahmen gegebenen Eigenschaftsvektors eines Produktes ist noch offen.

Hier setzt die nun vorzunehmende Analyse des Produkt-Konkretisierungsprozesses ein; die Unternehmung muß über diejenigen u.U. gegenseitig substituierbaren Eigenschaften disponieren, die geeignet sind, im wesentlichen übereinstimmende Bedürfniskomplexe zu befriedigen. Je nachdem, ob es sich dabei um die *Neuplanung von Produkten* oder um die *Veränderung bereits bestehender Produkte* handelt, sind wiederum unterschiedliche Feinheitsgrade bei der Spezifizierung der jeweiligen Eigenschaftsvektoren angebracht. Konkret verstehen wir unter solchen frei variierbaren Eigenschaften vor allem Phänomene wie Farben, Form, Verpackungsgestaltung, Markierung u.ä., also auch Aspekte aus dem Bereich des „Merchandising".

4.132 Die Auswahl relevanter Eigenschaften

Die dem folgenden erweiterten Modellansatz zugrundeliegenden Überlegungen zielen darauf hin, solche Eigenschaftsbündel zu bestimmen, die *unterschiedliche Produktvarianten* ausmachen. Die Unternehmung disponiert also über eine Anzahl bereits vorgegebener Produktarten, die je nach Planungszweck potentiell dazu geeignet sind, das Produktionsprogramm zu bilden, in dieses aufgenommen oder ausgesondert zu werden. Sie disponiert innerhalb der einzelnen Produktarten über Produktvarianten, welche außer einem feststehenden Eigenschaftskern durch unterschiedliche „Rand"eigenschaften gekennzeichnet sind. Sie tut dies nicht nur unter Beachtung der Kostenkomponente interner Produktionsverfahrensweisen und Kapazitätsgrenzen, sondern auch in Bezug auf externe Marktgegebenheiten, wie sie etwa durch die Anforderungen bestimmter, in Marktsegmenten zusammengefaßter Nachfrager an die geplanten Absatzobjekte bestimmt werden.

Dazu kommt die Berücksichtigung derjenigen Interdependenzen, die in der Produktion wie auch insbesondere beim Absatz mehrerer Produkte auftreten. Jede unterschiedliche Eigenschaftsausprägung stellt eine eigene Dispositionsalternative (Strategie) dar. Wie zuvor bei den Werbeaktivitäten ist davon auszugehen, daß grundsätzlich jede der frei verfügbaren Randeigenschaften mit jeder anderen kombiniert werden kann. Die Analyse wird natürlich um so genauer, je mehr Eigenschaften über den vorgegebenen Eigenschaftskern hinaus frei wählbar sind; davon hängt wiederum die Zahl der Kombinationen und damit die Operationalität des Ansatzes ab.

Es sind deshalb auch hier Verfahren zu finden, die es erlauben, die Vielzahl der möglichen Eigenschaftskombinationen auf ein noch operationales Maß zu vermindern. Dabei muß noch beachtet werden, daß einige Eigenschaften kontinuierlich variiert werden können, hingegen andere nur diskontinuierliche Ausprägungen aufweisen. Als diskontinuierliches Phänomen ist auch die Tatsache einzustufen, daß die Substitution bzw. alternative Aufnahme von Eigenschaften aus unterschiedlichen Eigenschaftskategorien erfolgt. Alle Tatbestände sind in der hier dargestellten Konzeption gleich zu behandeln, sie gehen als diskrete

Werte in die Analyse ein. Diese Vorgehensweise erscheint auch für kontinuierlich veränderbare Eigenschaften plausibel, da zumeist jeweils nur diskrete Ausprägungsstufen verwirklicht werden [75, S. 118 ff.].

Die Einschränkung der Zahl der ursprünglich in die Betrachtung eingehenden Attribute auf relevante Eigenschaften kann einmal dadurch geschehen, daß auf der Herstellerseite für bestimmte Ausprägungsklassen beispielsweise Norm-Zahlreihen gebildet werden, die aus dem Gesamtbereich einer Ausprägungsklasse mit Hilfe eines Bildungsgesetzes nur bestimmte Werte auswählen [75, S. 118]. Damit wird jedoch nur in den seltensten Fällen auch die Nachfragekonstellation richtig getroffen. Deshalb sind Methoden anzuwenden, die die von den potentiellen Verbrauchern ausgehenden Bedürfnisvorstellungen hinsichtlich bestimmter Eigenschaften wenigstens grob berücksichtigen. Zur Messung und Darstellung derartiger mehrdimensionaler Sachverhalte werden in der Literatur insbesondere die Methode der *Polaritätsprofile* sowie die Distanzmessung im vieldimensionalen Raum herangezogen[6]. Für den Aufbau eines Polaritätsprofils werden alle zu begutachtenden Eigenschaften in parallel zueinanderstehenden Skalen eingeordnet. Die Beurteilung der Eigenschaften durch die einzelnen Nachfrager bzw. Nachfragerschichten geschieht dadurch, daß sie den Eigenschaften ($\bar{e} = 1 \ldots \bar{e}^*$) in den jeweils zugehörigen Skalen bestimmte subjektiv empfundene Werte zumessen und diese dann durch einen Linienzug verbunden werden (s. Abb. 12).

In der Ähnlichkeit der Kurvenzüge, mathematisch exakt z.B. mit der *SPEARMAN*'schen Rangkorrelation feststellbar, kommt zum Ausdruck, bis zu welchem Grade übereinstimmend die potentiellen Nachfrager einen bestimmten Eigenschaftsvektor eines Absatzobjektes beurteilen.

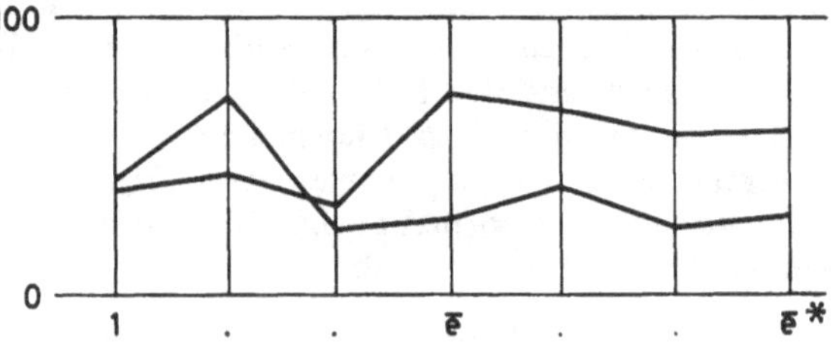

Abb. 12: Polaritätsprofil

[6] Diese ursprünglich in der Psychologie entwickelten Verfahren haben in den letzten Jahren in starkem Maße in den Bereichen der Marketing-Forschung Eingang gefunden. Vgl. ursprünglich *OSGOOD-SUCI-TANNENBAUM* [302, S. 81 ff.]. In der Anwendung der Marketing-Phänomene: *MINDAK* [280]; *GEIGER* [140]; *SPIEGEL* [364, S. 42 ff.]; *FISCHERKOESEN* [119, S. 33 ff.]; *CHMIELEWICZ* [75, S. 46 ff.]; *HIRSCH* [185].

Für den Zweck einer Eliminierung möglicher Elemente aus der Gesamtheit des relevanten Eigenschaftsspektrums und damit der Zahl der Kombinationen hat dies zur Folge, daß nunmehr solche Eigenschaften, bei denen weitgehende Übereinstimmung festzustellen ist und deren Wertung bestimmte Anspruchsniveaus überschreitet, als feststehend aufgefaßt werden können (Kerneigenschaften).

Diese Methode läßt jedoch keine Aussage darüber zu, welche Eigenschaften überhaupt einbezogen werden sollen, da genau so viele Attribute beurteilt werden, wie von vornherein vorgegeben sind. Wollte man alle denkbaren Nutzeneinschätzungen der Nachfrager auf diese Weise erfahren, so wären die Befragten natürlich weit überfordert, ganz abgesehen von den der Unternehmung entstehenden Kosten. Aus diesem Grunde erscheint es in vielen Fällen notwendig, eine Methode anzuwenden, die die Zahl der möglichen Kombinationen in noch stärkerem Maße zu reduzieren erlaubt.

In der Literatur werden dafür das Instrument der semantischen Differenzmessung sowie die Faktorenanalyse vorgeschlagen. Die *Faktorenanalyse* hat bei der hier geforderten Zwecksetzung die Aufgabe, aus der Vielzahl der durch Eigenschaften repräsentierten Beurteilungsaspekte nur repräsentative auszuwählen[7]. Das Verfahren arbeitet so, daß eine vorgegebene Vielzahl von Faktoren aufgrund der Messung der Stärke des Zusammenhangs zwischen den einzelnen Faktoren (gewissermaßen durch Bündelung eng zusammenhängender Komponenten) auf wenige repräsentative Faktoren reduziert wird. Ist damit die Zahl der Elemente des ein Absatzobjekt kennzeichnenden Eigenschaftsvektors eingeschränkt, so lassen sich dann mit Hilfe der semantischen Distanzmessung die in der Beurteilung der Nachfrager ähnlichen Produkte feststellen[8].

7 S. zur Anwendung der Faktorenanalyse: *HARDER* [168, S. 104–154]. *HARDER* schlägt vor, für die Korrelation von der Zahl der Nennungen bzw. Häufigkeiten auszugehen, da nicht jede Testperson jede potentielle Produkteigenschaft beurteilen kann (Non-Response-Problem) und außerdem damit das Problem der Skaleneinteilung (Metrik-Problem) entfällt. S. zur Methode weiterhin: *HARMAN* [170]; *ÜBERLA* [381].

8 Zur Messung der Distanz der im semantischen Raum angesiedelten Meinungsdispositionen wird im allg. die von *OSGOOD* aus der Raumgeometrie übernommene Formel

$$D_{e_1e_2} = \sqrt{\sum_{\nu} d^2_{\nu e_1 e_2}} \qquad e_1, e_2 \in 1, \ldots, e^*$$

angewandt, wobei e_1 und e_2 zwei Eigenschaften der Eigenschaftsmenge $1, \ldots, e^*$ und $\nu = 1, \ldots, \nu^*$ die Bewertungsdimensionen angibt. Zur Vermeidung einer evtl. nicht beabsichtigten unterschiedlichen Gewichtung der einzelnen Niveaudifferenzen ist zunächst der Einfluß der Dimensionierung durch eine lineare Transformierung (Standardisierung) auszuschalten. Andererseits kann die unterschiedliche Bedeutung einzelner Eigenschaften auch durch eine entsprechende Bewertung sichergestellt werden. Als Anhaltspunkt dafür kann die Selbstauswahl der zu beurteilenden Faktoren aus einer Liste sämtlicher relevanter Faktoren durch die Testperson vorgenommen werden. S. *OSGOOD–SUCI* [301, S. 251–262]; *HARDER* [168, S. 153 f.]; *FISCHERKOESEN* [119, S. 39 ff.].

Als Konsequenz für die Planungssituation folgt daraus, daß von den aus der Messung als ähnlich hervorgehenden Eigenschaftsbündeln (= Produktvarianten) nur jeweils wenige Varianten von vielen in die Disposition einbezogen zu werden brauchen. Auf diese Weise sind sowohl die Anzahl der Eigenschaften, die ein Produkt ausmachen, wie auch die Anzahl der Produktvarianten selbst auf die von der Nachfrageseite als relevant erkannten und damit auch die Zahl der daraus resultierenden, im Modell als Variablen aufzufassenden Eigenschaftskombinationen eingeschränkt worden.

Im übernächsten Abschnitt soll dann noch auf die auf der Produktionsseite entstehenden Konsequenzen der Eigenschaftskonkretisierung eingegangen werden.

4.14 Die empirischen Grundlagen für eine Evaluierung der Produktvarianten

Eng im Zusammenhang mit den zuvor gemachten Ausführungen sollen in diesem Abschnitt Möglichkeiten dargestellt werden, wie die unterschiedlichen Nachfragewirkungen in Bezug auf verschiedene Produktalternativen empirisch ermittelt werden können.

Zwei Methodenkomplexe, die u.U. auch miteinander verknüpfbar sind, sind von besonderer Bedeutung. Der erste betrifft die Faktorenanalyse und verwandte Verfahren [23, S. 118 ff.; 149]. Einen solchen faktoriellen Ansatz erläutern *FRANK-GREEN* am Beispiel eines Getränkeherstellers, der die Reaktion der Nachfrager auf 16 mögliche, durch unterschiedliche Eigenschaften gekennzeichnete Getränkealternativen testen will [125, S. 46 f.; s.a. 104; 169; 213; 288]. Dabei wird von den jeder Alternative zugeordneten Testgruppen geprüft, wie der Effekt von sich verändernden Eigenschaftsbündeln auf die Testgruppe ausfällt. Es lassen sich sowohl die Wirkung von Veränderungen der Eigenschaftsausprägungen desselben Eigenschaftsbereiches (Geschmacksvarianten) wie auch die gegenseitige Abhängigkeit zweier Eigenschaftsgruppen (Geschmack und Farbe) abschätzen. Man sieht jedoch leicht, daß bei einer Vielzahl von Eigenschaften bzw. Ausprägungen die Grenze der Operationalität schnell erreicht wird. Deshalb ist der zweite Methodenkomplex globalerer Natur.

Die in diesen Bereich gehörenden Verfahren sind im wesentlichen darauf abgestellt, daß ein Maß für die Präferenz der Nachfrager für einzelne Güter als Ganzes zu finden ist. Ein derartiger Indikator wird z.B. in der „Preisbereitschaft" gesehen, „d.h. die Geldmenge, die ein Individuum für den Erwerb eines Gutes gerade noch zu zahlen bereit ist, bevor es den Kauf unterläßt, ist das Maß für die Präferenz, die das Individuum bei diesem Gut gegenüber einem anderen Gut empfindet"[9]. Die experimentelle Bestimmung der Preisbereitschaft und damit der Präferenzhöhe kann durch Beobachtungsserien in Laborsituation und zudem mit Hilfe von ergänzenden Befragungen durchgeführt werden. Da es sich in der Planungssituation um den Test potentieller Produktalternativen handelt, die zudem durch die verschiedenartige Kombination der einzelnen Elemente sehr zahlreich sein können, kommen dafür in vielen Fällen nur Labortests, in denen reale Kaufsituationen simuliert werden, in Frage.

Insbesondere *PESSEMIER* [312; 311; 313; 171] hat sich diesem Problemkreis eingehend gewidmet. *FISCHERKOESEN* führt ein Experiment zur Messung der Präferenz mit Hilfe der Preisbereitschaft durch, das allerdings nur für bereits bestehende Produkte geeignet scheint. Eine solche Analyse eignet sich für die Beurteilung einer Produktalternative insgesamt; sie läßt sich weiterentwickeln zu einem Ansatz, in dem die Globalanalyse zugunsten der expliziten Berücksichtigung einzelner Eigenschaften verfeinert wird. Ausgangspunkt für diese Betrachtungsweise ist das Marktmodell von *SPIEGEL* [364; 365], in dem davon ausgegangen wird, daß jedem konkreten Meinungsgegenstand (Produkt) durch eine Person ein bestimmter Platz im Meinungsfeld zugeordnet wird.

Jeder Meinungsgegenstand besitzt für den einzelnen potentiellen Nachfrager einen bestimmten *Aufforderungswert*, der letztlich aus der für den einzelnen Konsumenten relevanten Bedürfnisstruktur und der Dringlichkeit ihrer Erfüllung resultiert. Der für das Eigenschaftsbündel zu zahlende Preis vermindert als negative Valenz den Aufforderungswert. Über die Dimensionierung und Quantifizierung macht *SPIEGEL* keine Angaben, in Frage käme dafür etwa eine Bewertungsskala, in die die Befragten den Meinungsgegenstand einordnen. Der Aufforderungsgradient als der eigentlich zu bestimmende Präferenzwert wird durch das Verhältnis des Abstandes (semantische Distanz) zwischen der von einem Nachfrager im Meinungsfeld eingeschätzten Position eines Produktes und dessen Idealvorstellung vom gleichen Produkt auf der einen Seite und der Höhe des Aufforderungswertes andererseits ausgedrückt.

SPIEGEL spezifiziert die Dimension des Meinungsfeldes nicht näher; außerdem wäre für eine genauere Analyse über den bei ihm graphisch dargestellten zweidimensionalen Ansatz hinaus eine Erweiterung auf einen vieldimensionalen Raum, der beispielsweise ebensoviele Dimensionen erfaßt wie Eigenschaften relevant sind, unabdingbar. Damit ist die Verbindung zu dem ersten angesprochenen Methodenkomplex der Faktorenanalyse gegeben. Eine Erhebung müßte so aussehen, daß mit Hilfe von Testgruppen für jede Produkt-

9 S. *FISCHERKOESEN* [119, S. 63]. Dieser geht auch auf die Problematik einer derartigen daraus abzuleitenden monetären Präferenzskala ein, insbes. auch auf die Frage nach der interpersonellen Vergleichbarkeit. S. a. *JUSTER* [206].

alternative Häufigkeiten der Nennung für deren einzelne Eigenschaften bzw. Ausprägungen erfragt werden.

Mit diesem kurzen Abriß über Präferenzmeßmethoden sind die wichtigsten der in der Praxis gebräuchlichen und auf unseren Sachverhalt anwendbaren Verfahren aufgezeigt. Außer auf die „Präferenzmessung" stellen die in der Praxis üblichen Analysen zumeist noch auf die Erhebungskomplexe „Bekanntheit" und „Verwendung" ab.

Für eine Planungssituation, in der potentielle Produktalternativen zu testen sind, können diese letzteren beiden Konzepte nur bedingt herangezogen werden, sie geben allenfalls Informationen über bereits am Markt eingeführte Produkte. Das eigentliche zu bewältigende Problem stellt ja die Prognose des Absatzes eines durch eine bestimmte Eigenschaftsstruktur gekennzeichneten Produktes dar.

Das bedeutet, jegliche Präferenzmessung dient nur als Anhaltspunkt für die in einem Marktsegment zu erwartende mengenmäßige Absatzänderung aufgrund einer neuen Produktalternative [310].

Dies läßt sich etwa vergleichen mit dem bei den Werbeaktivitäten behandelten Schluß von den psychischen Kontaktwahrscheinlichkeiten zu der tatsächlichen Absatzmengenänderung. Die empirischen Informationen sind jedoch im Falle der Produktgestaltung sehr viel mehr *produkt- und unternehmensindividueller Natur* und damit auch relativ schwieriger und teurer zu erhalten als im Falle der Werbeaktivitäten, wo bereits umfangreiches Datenmaterial über die wichtigsten Werbeträger zur Verfügung steht. Aus allgemein zugänglichen Untersuchungen, insbesondere Panelerhebungen, gibt es nur Angaben über Besitz und regelmäßigen Verbrauch von Produkten, Kaufintensitäten und Kaufabsichten. Für die Evaluierung der Produktalternativen müssen deshalb in viel größerem Maße Experimente in der Laborsituation sowie diese Analysen begleitende Erhebungen im Markt über das Kaufverhalten in dem speziell interessierenden Produktsektor angestellt werden.

Es bleibt noch zu erwähnen, daß die aus Experimenten und Erhebungen erhaltenen Informationen auch als Grundlage für die Aufstellung von Wahrscheinlichkeitsverteilungen dienen können.

In den bisherigen Ausführungen wurde in der Hauptsache die Abschätzung der Nachfragerreaktionen auf Produktgestaltungsaktivitäten behandelt, wobei diese von anderen Marketinginstrumenten isoliert gesehen wurden und auch nur jeweils isoliert ein spezifisches Produkt betrafen. Eine weitergehende Analyse muß noch untersuchen, wie sich die gegenseitige Beeinflussung der Aktivitätsbereiche sowie die Interdependenzen zwischen den einzelnen Produkten eines Produktionsprogrammes berücksichtigen lassen. Es ist selbstverständlich, daß sich eine veränderte Produktgestaltung auch auf den Einsatz der Werbemaßnahmen auswirken muß, wie umgekehrt unterschiedliche Werbestrategien, sei es bei der Zielgruppenauswahl, in der Streuung oder der Gestaltung, mit jeweils anderen Produktalternativen übereinstimmen. In formaler Hinsicht läßt sich zwar, wie noch zu zeigen sein wird, der Sachverhalt der gegenseitigen Abhängigkeit zwischen den einzelnen Instrumenten lösen, für eine operationale Analyse besteht jedoch die eigentliche Schwierigkeit in der konkreten Bestimmung der Wirkungszusammenhänge.

Das Phänomen unterschiedlicher Verbundkategorien zwischen den einzelnen Produkten erklärt sich, wie zu Anfang bereits aufgezeigt, aus den jedem Produkt mitgegebenen, unterschiedlichen Eigenschaftskonstellationen sowie den durch die Marktsegmentsmerkmale beschriebenen unterschiedlichen Bedürfniskomplexen der Nachfrager. Die Gewinnung empirischer Daten für derartige Abhängigkeitsverhältnisse gestaltet sich sehr schwierig, bei der Prognose der Absatzentwicklung verbundener Produkte aufgrund bestimmter Eigenschaftsvariationen können etwa die mit Hilfe von Korrelationsanalysen errechneten Beziehungen zwischen den in der Vergangenheit abgesetzten Mengen ähnlicher Produkte eine Hilfe für die Schätzung geben[10]. Auf dieser Grundlage lassen sich dann beispielsweise subjektive Verbundwahrscheinlichkeiten bilden, die die Interdependenz zwischen der Absatzleistung j und j' wiedergeben.

4.15 Die produktions- und kostenmäßigen Auswirkungen der Variation des Eigenschaftsvektors von Absatzobjekten

Wir haben zuvor festgestellt, daß alle von den potentiellen Nachfragern in unterschiedlicher Weise geforderten Erzeugniseigenschaften jeweils eine Produktvariante konstituieren. Solche gewünschten Eigenschaften, „consumer criteria" im Sinne von *BREMS* [59, S. 18 ff.], sind nun auch von Seiten der disponierenden Unternehmung zu konkretisieren, d.h. es müssen ihnen die entsprechenden „producer criteria" gegenübergestellt werden. Darunter werden hier die Aktivitäten gerechnet, die die substantielle Gestaltung einer Absatzleistung, so z.B. Eigenschaften, die den Funktionswert, die Formgebung, Verpackung oder Markierung ausmachen.

Die von der Nachfrageseite her geforderten Produkteigenschaften müssen sich im Produktionsprozeß durch die verschiedenartige *Substanzgestaltung* wie *Verfahrensgestaltung* verwirklichen lassen. Dies bedeutet konkret, daß sich durch den Einsatz unterschiedlicher Werkstoffe bzw. Einzelteile sowie durch die Festlegung unterschiedlicher Arbeitsgänge jeweils Produkte mit einem anderen Eigenschaftsvektor ergeben.

[10] Eine derartige Problematik behandeln mit Hilfe der Korrelationsanalyse z.B. *BANKS* [23, S. 79–134 und S. 201–222]; *FRANK-GREEN* [125, S. 60 ff.].

Die Stückliste als Grundlage des Substanzaufbaus sowie Art und Zahl der Arbeitsgänge einschließlich eventueller Montagen als Grundlage des Arbeitsablaufprozesses determinieren also in der Produktionsplanung die Produktvarianten [75, S. 136 ff.]. Gefordert wird nun die optimale Abstimmung der einmal von den Nachfragern und zum anderen durch die Produktionsgegebenheiten determinierten Eigenschaften der Produktvarianten im Hinblick auf die betriebliche Zielsetzung. Dieser Aspekt wird deshalb so betont, weil es in der Literatur zwar Ansätze gibt, die die optimale Verfahrensauswahl im Produktionsbereich beschreiben, die jedoch das Wahlproblem nur von der Kostenseite unter Konstanz der Absatzbedingungen berücksichtigen[11]. Hier soll indessen der Versuch gemacht werden, derartige Substanz- und Verfahrensalternativen auch von ihrer Wirkung auf die Konsumenten her zu untersuchen und damit beide Aspekte in den Modellansatz einzubeziehen.

Für die Modellformulierung sind in der Zielfunktion zunächst die Kostenkomponenten, die sich in den jeweiligen Arbeitsgängen bzw. Substanzelementen zuordnen lassen, von Bedeutung. Nach dem Grundsatz der relevanten Kosten werden dabei nur diejenigen Kostenbeträge den Produktvarianten zugerechnet, die Einfluß auf Entscheidungsvariablen haben. Jeder Produktvariante kann ein dem Eigenschaftsvektor entsprechender Kostenvektor zugeordnet werden, der die relevanten Kostenelemente umfaßt.

In diesem Zusammenhang spielt natürlich die Fristigkeit der Planung eine Rolle; in der hier angenommenen kurzfristigen bis mittelfristigen Planperiode, die etwa einen Zeitraum bis zu einem Jahr einschließen soll, werden in erster Linie mengenproportionale Kosten wie Werkstoff-, Energie- und Fertigungslohnkosten betroffen. Durch die nachfolgende, im Modell zugrundeliegende diskrete Formulierung möglicher Alternativen ist jedoch außerdem gesichert, daß auch fixe Kostenbestandteile, also solche, die nicht mit der Menge, aber mit der gesamten Eigenschaftskombination variieren, berücksichtigt werden können. Da wir hier von im wesentlichen vorgegebenen Fertigungskapazitäten ausgehen, gehen solche Alternativen längerfristiger Natur, die Investitionsprobleme aufwerfen, nicht in die Analyse ein[12].

[11] s. beispielsweise erste Ansätze bei *CHENERY* [74]; *FERGUSON* [115]; *FÖRSTNER-HENN* [122, S. 90 ff.]; den Aspekt der örtlichen Arbeitsgangwahl (machine assignment) untersuchen insbes.: *REINFELD-VOGEL* [322, S. 151 ff.]; *JACOB* [198]; *KILGER* [210].
Die Verbindung zur Nachfrageseite behandeln explizite: *BREMS* [59]; *ABBOTT* [2]; *KLATT* [215]; *VISCHER* [386]; *BRINK* [60].

[12] s. dazu *KILGER* [210, S. 162 ff.]. Neben den hauptsächlich angesprochenen mengenproportionalen Herstellkosten sind jedoch neben weiteren mengenproportionalen Kostenkomponenten, die zu den proportionalen Selbstkosten führen, noch all diejenigen relevanten Kostenbestandteile zu berücksichtigen, welche aus einer Veränderung der jeweiligen Eigenschaftskombination resultieren. Auf die Problematik der Zurechenbarkeit kann im Rahmen dieser Arbeit nicht eingegangen werden.

Es sei noch darauf hingewiesen, daß auch Spezialprobleme der Produktionsplanung wie die betrieblichen Anpassungsprozesse, Termindispositionen sowie Reihenfolge und Seriengrößenüberlegungen nicht explizit behandelt werden, sich jedoch mit dem Konzept der diskreten binären Variablen formal ebenso erfassen lassen.

Im Hinblick auf die Modellformulierung fällt weiterhin ins Gewicht, daß neben den vorgegebenen Zielansprüchen bzw. extern bestimmten Restriktionen, die die Marktsegmente auf der Nachfrageseite betreffen, nun auch eine unternehmensinterne Begrenzung des Gestaltungsbereiches bei der Wahl des Eigenschaftsspektrums der Produktvarianten vorliegt, d.h. die daraus resultierenden Restriktionen werden vornehmlich durch die betrieblichen Kapazitäten bestimmt. Dazu kommen noch im Rechts- und Wettbewerbssystem begründete Bedingungen wie Warenzeichenschutzrechte, Patentschutzrechte oder Beimischungsgebote, also Aspekte des „legal approach", welche die Auswahl der potentiellen Produktattribute einschränken, sofern diese nicht bereits im vorgelagerten Produktauswahlprozeß berücksichtigt wurden.

Zusammenfassend läßt sich feststellen, daß durch unterschiedliche Verfahrensmöglichkeiten (im weitesten Sinne definiert) in der Produktion unterschiedliche Produktausprägungen zustandekommen, die bestimmte Ansprüche sowohl der Marktseite wie auch der innerbetrieblichen Kapazitätsstruktur erfüllen müssen. Analog zu dem von *JACOB* und *KILGER*[13] aufgezeigten „Verfahren der Alternativkalkulation", bei dem „für die zu verteilenden Aufträge Alternativkalkulationen der proportionalen Fertigungskosten für *alle* möglichen Verfahrenskombinationen oder Verfahrenszyklen erstellt werden", sind die hier zugrundeliegenden Überlegungen jedoch nicht nur darauf gerichtet, die ausschließlich von der Kostenseite her günstigsten Verfahrensmöglichkeiten zu finden, sondern die unterschiedlichen Arbeitsgänge werden als Produktalternativen mit unterschiedlichem Eigenschaftsvektor und dementsprechend unterschiedlichen Erlöswirkungen gesehen. Die kombinatorische Lösungsmethodik bleibt erhalten.

4.16 Die Disposition über die Produkteigenschaft „Preis"

Innerhalb des den Produkt-Mix bestimmenden Entscheidungskomplexes soll nach der hier verfolgten Konzeption auch die Festlegung des Preises der jeweiligen Absatzobjekte erfolgen. Wir gehen davon aus, daß im Meinungs- und

[13] Vgl. zur sog. Alternativkalkulation: *KILGER* [210, S. 178–181]; *JACOB* [198, S. 255 ff.] behandelt dieses Verfahren als „Lösungsansatz 2". Eine andere Möglichkeit wird durch die sog. arbeitsgangweise Kalkulation gegeben, bei der sich die Zahl der Variablen einschränken läßt, jedoch die Zahl der Restriktionen für die Beschreibung gleicher Sachverhalte anwächst. (Vgl. *KILGER* [210, S. 181–184]).

Präferenzfeld der Nachfrager der Preis und die sonstigen Eigenschaften einer Absatzleistung in einem engen Zusammenhang miteinander gesehen werden müssen und beim Kaufakt weitgehend gleichberechtigte Auswahlkriterien darstellen. Darüberhinaus sind natürlich für die Unternehmung die Preise unter Beachtung dieses Zusammenhanges auch als Erlöskomponenten von Bedeutung.

Die Voraussetzung für die Bestimmung eines optimal strukturierten Leistungsprogrammes bildet die Kenntnis oder zumindest Abschätzung des bei alternativen Eigenschafts-Preis-Kombinationen zu erzielenden Erlöses.

Bisher wurde nicht präzisiert, ob die Unternehmung die Preise gegenüber den Endverbrauchern oder gegenüber den Händlern setzt. Sobald nämlich eine Unternehmung die Endpreise wie auch andere durch die Handelsstufen hinzugefügten Eigenschaften nicht mehr kontrolliert, müssen auch deren Distributionsaktivitäten explizit erfaßt werden. Wir gehen in unserer Analyse davon aus, daß die Preisentscheidungen der Unternehmung als Festsetzung gegenüber den Endverbrauchern anzusehen ist, d.h. die Produkte beispielsweise der Preisbindung unterliegen bzw. Direktvertrieb vorliegt. Für die vom Standpunkt der Unternehmung aus mit der Preisstellung eng in Verbindung stehende Bewältigung der Phänomene wie *Preisdifferenzierung* bzw. *Rabattgewährung* bietet die eingeschlagene Vorgehensweise (also insbes. die Marktsegmentbildung und die kombinatorische Struktur) ebenfalls Vorteile. Die Aufspaltung in Marktsegmente, die jeweils durch eine Kombination von Konsumentenmerkmalen gekennzeichnet sind, gestattet beispielsweise in relativ einfacher Weise die Durchführung einer räumlichen Preisdifferenzierung. Schon durch die Definition der Kombinationen als Variable in der Modellformulierung kann nämlich gewährleistet werden, daß für solche Marktsegmente, die sich hinsichtlich eines räumlichen Merkmales unterscheiden, unterschiedliche Preise gefordert werden. Ebenso können derartige Sachverhalte auch als logische Exklusionsbedingungen in den Restriktionen formuliert werden.

Analoge Überlegungen in Bezug auf die Preissetzung lassen sich im Prinzip auch für alle anderen Merkmale, durch die ein Marktsegment bestimmt ist, anstellen. Im Falle einer Mengenrabattierung kann sich dabei z.B. die Größe des Marktsegmentes bis auf einzelne Kundengruppen oder Kunden einengen, welche alle geforderten Merkmale für einen derartigen Preisnachlaß erfüllen.

Insgesamt zeigt sich, daß die Anwendung dieses Instrumentariums sehr flexibel ist. So kann z.B. das absatzpolitische Instrument „Kundenkeditgewährung" als eine modifizierte Art der Preisstellung im Zeitablauf aufgefaßt werden.

Im folgenden Kalkül ist keine stetige Preis-Absatz-Funktion vorausgesetzt, sondern für jede Produktart bzw. jede Produktvariante kann aus einem Vorrat diskreter Werte für die möglichen Preisstellungen eine Auswahl getroffen werden. Die Verfahrensweise der Vorgabe diskontinuierlicher Preisstufen bildet die Wirklichkeit in vielen Fällen genauer ab als die Annahme kontinuierlich veränderbarer Preise und paßt sich zudem in die bisher praktizierte kombinatorische Betrachtungsweise bruchlos ein.

Die Entscheidungssituation sieht also so aus, daß für jede Produktvariante verschiedene Preisalternativen zur Verfügung stehen, die in Abhängigkeit von den übrigen Aktionsparametern der Unternehmung und im Hinblick auf deren Zielsetzung sowie die durch den Markt vorgegebenen Bedingungen optimal auszuwählen sind.

Zur Bestimmung der Breite des Auswahlbereiches für die vorzugebenden Preisstufen sind Überlegungen wie sie im Zusammenhang mit der Festlegung der Preisuntergrenze (Grenzkosten) und Preisobergrenze (Prohibitivpreis) diskutiert werden, anzustellen. Dazu kommt natürlich die Orientierung am Konkurrenzverhalten. Die Zahl der jeweiligen Preisstufen richtet sich nach dem gewünschten Feinheitsgrad der Planung.

4.2 Die Aufnahme der Produkt- und Preisgestaltungsaktivitäten in ein erweitertes Optimierungsmodell – die quantitative Diskussion

In diesem Abschnitt geht es darum, den vorher geschilderten Sachverhalt in einen möglichst operationalen Modellansatz zu übersetzen. Ausgehend von dem im Kap. 3.53 dargestellten Grundmodell zum Werbe-Submix soll nun versucht werden, in ein stufenweise zu erweiterndes Modell auch den Produkt-Submix einschließlich der Preisaktivitäten zu integrieren. Dabei gehen wir zunächst davon aus, daß nur *ein*, in seinen Kerneigenschaften festliegendes Absatzobjekt in der Analyse berücksichtigt werden soll, d.h. all diejenigen Aktionsparameter, die die weiteren im Produktionsprogramm einer Unternehmung befindlichen Produkte determinieren, sind als konstant anzusehen; Überlegungen im Zusammenhang mit dem Mehrproduktfall erfolgen im übernächsten Abschnitt.

4.21 Die Berücksichtigung von Veränderungen der Eigenschaftsstruktur eines Produktes in der Zielfunktion

Nach dem oben Gesagten ist ein Produkt durch eine Kombination von Eigenschaften charakterisiert. In Analogie zu den Werbeträgern $\bar{i}$ sei jede individuelle Eigenschaft mit Ausnahme des Preises mit $\bar{e}$ bezeichnet; eine mögliche Kombination mehrerer Eigenschaften demgemäß mit e sowie der Preis mit p benannt. Die Abbildung verdeutlicht die kombinatorische Betrachtungsweise, z.B. soll die Produktvariante $e = 5$ die Eigenschaften $\bar{e} = 2, 4, 6, 7$ und $\hat{e}$ besitzen sowie mit der Preisalternative $p = 2$ verbunden sein. Entsprechendes gilt für alle anderen Varianten. Dabei sind die veränderbaren Eigenschaften $\bar{e}$ von besonderem Interesse; die den Produktkern ausmachenden Grundeigenschaften $\hat{e}$ bilden die konstante, in jeder Kombination enthaltene Attributkombination (s. Tab. IV). In der mathematischen Formulierung kennzeichnet der Index e also nun zusätzlich zum Index k für die Marktsegmente und dem Index v, der zusammenfassend für die Werbeaktivitäten steht, die Art der Produktvariation.

	e →	1	2	3	4	5	6	7	8	..
Kerneigenschaften	$\hat{e}$	x	x	x	x	x	x	x	x	
	1	x		x				x	x	
	2	x	x			x				
Variable Eigenschaften	3	x		x	x			x		
$\bar{e}$	4	x	x	x	x	x		x		
	5				x		x	x	x	
	6				x	x	x	x	x	
	7		x	x	x	x	x			
Preisalternativen	1	x	x	x						
p	2				x	x	x			
	3						x	x		

Tab. IV: Eigenschaftscharakter einer Produktart

Im Unterschied zu der Funktion (3.26) sind die Kostenkomponenten jetzt auch nach Produktvarianten zu differenzieren, ebenso gehen die Preise für die Produkte bzw. deren Varianten nicht mehr als Konstanten in das Modell ein, sondern es sind verschiedene Preisstellungen möglich.

Unter Beachtung der aufgezeigten Indizierung lautet die Zielfunktion für *eine*, in ihren Randeigenschaften variable Produktart:

$$(4.1) \qquad G = \sum_k \sum_e \sum_v \Bigg\{ \Bigg[\underbrace{(p_{ke} - c^{(v)}_{ke}) \cdot (x_{ke} +}_{\text{Wirkung der Produktvariation}}$$

$$\underbrace{n_{kv}\, \alpha_{kv}\, \rho_{ev}(w_{kv}))}_{\text{Werbewirkung}} \underbrace{- c^{(F)}_{ke} - l_{kv} \Bigg] u_{ev} \Bigg\} - K_F}_{\text{Kosten}} \rightarrow \text{Max !}$$

(4.1a) $\sum_{e} u_{ev} \leq 1 \; (2, 3 \ldots)$ für alle v; $u_{ev} \begin{cases} 0 \\ 1 \end{cases}$

(4.1b) $\sum_{v} u_{ev} \leq 1$ für alle e

p_{ke}: Preisalternative für die Produktvariante mit der Eigenschaftskombination e im Marktsegment k.

$c_{ke}^{(v)}$: Der der Eigenschaftskombination e zuzuordnende mengenabhängige Kostenbetrag (für das Marktsegment k).

x_{ke}: Die aufgrund der Eigenschaftskombination e abzusetzende Menge der Produktvariante im Marktsegment k.

$c_{ke}^{(F)}$: Der der Eigenschaftskombination e zuzuordnende mengenunabhängige (fixe) Kostenbetrag (für das Marktsegment k).

$n_{kv} a_{kv} \rho_{ev}(w_{kv})$: Die mengenmäßige Evaluierung der durch die Werbekombination v zustandekommenden Kontakte beim Absatz der Produktvariante mit der Eigenschaftskombination e (im Marktsegment k).

l_{kv}: Kosten der Werbekombination v beim Einsatz im Marktsegment k.

u_{ev}: Binäre Variable, die, falls die Produktvariante mit der Eigenschaftskombination e (einschließlich der Preisalternative p_{ke}) und gleichzeitig Einsatz der Werbekombination v gewählt wird, den Wert 1 annimmt, andernfalls den Wert 0.

Durch die kombinatorische Betrachtungsweise ist gewährleistet, daß die Interdependenzen zwischen den einzelnen Marketingbereichen berücksichtigt werden können; ebenso ermöglicht die besondere Definition bestimmter Kombinationen beispielsweise, jeder Produktvariante bestimmte Werbeaktivitäten oder Preisstufen zuzuordnen oder auch andere Preisalternativen oder Werbekombinationen auszuschließen. Die Bedingung (4.1 a) stellt sicher, daß von der betrachteten Produktart jeweils höchstens 1 (2, 3 . . .) Varianten ausgewählt werden können, während bei den Werbekombinationen in der Formulierung (4.1 b) immer höchstens eine für jede Produktvariante in Frage kommt. (4.1 b) kann auch durch werbespezifische Exklusionssysteme analog (3.26 b) ersetzt werden.

Ein Aspekt bleibt noch zu erwähnen: Die aufgrund der Eigenschaftskombination e abzusetzende Menge im Marktsegment k ist in der Zielfunktion durch die Größe x_{ke} als bekannt vorausgesetzt. Über das Ausmaß derartiger Absatzänderungen liegen im deterministischen Fall sichere Informationen vor, sobald wir jedoch diese Annahme aufgeben, kommt man zwangsläufig wie bei der Werbung zu Evaluierungsverfahren bzw. in den Bereich stochastischer Methoden.

Die *Aufnahme eines Evaluierungskonzeptes* in die Zielfunktion soll im folgenden noch behandelt werden. Wenn wir davon ausgehen, daß analog der Vorgehensweise bei der Evaluierung der Werbeaktivitäten mit gleichen oder ähnlichen Verhaltensweisen der Konsumenten in den einzelnen Marktsegmenten zu rechnen ist, so lassen sich auch bei der Abschätzung der abzusetzenden Produktmengen segmentspezifische Bewertungsgrößen ableiten. Dies geschieht auf der Basis von empirisch belegten Präferenzwerten, die angeben, wie ein Nachfrager im Marktsegment k die Produktvariante mit der Eigenschaftskombination e in sein Präferenzschema einordnet. Der Schluß von dem jeweiligen Präferenzwert auf die tatsächlich verkaufte Menge eines Produktes kann dann von der Unternehmung mit Hilfe eines Evaluierungsverfahrens gefunden werden.

Besteht ein Segment aus n_{ke} Personen, die aufgrund von bisheriger Verwendung oder Verwendungsabsicht gleichartiger Güter auch für die (neue) Produktvariante e in Frage kommen, so läßt sich die Absatzmenge x_{ke} in (4.1) wie folgt durch die Evaluierungsfunktion ersetzen:

(4.2)
$$G = \sum_k \sum_e \sum_v \left\{ \left[(p_{ke} - c_{ke}^{(v)}) \cdot (n_{ke} \cdot \beta_{kev} \cdot Q_{ke} + n_{kv}\, \alpha_{kv}\, \rho_{ev}(w_{kv})) - c_{ke}^{(F)} - l_{kv} \right] u_{ev} \right\} - K_F \rightarrow \text{Max!}$$

Die logischen Bedingungen sind dieselben wie im System (4.1). Zusätzlich treten jetzt gegenüber (4.1) noch folgende Symbole auf:

n_{ke}: Anzahl der Personen gleicher Verhaltensweise im Marktsegment k, die als Käufer für die Produktvariante e in Frage kommen.

Q_{ke}: Präferenzwert, der von einer Person im Segment k der Produktvariante e zugeordnet wird.

β_{kev}: Evaluierung der Präferenz eines Nachfragers im Segment k (in Abstimmung zur Werbekombination v) hinsichtlich der durchschnittlich zu verkaufenden Menge der Produktvariante e.

Die Einführung der Evaluierungsfaktoren entspricht in einem Wahrscheinlichkeitskonzept der Zuordnung von subjektiven Wahrscheinlichkeiten zu jeder Kombination, getrennt nach den einzelnen Marketingbereichen. Die Erfassung und Bewertung der Interdependenzen zwischen den Instrumenten vollzieht sich damit praktisch bereits in dem Gremium, das etwa aufgrund eines Diskussionsprozesses die subjektiven Wahrscheinlichkeiten für alternative Maßnahmen abschätzt. Die Gewinnfunktion läßt sich so als eine Art übergeordnete Präferenzfunktion interpretieren; das eigentlich stochastische Entscheidungsproblem wird wieder in eine quasi-deterministische Struktur umgewandelt [69; 323; 349, S. 58]. Auf die Restriktionen, denen die Zielfunktionen (4.1) und (4.2) unterliegen, wird im folgenden noch eingegangen.

4.22 Die Berücksichtigung der Interdependenzen im Falle mehrerer Produktarten und Produktvarianten in der Zielfunktion

Wir sind bisher davon ausgegangen, daß nur eine Produktart in die Betrachtung eingeht, d.h. die Aussage über das gesamte Verkaufsprogramm der Unternehmung wurde noch nicht näher spezifiziert. An jedem Absatzobjekt interessieren nur die über einen bestimmten Produktkern (Mindestqualität) hinausgehenden, variierbaren Eigenschaften, die im Produktionsbereich (im weitesten Sinne aufgefaßt) festgelegt werden. Für solche alternativen Eigenschaftskombinationen stand bisher der Index e. Für die Analyse des Mehrproduktfalles ist diese Indizierung jedoch nicht mehr ausreichend. Deshalb kennzeichnet der Index j nun die im voraus bereits fest vorgegebenen Eigenschaftskerne, welche bestimmten Produktvarianten einer Produktart gemeinsam sein sollen. Die über den eigentlichen Eigenschaftskern hinausgehenden, frei disponierbaren Eigenschaftskombinationen jeder Produktart j behalten den Index e; ein Produkt sei damit jetzt durch die Doppelindizierung e_j beschrieben. Die Unternehmung disponiert also zum einen über die ***grundsätzliche Produktauswahl*** (Index j) wie auch andererseits über die ***Ausgestaltung der daraus abgeleiteten Produktvarianten*** (Index e). Das Modell muß in der Lage sein, diesem Sachverhalt Rechnung zu tragen. Ausgewählt werden können also ein oder mehrere Grundproduktarten und davon wiederum jeweils eine oder mehrere Produktvarianten.

Es sei noch darauf hingewiesen, daß durch eine derartige Modifizierung die Parallelität zu der auf der Nachfrageseite für die Marktsegmente in Bezug auf mehrere Produkte abgeleitete Kennzeichnung k_j hergestellt wird.

Neben die zwischen den einzelnen Marketingaktivitäten bestehenden Interdependenzen treten nun noch die zwischen den einzelnen Produktarten j und j' auftretenden Beziehungen.

Die erweiterte Zielfunktion lautet nun im Mehrproduktfall unter Einschluß der Evaluierung:

(4.3)

$$G = \sum_j \sum_{k_j} \sum_{e_j} \sum_{v_j} \Big\{ (p_{jk_je_j} - c^{(v)}_{jk_je_j}) \cdot$$

direkte Wirkungen

$$\Big[\Big[n_{jk_je_j} \cdot \beta_{jk_je_jv_j} \cdot Q_{jk_je_j} + + (n_{jk_jv_j} \cdot \alpha_{jk_jv_j} \cdot \rho_{je_jv_j}(w_{jk_jv_j}))\Big] \cdot u_{je_jv_j}$$

Verbund-wirkungen

$$+ \sum_{\substack{j' \\ j \neq j'}} \Big[(\beta'_{jj'ee'_{jj'}v_{jj'}} Q_{jj'k_{jj'}ee'_{jj'}}) + (\rho'_{jj'ee'_{jj'}v_{jj'}}(w_{jj'k_{jj'}v_{jj'}})) \cdot u_{jj'ee'_{jj'}} \Big]\Big]$$

Kosten

$$- \quad c^{(F)}_{jk_je_j.} + l_{jk_jv_j} \Big\} - K_F \rightarrow \text{Max !}$$

wobei

(4.3a)
$$\sum_{e_j} u_{je_jv_j} \leq 1\ (2, 3\ \ldots)\ \text{für alle } j, v_j$$

(4.3b)
$$\sum_{v_j} u_{je_jv_j} \leq 1 \ \text{ für alle } j, e_j\,; \qquad u_{je_jv_j} = \begin{cases} 0 \\ 1 \end{cases}$$

(4.3c)
$$u_{jj'ee'_{jj'}} = \begin{cases} 0 \text{ für } u_{je_jv_j} \cdot u_{j'e'_{j'}v_{j'}} = 0 \\ 1 \text{ für } u_{je_jv_j} \cdot u_{j'e'_{j'}v_{j'}} = 1 \end{cases}$$

$$\text{für alle } j, j', e, e' \qquad u_{jj'ee'_{jj'}} = \begin{cases} 0 \\ 1 \end{cases}$$

Auf eine ausführliche Symbolerklärung kann hier verzichtet werden; es gelten grundsätzlich die gleichen Symbole wie bei den Zielfunktionen (4.1) und (4.2), nur daß zusätzlich alle Größen noch nach Produktarten j differenziert werden. Die Besonderheiten zeigen sich vor allem in der Berücksichtigung der Verbündwirkungen sowohl zwischen den einzelnen Produktarten wie auch in den Produktvarianten, wie sie in den Gliedern, die mit den binären Variablen $u_{jj'ee'_{jj'}}$ verbunden sind, zum Ausdruck kommen. Die Evaluierungsfaktoren β' und ρ' quantifizieren den gegenseitigen Einfluß der Produkte im Hinblick auf Mengenänderungen, z.B. bei dem Produkt j' aufgrund der für das Produkt j eingesetzten Marketingaktivitäten und umgekehrt. Das System (4.3) baut auf dem isoliert für die Werbung abgeleiteten System (3.26) auf; dies gilt insbesondere auch für die Bedingung (4.3 b), die nach (3.26 b) spezifiziert werden kann. Für die Auswahl der optimalen Lösung sind noch die betrieblichen Kapazitäten und zusätzlich Zielanspruchsbedingungen zu beachten, deren Formulierung im Abschnitt 4.24 erfolgt.

4.23 Der stochastische Aspekt des Problems

Ein zentrales Problem der Modellkonkretisierung stellt die Abschätzung der Erlöswirkungen beim Einsatz unterschiedlicher Aktionsbündel der Unternehmung dar. Wie bei der Werbung sind deshalb auch hier Wege zu diskutieren, die über die bisher angewandte deterministische bzw. quasi-deterministische Analyse hinaus auf Wahrscheinlichkeitsverteilungen für die erwartete Nachfrage basieren. In der Zielfunktion erscheint dann anstelle der durch die Produktgestaltung hervorgerufenen deterministischen Absatzmenge $x_{jk_je_j}$ bzw. der Evaluierung $n_{jk_je_j} \cdot \beta_{jk_je_jv_j} Q_{jk_je_j}$ die Erwartungsfunktion E $\{z_{jk_je_j}\}$, wobei die $z_{jk_je_j}$ letztlich Gelegenheiten für das Zustandekommen eines Kaufaktes bedeuten. Die stochastischen Gesetzmäßigkeiten können entweder auf analytischem Wege abgeleitet oder durch Simulation gewonnen werden.

4.231 Die Diskussion analytischer Verteilungen

Grundsätzlich muß zwischen der Ableitung von Verteilungen für die erwarteten Absatzmengen, die für einzelne, eine Marketing-Kombination determinierende Aktionsparameter zustandekommen, und der Ableitung für die gesamte Strategie als Kombination aller Aktivitäten unterschieden werden. Die erste Möglichkeit führt zu immensen rechnerischen Schwierigkeiten, da bei dieser Konzeption auf analytischem Wege viele instrumentalindividuelle Verteilungen durch Faltung zusammengeführt werden müssen. Ein schwerwiegender Mangel einer derartigen theoretischen Verfahrensweise besteht darin, daß die als Voraussetzung für die Faltung verlangte Unabhängigkeit der Verteilungen gerade im vorliegenden realen Falle nicht gegeben ist. Die Marketing-Aktivitäten sind geradezu durch eine Wirkungsverzahnung gekennzeichnet.

Weiterhin ist damit auch nicht sicherzustellen, daß jetzt ein höherer Grad an Genauigkeit und Sicherheit der Prognose erreicht werden kann, zumal es im Einzelfall oft an den notwendigen Informationen für das Funktionsgesetz der Verteilung fehlen mag. Es erscheint deshalb zweckmäßig, die Anwendung statistischer Gesetzmäßigkeiten in mehr globaler Weise auf ganze Instrumentalbereiche wie Werbung, Produkt- und Preisgestaltung sowie etwa noch die Distribution zu beschränken. Innerhalb dieser Bereiche kann dann u.U. wiederum für jede Produktgruppe bzw. jedes Produkt eine differenzierte Betrachtung erfolgen. Bei den verschiedenen Instrumenten lassen sich unterschiedliche Arten der den Verteilungen zugrundeliegenden Ereignisse feststellen. Betrachtet man lediglich die Verteilungen im Bereich Werbung, so geht man dabei ja von den psychischen Kontakten der Aufnahme der Werbebotschaft aus; auf dem Sektor Produktgestaltung werden demgegenüber Präferenzverteilungen bzw. Verteilungen für Kaufwahrscheinlichkeiten abgeleitet[14].

Die Ableitung von Kaufwahrscheinlichkeiten für einen Kaufakt wird in der Literatur bis auf wenige Ausnahmen nur für den Fall der stochastischen Nachfrage aufgrund von Preisvariationen durchgeführt [278; 327; 232; 160; 349, S. 76 ff.]. Die deterministische Preis-Absatz-Funktion wird in eine Funktion umgewandelt, die die stochastische Abhängigkeit der abzusetzenden Menge von den einzelnen, vorgegebenen Preisstufen beschreibt.

Die graphische Darstellung einer solchen Funktion zeigt die Abb. 13[15].

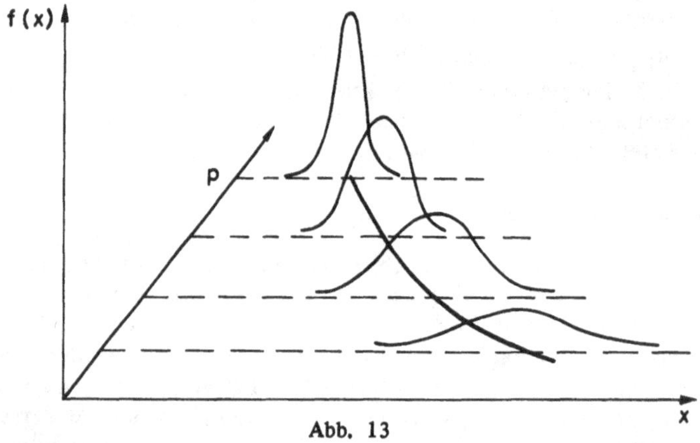

Abb. 13

[14] Eine Lösungsmöglichkeit könnte etwa darin liegen, daß beide Tatbestände auf ein übergeordnetes Phänomen zurückgeführt werden. Dafür bietet sich beispielsweise das Konzept der Informationstheorie an, da sowohl Werbung Informationen über das Produkt wie auch das Produkt selbst Informationen über dessen Eigenschaften an die Nachfrager abgibt. Somit könnte das Informationspotential, das einem Produkt zugehört, als Ganzes wahrscheinlichkeitstheoretisch betrachtet werden. Vgl. zur Informationsfunktion des Produktes z.B. *ELLINGER* [107, S. 253–336, insbes. S. 259 ff.]; s. weiterhin: *KRAMER* [231, S. 21 ff.]; *ROSENBLITH* [328]; *SEVLUND-SOLDANWOLF* [354].

[15] Vgl. die Figuren 16 und 19 bei *SCHWARZE* [349, S. 78 bzw. 83]. „Im allgemeinen wird die Funktion des Erwartungswertes vom Preis eine ähnliche (oder sogar die gleiche) Form haben wie die übliche Preis-Absatz-Funktion. Diese Tendenz sinkender Mengen bei steigenden Preisen auch bei stochastischer Nachfrage kommt besonders stark zum Ausdruck, wenn für die Nachfragefunktion eine additive Verknüpfung einer deterministischen Funktion und eines stochastischen Störungsterms gewählt wird" (S. 79), z.B. $x = x(p) + \epsilon$.

In dieser Weise, also unter Verzicht auf den Einfluß anderer absatzpolitischer Mittel als des Preises, setzt sich *SCHWARZE* mit dem Sachverhalt auseinander: „Da ein großer Teil der die stochastische Nachfrage prägenden Unsicherheit von den Einzelnachfragern ausgeht, darf angenommen werden, daß bereits die einzelnen Elemente der Gesamtnachfrage stochastisch sind. Bei Homogenität der Einzelnachfrager, d.h. bei keiner Dominanz einzelner Nachfrager, sind dann die Voraussetzungen des zentralen Grenzwertsatzes erfüllt. Ist also $x_{(n)}$ die Gesamtnachfrage, der sich die Unternehmung gegenübersieht, und sind $x_1, x_2, x_3, \ldots, x_n$ die Nachfragemengen der n Einzelnachfrager, dann ist $x_n = \sum_{i=1}^{n} x_i$ für genügend großes n näherungsweise normalverteilt" [349, S. 80 f.].

Dazu ist zu sagen, daß sich durch eine Umgruppierung der Einzelnachfragemengen (Ereignisausprägungen) auch anders geartete Verteilungen bilden lassen, so z.B. im einfachsten Falle die auch von *SCHWARZE* erwähnte Rechteckverteilung.

Von den wenigen Autoren, die sich noch mit der Untersuchung analytischer Verteilungen für derartige Sachverhalte beschäftigen, ist der wahrscheinlichkeitstheoretische Ansatz von *SENGUPTA* [353] am breitesten angelegt, so daß er die hier gestellte Problematik mit beinhaltet. Der von *SENGUPTA* behandelte Konkurrenzaspekt im Oligopol kann für unsere Zwecke auch so umgedeutet werden, daß darin zunächst nicht der Wettbewerb zwischen verschiedenen Anbietern, sondern derjenige verschiedener Produktvarianten eines Anbieters um die Präferenzen der Nachfrager gesehen werden kann. Das dabei angewandte Instrumentarium stellt auf die Zufallsabhängigkeit des Verkaufsaktes und der daraus resultierenden Absatzmenge bei zunächst nur alternativ vorgegebenen Preisstellungen ab.

SENGUPTA stützt sich dabei auf das Binomialmodell, in dem er voraussetzt, daß bei n zufälligen Kontakten der Nachfrager mit einem Produkt des Anbieters zum Preis p x Einheiten real abgesetzt werden [353, S. 27 f.]. Das Binomialmodell wäre zumindest in der Annäherung gerechtfertigt, wenn die Kaufakte der Nachfrager stochastisch unabhängig voneinander vorgenommen würden, das Kaufverhalten also rein zufälligen Gesetzmäßigkeiten folgte und hinreichend viele Kaufakte stattfänden.

Dieser letztere Gesichtspunkt ist auch eine Frage der Produktart (Ge- oder Verbrauchsgut) und der Periodendefinition. Da *SENGUPTA* den Fall des Wettbewerbs zwischen Anbietern behandelt, setzt er zusätzlich ein „quasi-agreement", weit interpretiert als Konstanz der Umweltbedingungen verstanden, voraus [353, S. 24].

In manchen Fällen mag es durchaus sinnvoll sein, die Preispolitik in dieser Weise isoliert von der sonstigen Produktpolitik zu betrachten; für die hier aufgeworfene, kompliziertere Fragestellung, wobei ein Produkt nicht nur durch die Eigenschaft „Preis", sondern durch einen ganzen Vektor von Eigenschaften charakterisiert ist, muß dies auch in der Formulierung der stochastischen Gesetzmäßigkeiten zum Ausdruck kommen.

Die von *SENGUPTA* in die Analyse aufgenommenen mengenproportionalen Vertriebskosten c können für unsere Zwecke auch als diejenigen Parameter interpretiert werden, die zusammenfassend die Eigenschaftsstruktur eines Produktes beschreiben. Sie entsprechen unseren mengenabhängigen Produktionskosten im weiteren Sinne $c^{(v)}_{jk_je_j}$. Die Zahl der erreichbaren Kontakte der Nachfrager mit einem Produkt wird somit auch als von den übrigen Eigenschaften abhängig gesehen. Die Wahrscheinlichkeit, daß die Kontakte zu einem Kaufakt führen, ergibt sich für *SENGUPTA* dann aus einer Poissonverteilung. Diese lautet in die hier gebrauchte Symbolik übertragen:

$$\text{(4.4)} \qquad \Pr\left(z_{jk_je_j}; p_{jk_je_j}, c^{(v)}_{jk_je_j}\right) = \frac{\left[f'\left(p_{jk_je_j}, c^{(v)}_{jk_je_j}\right)\right]^{z_{jk_je_j}}}{z_{jk_je_j}!} \cdot (e)^{-f'(..)}$$

Dabei stellt sich der Funktionsausdruck $f'(p_{jk_je_j}, c_{jk_je_j})$ nach *SENGUPTA* als multiplikatives Ergebnis zweier individueller Verteilungsfunktionen dar, deren erste $f'_1(p_{jk_je_j})$ die zufälligen Kontakte der Nachfrager aufgrund deren Preisüberlegungen und die zweite $f'_2(c_{jk_je_j})$ die Häufigkeit der Nachfrage nach diesem Produkt aufgrund der übrigen Eigenschaftsstruktur beinhaltet [353, S. 33].

SENGUPTA gibt weder für die Anwendung der Binomialverteilung noch der Poissonverteilung eine genaue Begründung, indessen sieht er beide Hypothesen aufgrund einer empirischen Überprüfung und unter den gestellten Voraussetzungen als bestätigt an [353, S. 125 ff.]. Der Aspekt der Aufspaltung der Nachfrager in Marktsegmente wird von ihm durch die Einführung von Kontakt- bzw. Käuferklassen ebenfalls gesehen.

EMSHOFF-MERCER [108] stellen in ihrem Ansatz auf Präferenzverteilungen ab. Sie gehen davon aus, daß für die ordinal geordneten Präferenzen der Nachfrager für bestimmte Marken eine Wahrscheinlichkeitsfunktion existiert, auf deren Gestalt jedoch nicht näher eingegangen wird. Die Autoren behandeln konkurrierende Produktalternativen von der gleichen Unternehmung wie Produkte konkurrierender Anbieter. Der Eigenschaftscharakter der Produkte wird dabei ohne Differenzierung nach einzelnen Eigenschaften zwar aufgezeigt, aber nicht explizit berücksichtigt. Es wird vielmehr angenommen, daß sich dieser Aspekt in mehr globaler Natur in der Präferenzordnung der Nachfrager, also einem Stadium vor der Kaufentscheidung, niederschlägt. Die Wahrscheinlichkeiten der Präferenzen solcher Konsumenten, die den einem bestimmten Bedürfniskomplex entsprechenden Eigenschaftsvektor fordern, werden festgestellt. Es spricht nichts dagegen, die Untersuchung von *EMSHOFF-MERCER* in der Weise zu spezifizieren, daß durch eine Kombination von Konsumentenmerkmalen gekennzeichnete Marktsegmente gebildet werden und die zu befragenden Konsumenten daraus zufällig auf dem Wege einer repräsentativen Stichprobe ausgewählt werden. Für den einzelnen Nachfrager bzw. jede homogene Nachfragergruppe ist dann ein Vektor derjenigen Wahrscheinlichkeiten zu ermitteln, wie der betreffende Konsument die Produktalternative $j = 1 \ldots j^*$ sowie die Alternative „keines davon" (j^*+1) in sein Präferenzschema einordnet. Führt man dies für $\bar{\bar{j}}^*+1$ Präferenzstufen durch, so erhält man die folgende quadratische Matrix:

		Produktalternativen						
		1	2	3	4	. . . . .	j^*,	(j^*+1)
	1	ξ_{k11}	.	.	.	. . . . .		$\xi_{k,j^*+1,1}$
	2	.						.
Präferenz-	3	.						.
stufen	.	.						.
$\bar{\bar{j}}$	.	.				$\xi_{kj\bar{\bar{j}}}$		.
	.	.						.
	.	.						.
	$\bar{\bar{j}}^*$	.						.
	$\bar{\bar{j}}^*+1$	$\xi_{k,1,\bar{\bar{j}}^*+1}$	.	.	.	. . . . .		$\xi_{kj^*+1,\bar{\bar{j}}^*+1}$

$\xi_{kj\bar{\bar{j}}}$ gibt diejenige Wahrscheinlichkeit an, mit der ein Konsument im Marktsegment k dem Produkt j die Präferenzstufe $\bar{\bar{j}}$ zuordnet.

Dazu treten nun noch in der 3. Dimension die Matrizen derjenigen Wahrscheinlichkeiten, daß ein Konsument, dessen $(\bar{\bar{j}}-1)$te Präferenz die Produktalternative j_1 ist, die Marke j_2 als seine $\bar{\bar{j}}$te Wahl einordnet. Damit wird die Abfolge der Präferenzstufen aufgezeigt.

Durch Herausgreifen einer Spalte erhalten wir einen Präferenzvektor, der den Vektoren gegenübergestellt wird, die die Wahrscheinlichkeiten angeben, daß die mit dem jeweiligen Absatzobjekt verbundenen Eigenschaften zur Bedürfnisbefriedigung eines Konsumenten „bereitgestellt" sind. Hierbei definieren *EMSHOFF-MERCER* die Eigenschaftsstruktur eines Produktes im weitesten Sinne, also auch unter Einschluß der Werbung und Distribution [108, S. 260 f.]. Der einzelne Konsument wird diejenige Marke kaufen, die, sofern sie in seiner normalen Einkaufsstätte verfügbar ist, also unter Einbeziehung eines Distributionsaspektes, in seinem Präferenzsystem die erste Stelle einnimmt, was dann für alle Konsumenten aggregiert schließlich zu erwarteten Verkaufsmengen für die verschiedenen Produktarten führt.

Insgesamt läßt sich die Anwendung derartiger stochastischer Vorgehensweisen nur mit Vorbehalten rechtfertigen. Sie erfordern, sollen sie wirklich operational und mit Vorteil angewendet werden, ein bestimmtes Maß an empirischen Informationen, welche als Grundlage für die Verteilungsgesetzmäßigkeiten dienen können. Im Gegensatz zur Werbung, wo, wie bereits aufgezeigt wurde, zumindest Ansätze bestehen, werden für den hier beschrittenen Weg der Dispositionen über Produkteigenschaften sehr detaillierte produktindividuelle Informationen benötigt, welche nur in den seltensten Fällen allgemein verfügbar sind. Das bedeutet, daß eine Unternehmung, die ihre Planung in einer derartigen Weise betreiben will, eigene Erhebungen sowie experimentelle Studien in der schon beschriebenen Art durchführen muß.

Solche Untersuchungen dienen sowohl der Abstützung von Verteilungshypothesen, sie helfen aber auch dabei, die Abschätzung subjektiver Wahrscheinlichkeiten zu erleichtern.

4.232 Die Anwendung der Simulation

Ein dem Ansatz von *EMSHOFF-MERCER* eng verwandter Weg führt über die *Simulation des Kaufverhaltens* [11, S. 173 ff.]. Formal muß dann, wenn Kaufakte zustandekommen sollen, folgende Bedingung erfüllt sein: Die Kaufwahrscheinlichkeit ζ für eine bestimmte Produktalternative nimmt je nach der individuell von der Person ν im Marktsegment k in einer Periode nachgefragten Menge $y_{\nu_k j e_j}$ den Wert 1 (2, 3 ... $y_{\nu_k j e_j}$) oder 0 an, falls die Produkteigenschaften dem Bedürfniskomplex des Nachfragers ν_k entsprechen oder nicht, d.h.

$$\zeta_{\nu_k j e_j} = \begin{cases} 0 \text{ falls nicht} \\ y_{\nu_k j e_j} \text{ falls } \quad p^N_{jk_j e_j} \geq p^A_{jk_j e_j} \\ \qquad\qquad\quad E^N_{jk_j e_j} \triangleq E^A_{jk_j e_j} \end{cases} \tag{4.5}$$

$$\text{für alle } \nu_k, j, e_j, k_j$$

falls also zum einen die Preisvorstellung des Nachfragers ν im Marktsegment k bezüglich des Produktes j mit der sonstigen Eigenschaftskombination e_j dem Angebotspreis $p^A_{jk_j e_j}$ höchstens gleich ist und alle übrigen Eigenschaftsvorstellungen $E^N_{jk_j e_j}$ den Eigenschaften des angebotenen Gutes $E^A_{jk_j e_j}$ entsprechen.

Die konkreten Wahrscheinlichkeitsausprägungen von $\zeta_{\nu_k j e_j}$, also Kauf von $y_{\nu_k j e_j}$ Einheiten oder nicht, können nun durch einen Simulationsprozeß ermittelt werden, d.h. sie sind beispielsweise durch Vergleich von (nach einer als plausibel angenommenen Verteilung) transformierten Zufallszahlen ϵ mit einem kritischen Wert zu bestimmen. Als derartiger Wert kann etwa ein durch Stichprobenbefragungen ermittelter Präferenzfaktor $q_{je_jk_j}$ $(0 \leq q_{je_jk_j} \geqslant 1)$ aus einer Profilmessung u.ä. dienen. Der Bildungsprozeß der Wahrscheinlichkeiten läßt sich dann allgemein wie folgt beschreiben:

(4.5a)
$$\zeta_{\nu_k j e_j} = \begin{cases} 0 \text{ falls } \bar{\epsilon} \geq q_{je_jk_j} \\ y_{\nu_k j e_j} \text{ falls } \bar{\epsilon} < q_{je_jk_j} \end{cases}$$

für alle ν_k, wobei u.U. die potentiellen Käufer noch nach individuell unterschiedlichen Nachfragemengen pro Periode $(y_{\nu_k j e_j})$ zu differenzieren sind und dafür jeweils ein eigener Simulationsprozeß durchzuführen ist.

Durch Aufsummierung der so bestimmten individuellen Kaufwahrscheinlichkeiten erhält man dann für alle Personen im Marktsegment k (n_{k_j}) die erwartete Anzahl der Verkäufe der Produktalternative je_j:

(4.5b)
$$Z_{jk_je_j} = \sum_{\nu=1}^{n_{k_j}} \zeta_{\nu_k j e_j}$$

für alle k_j, j, e_j

Diese sind dann in die Zielfunktion einzusetzen.

4.24 Die restriktiven Bedingungen

4.241 Die durch die Marktgegebenheiten determinierten (externen) Restriktionen

In der Erweiterung des Modells auf die Produktsphäre treten zu den bereits zuvor für den Bereich der Werbung beschriebenen Bedingungen (3.14) weitere Restriktionen, denen die Zielvariablen zu unterwerfen sind[16]. In erster Linie sind dies wiederum solche Restriktionen, die es einer Unternehmung ermöglichen, ihre Produktpolitik durch bestimmte Zielansprüche zu steuern. Wie im Falle der Werbeaktivitäten haben wir es dabei nur mit subjektiv begründba-

16 Grundlage für die Formulierung der Restriktionen bildet die Zielfunktion (4.3).

ren Bedingungen zu tun, die beispielsweise die Anforderungen der Unternehmung hinsichtlich der mit bestimmten Merkmalen ausgestatteten Personen beschreiben. Die Segmentmerkmale stehen dabei oft ersatzweise für die im einzelnen unbekannten Bedürfnisausprägungen der Nachfrager und kennzeichnen im Zusammenhang mit den Ansprüchen an die Produktpolitik vor allem solche Faktoren wie Besitz oder Verwendungshäufigkeiten bestimmter Produktarten, Preisklassenbevorzugung, Kaufabsichten u.ä. Die Unternehmung fordert also z. B., daß

(a) eine durch eine bestimmte Kombination derartiger Merkmalsausprägungen gekennzeichnete Anzahl von Nachfragern ($n_{jk_je_j}$) eine bestimmte Mindestgröße $B_{\bar{k}_j}$ überschreiten soll, d.h. es werden für eine Produktalternative je_j Ansprüche hinsichtlich der Menge der potentiellen Käufer gestellt.

(4.6a)
$$\sum_{k_j \in \bar{k}_j} n_{jk_je_j} \cdot u_{je_jv_j} \geq B_{\bar{k}_j}$$
$$\bar{k}_j \subset \{1, \ldots, k_j^*\}$$
für alle j, e_j

(b) Es soll in einem bestimmten Marktsegment der Aufforderungsgradient bzw. die Präferenzhöhe $Q_{jk_je_j}$ für das Produkt j mit der Eigenschaftskombination e_j ein bestimmtes Niveau $\bar{Q}_{\bar{j}\bar{e}_j\bar{k}_j}$ erreichen.

(4.6b)
$$Q_{jk_je_j} \cdot u_{je_jv_j} \geq \bar{Q}_{\bar{j}\bar{e}_j\bar{k}_j}$$
für bestimmte j, k_j, e_j

(c) Die durch Evaluierung bestimmten Absatzmengen gewisser Produktalternativen je_j sollen in einigen Marktsegmenten eine Mindestgrenze überschreiten.

(4.6c)
$$\sum_{j \in \bar{j}} \sum_{k_j \in \bar{k}_j} \sum_{e_j \in \bar{e}_j} n_{jk_je_j} \cdot \beta_{jk_je_jv_j} \cdot Q_{jk_je_j} \cdot u_{je_jv_j} \geq B_{\bar{j}\bar{k}_j\bar{e}_j}$$
$$\bar{j} \subset \{1, \ldots, j^*\} \; ; \quad \bar{k}_j \subset \{1, \ldots, k_j^*\}$$
$$\bar{e}_j \subset \{1, \ldots, e_j^*\}$$

Analog zu der Verfahrensweise bei den Zielansprüchen an die Werbeaktivitäten kann auch hier das Instrument des „goal programming" angewandt werden[17]. Die zuvor beschriebenen Restriktionsungleichungen verändern sich dabei zu Gleichungen, wobei die für das goal programming charakteristischen d^+- bzw. d^--Werte die absoluten Beträge der Über- bzw. Unterschreitungen zum jeweils vorgegebenen Anspruchsniveau angeben.

Die binären Variablen $u_{je_jv_j}$ stellen die Verbindung zur neuen Zielfunktion her. Diese minimiert die Summe der Über- und Unterschreitungen im Sinne einer übergeordneten Präferenz- und Maßfunktion, worin zum einen die unterschiedliche Bewertung der verschiedenen Zielanspruchsbedingungen durch den Entscheidungsträger und zum anderen eine Gewichtung der durch unterschiedliche Dimensionen gekennzeichneten Abweichungsbeträge zum Ausdruck kommen. Dabei sind die bei den Werbe-Anspruchsniveaus auftretenden Über- bzw. Unterschreitungen in den Komponenten der Zielfunktion ebenfalls zu berücksichtigen. Darüberhinaus muß bei der Anwendung der goal programming-Methode ein Mindestgewinn als Zielanspruch in das Gewichtungskonzept aufgenommen werden. Damit sind dann letztlich so unterschiedliche Phänomene wie Gewinnansprüche, Ansprüche hinsichtlich der Anzahl potentiell erreichbarer Nachfrager, Ansprüche an deren Präferenzvorstellungen, Ansprüche hinsichtlich der mit den Werbeaktivitäten erreichbaren Kontaktzahlen sowie u.U. Ansprüche hinsichtlich der Risikoneigung der Unternehmung zu erfassen.

4.242 Die aus den Kapazitäten der Unternehmung resultierenden (internen) Restriktionen

Wie zuvor schon aufgezeigt, lassen sich die von der Unternehmung zu disponierenden Eigenschaften der Produkte in ihrer Kombination e_j als unterschiedliche verfahrenstechnische Handlungsmöglichkeiten, über die zudem in verschiedenen Abteilungen der Unternehmung disponiert wird, deuten. Das hat zur Folge, daß in den meisten Fällen mehrere Produktalternativen um begrenzte Kapazitäten konkurrieren. Bezeichnet man die zur Verfügung stehende Kapazität in einer Abteilung h mit C_h, allgemein ausgedrückt etwa in Fertigungsmengen, Gewicht oder Fertigungsminuten, und mit g_{je_jh} die Engpaßbelastung einer Produkteinheit $x_{jk_je_j}$, so ergibt sich im rein deterministischen Fall ohne Verbund- und Werbewirkung folgendes System von Kapazitätsbeschränkungen:

$$(4.7a) \qquad \sum_j \sum_{e_j} g_{je_jh} \cdot x_{jk_je_j} \cdot u_{je_jv_j} \leq C_h \; ; \; \text{für } h = 1 \ldots h^*$$

[17] Vgl. S. 93.

Auf der Grundlage der erweiterten, die Evaluierungskonzepte und die Verbundwirkungen einschließenden Zielfunktion (4.3) lautet der Bedingungskomplex:

(4.7b)
$$\sum_{j}\sum_{k_j}\sum_{e_j}\sum_{v_j}\Bigg\{\Bigg[(n_{jk_je_j}\cdot\beta_{jk_je_jv_j}\cdot Q_{jk_je_j})+ n_{jk_jv_j}\cdot\alpha_{jk_jv_j}\cdot\rho_{je_jv_j}(w_{jk_jv_j})\Bigg]\cdot u_{je_jv_j}\cdot g_{je_jh}$$
$$\sum_{\substack{j'\\ j\neq j'}}\Bigg[(\beta'_{jj'ee'_{jj'}v_{jj'}}\cdot Q_{jj'k_{jj'}e_{jj'}})+ \rho'_{jj'ee'_{jj'}v_{jj'}}(w_{jj'k_{jj'}v_{jj'}})\Bigg]u_{jj'ee'_{jj'}}\cdot g_{je_jh}\Bigg\}\leq C_h$$

für alle h

Da mit dem Index e_j unterschiedliche Eigenschaftskombinationen (Produktvarianten) innerhalb der Produktgruppe j bezeichnet wurden, beschreibt diese Bedingung also, in welchem Ausmaß verschiedene Produktvarianten und/oder Produktarten j die Kapazität der Abteilung h beanspruchen.

Die abgeleiteten Bedingungen sind so nur für den quasi-deterministischen Fall, also den Fall der Kenntnis oder Schätzung des Absatzzuwachses relevant, wird das Problem der Unsicherheit bei der Absatzveränderung einbezogen, so erhält auch dieser Bedingungskomplex eine stochastische Form.

Nach der Beschreibung der Restriktionen ist damit die modellmäßige Analyse des Produkt-Submix unter Einschluß des zuvor behandelten Werbe-Submix abgeschlossen; im folgenden Abschnitt soll nun noch auf bestimmte Problemstellungen im Hinblick auf die geforderte Operationalität des Modells eingegangen werden.

4.25 Methoden zu einer operationalen Entscheidungsfindung auf der Grundlage des erweiterten Modells

Wie im Falle der Media-Selektion schon eingehend beschrieben, wird die Unternehmung bei der zwangsläufig sich ergebenden Aufnahme von „weichen Daten" in das Planungsmodell überprüfen, wie sich die Veränderung derartiger Koeffizienten auf die angestrebte optimale Lösung auswirkt[18]. Koeffizienten

[18] Vgl. S. 103ff.

in diesem Sinne sind in erster Linie diejenigen subjektiv bestimmten Evaluierungsfaktoren, die aus der Unsicherheit

(1) der Erlöswirkungen der verschiedenen Marketing-Aktivitäten,

(2) der Wechselbeziehungen zwischen den einzelnen Marketing-Kombinationen und

(3) der Interdependenzen zwischen den einzelnen Produkten resultieren.

Für eine Überprüfung der Zielbeeinflussung durch variierende Koeffizienten steht das Instrumentarium der Sensitivitätsanalyse sowie der parametrischen Programmierung zur Verfügung. Derartige Parameter, deren Informationswert unsicher ist, finden sich sowohl in der Zielfunktion wie auch im System der Restriktionen. Dazu kommt, daß auch

(4) die von der Unternehmung geforderten Anspruchsniveaus hinsichtlich der Konsumentenmerkmale sowie Präferenzgrade subjektiv festgelegt werden, so daß es vorteilhaft erscheint, auch diese als Zielansprüche vorgegebenen Sachverhalte in ihrer Wirkung auf die optimale Lösung mit weiteren Alternativen zu vergleichen.

Ein weiteres Problem betrifft die Zahl der ursprünglich in das Modell eingehenden Kombinationen, die ja der Zahl der Variablen entspricht, welche im Hinblick auf die Wahl der bestmöglichen Zielvariablen untersucht werden. Die Einschränkung der Zahl der Variablen auf ein operationales Maß bezeichnet den Gegenstand der folgenden Ausführungen. Infolge der aus sachlichen Erwägungen notwendigen kombinatorischen Formulierung der Marketingstrategien steigt die Zahl der aus den zusätzlichen Aktivitäten resultierenden möglichen Alternativen bei vollständiger Enumerierung ins Unendliche. Die Gesamtzahl der durch das Modell zu analysierenden Kombinationen muß deshalb durch geeignete Verfahren auf ein zulässiges Maß reduziert werden. Im Prinzip handelt es sich dabei um dieselben Methoden, die bereits bei der Beschreibung der Media-Kombinationen angewandt wurden.

In erster Linie sind dabei Techniken anzuwenden, die darauf abzielen, die Zahl der konstituierenden Grundelemente einzuschränken. Darunter fallen im Bereich des Produkt-Submix die Anzahl der zu variierenden Eigenschaften in jeder Produktgruppe, die Anzahl der zu variierenden Preisstufen in jeder Produktgruppe sowie übergeordnet die Anzahl der vorgegebenen Produktgruppen überhaupt.

In der nächsten Stufe sind diejenigen Kombinationen von Belang, durch die alle denkbaren Interdependenzen zwischen den Instrumentalausprägungen beschrieben werden. Da hierbei immer nur bestimmte Aktivitäten zueinander passen, läßt sich die Zahl der Freiheitsgrade und damit der Kombinationen von vornherein entsprechend einengen. Dies ist natürlich nur in einem solchen Maße sinnvoll, wie überhaupt noch ein genügend freier Auswahlprozeß stattfinden kann, d.h. es müssen beispielsweise für jede Produktalternative mehrere Werbealternativen und umgekehrt zur Verfügung stehen.

Dies gilt in gleicher Weise für die Beziehungen zwischen den einzelnen Produkten bzw. Produktvarianten; eine möglichst genaue Analyse der Kombinationsklassen höherer Ordnung scheitert schon an den fehlenden Informationen, die u.U. gerade dafür ausreichen, Kombinationsklassen niedriger Ordnung, also bivalente Beziehungen, aufzunehmen.

In einer realen Planungssituation wird man also nur solche Eigenschaften als Instrumentalvariable in die Analyse aufnehmen, die zum einen der Unternehmung für die zu treffende Planungsentscheidung genügend relevant erscheinen und für deren Wirkung andererseits Informationen vorliegen. Wenn somit die Zahl der im Hinblick auf ihren größten Zielbeitrag auszuwählenden Variablen nach derartigen Kriterien eingeschränkt ist, ergibt sich natürlich gegenüber einer vollständigen Enumeration ein verringertes Maß an Genauigkeit bei der Ermittlung der optimalen Lösung; dies erscheint jedoch unabdingbar, um ein Problem auf diese Weise überhaupt lösen zu können. Mit der erhaltenen eingeschränkten Variablenzahl sind dann bei kleineren Problemstellungen eventuell schon Verfahren der binären Optimierung anzuwenden, andernfalls muß man auch hier wiederum auf heuristische Programme zur Bildung eines Lösungskerns zurückgreifen und damit mehrere Lösungstechniken stufenweise nacheinander einsetzen[19].

Als Ergebnis des Optimierungsprozesses erhalten wir schließlich diejenigen Produktarten j und diejenigen Produktvarianten e_j innerhalb jeder Produktart, gekennzeichnet durch eine bestimmte, optimale Kombination von Eigenschaften einschließlich der Preisstufe, weiterhin diejenige Werbekombination v_j und die aufgrund dieser Aktivitäten abzusetzenden Mengen jedes Produktes, welche unter Berücksichtigung der unterstellten Interdependenzmaße und der internen und externen Kapazitäten zu dem (erwarteten) Gewinnmaximum der Unternehmung führen.

4.3 Die Berücksichtigung von Distributionsaktivitäten

Der dritte große Komplex, der zusammen mit den Werbeaktivitäten und den Produktgestaltungsaktivitäten i.e.S. den Marketing-Mix bestimmt, sind die im

[19] Vgl. dazu auch S. 97–103.

Bereich der Distribution zu fällenden Dispositionen. Die Abgrenzung der Distributionsmaßnahmen von den übrigen Marketing-Komponenten geschieht in der im Abschnitt 2. definierten Weise. Formal ist für den Instrumentalbereich Distribution die gleiche kombinative Methode wie bei den Produktgestaltungsaktivitäten anzuwenden.

Wegen des heterogenen Charakters der Distribution soll die Behandlung nur quantitativ stattfinden, auf die qualitative Diskussion aller mit diesem Instrument verbundenen Einzelphänomene muß hier verzichtet werden. Da eine kurz- bis mittelfristige Betrachtungsweise zugrunde liegt, kommen ohnehin nur solche *Distributionsaktivitäten ohne Investitionscharakter* in Frage. Dazu gehören vor allem Maßnahmen der psychischen Distribution wie geeignete Warenauslage, Display-Aktionen und sonstige Verkaufsförderungsdispositionen.

Das Grundkonzept sieht wiederum so aus, daß für jede Produktart j Kombinationen aus verschiedenartigen Distributionselementen (d_j) konzipiert werden, d.h., sie sind determiniert durch Eigenschaften wie alternative Ausprägungen des Absatzweges, der Absatzform oder der Leistungspräsentation. Jeder auf diese Weise gebildeten, neuen Variablen entsprechen dann auf die Mengeneinheit einer Produktart zurechenbare Kosten und im Regelfalle auch nicht mit der Menge variierende, fixe Kosten, wie sie z.B. beim Aufbau eines Verkäuferstabes oder der Einrichtung eines bestimmten Vertriebssystems u.ä. auftreten. Bei der Ausfüllung der Modellstruktur mit realen Daten sind dabei nur relevante Kostenelemente, also solche, die sich mit einer Distributionsalternative verändern, einzubeziehen.

Besonderes Gewicht erhalten vor allem im Zusammenhang mit der Nachfrageseite solche Eigenschaften, die dadurch bestimmt sind, daß die Unternehmung ihre Produkte über verschiedene Absatzkanäle wie Massenfilialbetriebe, Warenhäuser, selbständige Fachgeschäfte oder Verbrauchermärkte absetzt. Je nachdem, ob diese Vertriebsalternativen im Sinne von *GUTENBERG* [158, S. 129 ff.] betriebseigen oder betriebsfremd durchgeführt werden, ergeben sich, von der Unternehmung aus gesehen, unterschiedliche Preisstellungskategorien, d.h. im Hinblick auf Kundenstruktur, Sortimentsverbund und Kostenstruktur der Handelsstufen sind für die Unternehmung andere Absatzmengen und -preise (auch Endverbraucherpreise bei Preisbindung) optimal als die Mengen und Preise bei Direktvertrieb [303; 389].

Hier soll davon ausgegangen werden, daß die betrachtete Unternehmung den Vertrieb bis zum Konsumenten in eigener Regie übernimmt, also alle Distributionsdispositionen in ihre Kontrolle fallen. Definiert man die Eigenschaften, die einem Absatzobjekt durch die Distributionsaktivitäten hinzugefügt werden, mit $d_j = 1, \ldots, d_j^*$, so kann die Zielfunktion unter Verwendung der bisherigen Symbole wie folgt erweitert werden:

$$(4.8)\quad G = \sum_j \sum_{k_j} \sum_{e_j} \sum_{v_j} \sum_{d_j} \Bigg\{ \Big[(p_{jk_je_j} - c^{(v)}_{jk_je_jd_j}) \cdot n_{jk_je_jd_j} \cdot \beta_{jk_je_jd_jv_j} \cdot Q_{jk_je_jd_j} + n_{jk_jv_j} \cdot \alpha_{jk_jv_j} \cdot \rho_{jv_je_jd_j}(w_{jk_jv_j}) \Big] u_{je_jv_jd_j} - \Big[c^{(F)}_{jk_je_j} - c^{(F)}_{jk_jd_j} - l_{jk_jv_j} \Big] \cdot u_{je_jv_jd_j} \Bigg\} - K_F \to \text{Max !}$$

wobei

$$(4.8a)\quad \sum_{e_j} u_{je_jv_jd_j} \leq 1\ (2, 3 \ldots) \qquad \text{für alle } j, v_j, d_j$$

$$(4.8b)\quad \sum_{v_j} u_{je_jv_jd_j} \leq 1 \qquad \text{für alle } j, e_j, d_j$$

$$(4.8c)\quad \sum_{d_j} u_{je_jv_jd_j} \leq 1\ (2, 3 \ldots) \qquad \text{für alle } j, e_j, d_j$$

$$u_{je_jv_jd_j} = \begin{cases} 0 \\ 1 \end{cases} \qquad \text{für alle } j, e_j, v_j, d_j$$

Die Verbundwirkungen sind hierbei nicht in die Modellformulierung aufgenommen, können jedoch analog (4.3) berücksichtigt werden.

Als zusätzliche Größe tritt der Koeffizient $c^{(F)}_{jk_jd_j}$ auf, der die der Distributionsalternative zurechenbaren, mengenunabhängigen Kosten angibt. Die Definition des mengenabhängigen Kostenfaktors $c^{(v)}$, des Präferenzwertes Q, des Evaluierungsfaktors β und der binären Variablen u wurde jeweils um die Dimension d erweitert, so daß jetzt auch die Distributionseigenschaften im Auswahlprozeß zu berücksichtigen sind. Nach der Bedingung (4.8 c) muß möglich sein, daß für eine Produktart mehrere Distributionsalternativen ausgewählt werden können, wenn sich bei der Formulierung der Kombinationen die Grundelemente gegenseitig ausschließen. Bei den für die Distributionsaktivitäten abzuleitenden Restriktionen treten nun solche Zielansprüche in den Vordergrund, die die subjektiven Anforderungen der Unternehmung an die Marktsegmente hinsichtlich solcher Merkmale wie Einkaufsstättenbevorzugung, Einkaufshäufigkeit, Einkaufszeitpunkt oder Kaufzone ausdrücken.

Die Abschätzung der Wirkung unterschiedlicher Distributionsmaßnahmen auf die Erlöse stellt ein Hauptproblem bei der Planung dar. Der einfachste Ansatz besteht genau wie im Bereich der Produktgestaltung in der Bewertung der Alternativen durch subjektive Wahrscheinlichkeiten, welche von einem Sachverständigengremium festzulegen sind. Anhaltspunkte für eine Abschätzung des jeweiligen Wertes geben spezifische Präferenzmessungen, die am Konzept des semantischen Differentials anknüpfen. Solche Informationen basieren jedoch darauf, daß der Aufforderungscharakter eines Produktes in globaler Weise ermittelt wird, d.h. der Gradient sowohl Präferenzaspekte wie Preis, Produkteigenschaften i.e.S. und Distributionseigenschaften zusammen einschließt. Nur aus kontrollierten Experimenten oder Beobachtungen in der Vergangenheit sind detailliertere Informationen für Einzelmaßnahmen zu gewinnen [23, S. 86 ff; 125, S. 33 ff.].

Daneben besteht wiederum die Möglichkeit der Simulation von Wahrscheinlichkeiten für bivalente Ereignisse, wie sie Kaufakte letztlich darstellen; die Wahrscheinlichkeit nimmt den Wert 1(2, 3 . . .) an, falls die vom Anbieter festgelegten Distributionseigenschaften den von den Nachfragern verlangten mindestens entsprechen; den Wert 0, falls nicht[20].

[20] s. dazu die analoge Vorgehensweise aus S. 146 f. dieser Arbeit.
Von den wenigen Autoren, die einen derartigen Sachverhalt wahrscheinlichkeitstheoretisch behandeln, gehen nur *EMSHOFF-MERCER* [108, S. 257–265, hier insbes. S. 260] explizit auf Distributionsaktivitäten ein, indem sie dafür spezielle Kaufwahrscheinlichkeiten ableiten.
*SENGUPTA*s Ansatz [353, S. 33 ff.] ist so breit angelegt, daß die Distributionskomponente in die Variable „selling costs" integriert ist. Er unterstellt eine Poissonverteilung für die Kaufakte, spezifiziert jedoch die Variable nicht näher.
Speziell zur Simulation von Distributionsaktivitäten s. *AMSTUTZ* [*11, S. 301 ff.*].

5. Schluß: Diskussion des bisher dargestellten Modellsystems und Möglichkeiten einer Erweiterung

Wir sind bei der Konzeption der Modelle davon ausgegangen, daß eine Planungssituation möglichst genau abgebildet werden soll. Das bedeutet für eine Unternehmung, die sich in einer gegebenen Ausgangslage befindet – sei es eine Situation, die durch einen bestehenden Vektor von Marketing-Aktivitäten beschrieben werden kann und die zu verbessern ist, oder sei es eine Situation der Neuplanung für einige oder alle Absatzobjekte –, daß sie bestrebt sein muß, alle möglichen, in Frage kommenden Strategien zu formulieren.

Vorgegeben sind deshalb bei der Abbildung der Strategien in den Modellen bestimmte Grundsatzentscheidungen, so z.B. über die Verfolgung bestimmter Produktlinien, da andernfalls die Zahl möglicher Alternativen unübersehbar wird.

Auf der Basis derartiger Grundstrategien, im Modell konkret durch die Festlegung der Eigenschaftskerne für die Produktarten determiniert, sind jedoch grundsätzlich alle anderen Marketingentscheidungen im Modell frei wählbar zu formulieren.

Aus dem gesamten Eigenschaftskomplex eines Absatzobjektes wurden zunächst die durch die Werbeaktivitäten bestimmten Eigenschaften herausgenommen und als Ausgangspunkt eines Suboptimierungssystems betrachtet. Dabei wurde insbesondere darauf abgestellt, die mit dem Einsatz der Werbeaktivitäten verbundenen Fragestellungen auf einem möglichst niedrigen Abstraktionsgrad und unter Einbeziehung der dort auftretenden Besonderheiten wie Kumulation und Quantuplikation zu untersuchen.

Diese Vorgehensweise bildete auch den Leitgedanken bei der darauf folgenden schrittweisen Aufnahme weiterer, den Marketing-Mix bestimmender Komponenten, so im Rahmen des Produkt-Mix bei der Gestaltung der einzelnen Produktvarianten, wobei über eine Reihe von „Rand"eigenschaften und die Preise disponiert wird. Zudem besteht natürlich auch unter den ursprünglich vorgegebenen Alternativen der Produktarten eine Auswahlmöglichkeit, d.h. die Analyse wurde damit auf den Fall mehrerer Produktarten und deren Varianten unter Berücksichtigung möglicher Interdependenzen zwischen den einzelnen Eigenschaftsbündeln ausgedehnt.

Die Zielfunktion mißt den erwarteten Gewinnbeitrag jeder Produkt- und Aktivitätskombination und wählt diejenige aller zulässigen Lösungen aus, die den größten Beitrag liefert. Im deterministischen Fall ist die jeweilige Auswirkung alternativer Kombinationen als bekannt vorauszusetzen, während für den stochastischen Fall in jedem Marketing-Bereich besondere Methoden zur Bewältigung der Unsicherheit aufgezeigt werden. Damit wird ein weiteres Anliegen dieser Arbeit, nämlich die Auswertung des bereits vorliegenden empirischen Materials sowie das Aufzeigen von Verfahren für notwendige Markt-, Feld- bzw. Laboruntersuchungen zur Unterstützung von Wahrscheinlichkeitshypothesen angesprochen.

Die in die Zielfunktion eingehenden Variablen unterliegen bestimmten Beschränkungen, welche sich zum einen aus den externen Marktgegebenheiten und zum anderen aus der internen Kapazitätssituation der Unternehmung ergeben. Dabei erweist sich das schon bei der Werbung angewandte Konzept der Zielgruppenbestimmung und Marktsegmentierung für die im Produktbereich angestrebte Übereinstimmung von Produkteigenschaften und Bedürfnissen, ersatzweise Merkmalskonstellationen der Konsumenten, als hilfreich. Mit Hilfe des Instrumentariums des „goal programming" kann dabei für die subjektiven Zielansprüche der Unternehmung ein Höchstmaß an Übereinstimmung erreicht werden.

Schließlich wird das Problem einer Reduktion der Vielzahl von Kombinationen bzw. Variablen, wie sie sich bei der infolge der Einbeziehung aller Interdependenzen zwischen den Aktivitäten notwendigerweise abgeleiteten kombinatorischen Modellformulierung ergeben, untersucht. Aus diesem Grunde ist nach besonderen Verfahren zu suchen, die zwar, wie etwa die heuristischen Methoden, nicht unbedingt zu einem absoluten Optimum führen, ein komplexes Modell jedoch operational machen bzw. als Ausgangspunkt für eine exakte Optimierung dienen können.

Zwei Aspekte, die bei einem allgemeiner formulierten Marketingmodell eine wichtige Rolle spielen, sind in den dargestellten Modellen noch nicht genügend berücksichtigt. Der eine Aspekt betrifft die zeitliche Wirkung von Marketing-Maßnahmen, der andere Gesichtspunkt die Marketing-Aktivitäten der Konkurrenz.

5.1 Die Berücksichtigung des zeitlichen Aspektes

Wir sind bisher davon ausgegangen, daß es sich um eine komparativ-statische Analyse handelt, d.h. die Marketing-Dispositionen wirken sich innerhalb einer Periode aus. Als relevanter Zeitabschnitt kommt für eine solche Analyse etwa der Zeitraum von einem halben bis zu einem ganzen Jahr in Frage. Die Annahme, die Dimension Zeit nicht zu berücksichtigen, wurde nur bei der modellmäßigen Behandlung der Werbeaktivitäten durchbrochen, als nämlich Phänomene wie die zeitlich aufeinanderfolgende Belegung von Medien sowie die durch nacheinander empfangene Werbekontakte ausgelösten Lerneffekte explizit in die Untersuchung aufgenommen wurden. Diese Phänomene ließen sich mit der kombinativen Betrachtungsweise ebenfalls einbeziehen.

Worauf es bei einer Erweiterung vor allem ankommt, ist die bisher zu kurz gekommene Behandlung des zeitlichen Aspekts im Hinblick auf die Ausgestaltung der einzelnen Marketing-Aktivitäten, so wie sie für das Instrument Werbung explizit gezeigt wurde. Ein gangbarer Weg wäre z.B. die Aufnahme der Dimension Zeit in die Definition der Marketing-Kombination insgesamt, mit dieser Art der Formulierung sind jedoch keine zeitlichen Interdependenzen zwischen den einzelnen absatzpolitischen Instrumenten abbildbar, weshalb ein anderer Weg geeigneter erscheint. Danach wird die Zeit explizit in die Indizierung jeder einem Instrumentalbündel zugehörigen Teilkombination aufgenommen. Das bedeutet, daß dann alle Marketing-Aktivitäten auch im Zeitablauf bestimmbar werden, ebenso wie nun auch alle Daten und Informationen, die sich im Wert der Koeffizienten widerspiegeln, zeitmäßig spezifiziert werden können. Insgesamt wird mit einem solchen Instrumentarium die Lösung von Problemen wie der optimalen Festlegung der Aktivitäten in der Zeit und die optimale Aufteilung der Mittel über die Zeit möglich. Im einzelnen können damit folgende Fragestellungen einer Lösung nähergebracht werden:

(1) Welche Werbemittelkombinationen sind in welchen Intensitäten und zu welchen Zeitpunkten innerhalb eines gewissen Zeitraumes auszuwählen?

(2) Wie ist eine optimale Politik der Produktgestaltung und Produktdifferenzierung über die Zeit zu führen? Hierbei spielen die veränderlichen Reaktionen der Nachfrager auf das Angebot eines sachlich gleichen Gutes über die Zeit bzw. das Angebot eines sachlich variierten Gutes eine wichtige Rolle[21].

(3) Bei der Distribution interessiert hauptsächlich die Frage, ob die einmal gewählten Absatzwege, Vertriebsformen usw. über die Zeit beibehalten, intensiviert oder besser umgestaltet werden sollen; bei der psychischen Distribution beispielsweise die zeitliche Festlegung und Dauer von Verkaufsförderungsmaßnahmen.

(4) Schließlich kann auch die Frage nach einer zeitlichen Preisdifferenzierung bzw. Saisonrabattgewährung in Richtung auf eine optimale Preispolitik beantwortet werden.

Mit der Aufnahme der Zeit als einer zusätzlichen Dimension der Variablen können zwar viele bisher von der Untersuchung ausgeschlossene Probleme be-

[21] Dieser Sachverhalt wird auch mit dem Begriff „life cycle" beschrieben; s. z.B. *POLLI-COOK* [316].

handelt werden; dies ist jedoch für die vollständige Erfassung des Zeitphänomens noch nicht ausreichend, denn erst durch die Aufspaltung in mehrere zeitliche Dimensionen gelingt es, bei der unterstellten kombinatorischen Analyse weitere Fragestellungen explizit faßbar zu machen.

Als Anwendungsgebiete einer derartigen Verfeinerung kommen insbesondere die bei der Marketing-Planung eine wichtige Rolle spielenden Gesichtspunkte wie Lagerbildung und Auftragsabwicklung in Frage. Wir sind bisher beim Aufbau der Modelle davon ausgegangen, daß keine zeitliche Differenzierung zwischen produzierter und abgesetzter Menge oder genauer zwischen den in nacheinander zu durchlaufenden Produktionsstufen hergestellten, bestellten, ausgelieferten und zu bezahlenden Mengen gemacht wurde, obwohl diese Aspekte für ökonomische Entscheidungen von Bedeutung sind [112]. Die Variablen komplizieren sich allerdings durch die Hinzunahme neuer Indices, etwa $\hat{t}$ für den Zeitpunkt der Bestellung, $\bar{t}$ für den Zeitpunkt der Produktion, t' für den Zeitpunkt der Auslieferung und t'' für den Zeitpunkt der Bezahlung [154], so daß die Zahl möglicher Kombinationen sehr erheblich steigt. Eine Verringerung und Hinführung zur Operationalität ließe sich etwa so bewerkstelligen, daß die sachlichen Marketing-Aktivitäten nach einer Voroptimierung zu einer gemeinsamen Aktivität M_j zusammengefaßt und danach erst in der Zeit spezifiziert werden.

5.2 Die explizite Einbeziehung von Konkurrenzaktivitäten

Der nachstehende Abschnitt behandelt einen weiteren, bisher noch nicht genügend berücksichtigten Sachverhalt, nämlich die Diskussion von Konkurrenzaspekten. Wir sind im Verlauf der bisherigen Untersuchung immer davon ausgegangen, daß nur die von der betreffenden Unternehmung kontrollierten Marketing-Aktivitäten zusammen mit den Reaktionen der Nachfrager, die ja als unkontrollierte Variable aufzufassen sind, das Ergebnis bestimmten, während die von anderen Unternehmungen kontrollierten Variablen vernachlässigt wurden. Diese sind insoweit relevant, als in den verschiedenen Märkten bzw. Marktsegmenten von konkurrierenden Unternehmungen Produkte angeboten werden, welche in der Lage sind, dieselben Bedürfniskomplexe der Nachfrager zu befriedigen. Läßt man diese Aspekte außer acht, so gelten die Ergebnisse nur für den Fall der Unabhängigkeit eigener Dispositionen von solchen der Konkurrenz. Dieser Tatbestand der Unabhängigkeit ist in der Realität dann gegeben, wenn eine Unternehmung eine entsprechende monopolistische Marktstellung innehat oder trotz der Existenz von Konkurrenten gewisse monopolistisch abgesicherte Entscheidungsspielräume besitzt. Dabei ist zu beachten, daß dieser Fall im Hinblick auf das gesamte Spektrum des Leistungsprogramms einer Unternehmung in unterschiedlicher Weise – manche Produkte stehen im Wettbewerb, manche nicht – auftreten kann.

Die explizite Formulierung des Konkurrenzaspektes im Modell sollte wiederum im Hinblick auf einzelne, von der Konkurrenz eingesetzte Instrumente differenziert werden.

Implizit konnte die Einbeziehung der Wirkung von Konkurrenzmaßnahmen im bisherigen Modell bereits durch eine *entsprechende Interpretation* der den einzelnen Kombinationen zugeordneten Wirkungsannahmen auf die Nachfrage, also durch eine konkurrenzgerichtete Schätzung der subjektiven Wahrscheinlichkeiten, geschehen. Mit einer expliziten Betrachtung wird indessen die Möglichkeit gegeben, jede einzelne Konkurrenzmaßnahme im Zusammenhang mit jeder eigenen Maßnahme zu beurteilen.

Das hat für die Formulierung eines problemadäquaten Modells zur Folge, daß jeder der zuvor beschriebenen Kombinationen absatzpolitischer Maßnahmen (Strategien) nun noch Kombinationselemente, welche die Konkurrenzaktivitäten bezeichnen, zuzuordnen sind. Man kann leicht ersehen, daß damit die Zahl möglicher Alternativen in einem nicht mehr operationalen Ausmaß anwächst und deshalb letztlich nur Alternativrechnungen und/oder heuristische Verfahren in Frage kommen.

Dies gilt um so mehr, wenn auch noch die Dimension „Zeit" in die Konkurrenzmodelle einbezogen wird. Erst wenn sich alle Marketing-Aktivitäten auch im Zeitablauf aufeinanderfolgend abbilden lassen, kann man eigentlich von Konkurrenz*reaktionen* sprechen. Wir kommen dann zu Modellsystemen, die die Übergänge zwischen zwei Zuständen (Marketing-Kombination in t und Marketing-Kombination in t+1) beschreiben, die also in Brand-Switching-Analysen der Prognose des Wechsels von Käuferschichten von einem Produkt zu einem Konkurrenzprodukt einmünden.

ABKÜRZUNGEN

AER	American Economic Review
Ec.	Economica
Ec.J.	Economic Journal
fpe	forschen–planen–entscheiden
HBR	Harvard Business Review
J.Adv.Res.	Journal of Advertising Research
Jb.f.Nat.u. Stat.	Jahrbuch für Nationalökonomie und Statistik
J.M.Res.	Journal of Marketing Research
J.o.B.	Journal of Business
J.o.M.	Journal of Marketing
J.Pol.Ec.	Journal of Political Economics
M.Sc.	Management Science.
OR	Operations Research
O.Res.Qu.	Operational Research Quarterly
Rat.Handel	Rationeller Handel
Rev.of Ec. Studies	Review of Economic Studies
Ufo	Unternehmensforschung
ZfB	Zeitschrift für Betriebswirtschaft
ZfbF	Zeitschrift für betriebswirtschaftliche Forschung
ZfhF	Zeitschrift für handelswissenschaftliche Forschung
Z.f.d.ges.St.	Zeitschrift für die gesamten Staatswissenschaften
ZfN	Zeitschrift für Nationalökonomie

VERZEICHNIS AUSGEWÄHLTER SYMBOLE

$\bar{\alpha}_\delta$	Wirkungsstufenfaktor in der Stufe δ
$\bar{\alpha}_{is}$	Globalevaluierungsfaktor für die Kombination is
$\alpha'_{(\bar{i}s)(\bar{i}'s)}$	Evaluierungsfaktor der Verbundwirkung, wenn gleichzeitig die Werbeträger $\bar{i}$ und $\bar{i}'$ in der Belegungskombination s geschaltet werden
α_{ki}	die Evaluierung einer durch die Medienkombination i erreichten Person im Marktsegment k
$A_{\bar{i}_\gamma \bar{s}_\gamma \bar{k}_\gamma}$	Werbezielanspruchsniveau γ, spezifiziert hinsichtlich bestimmter Medien, zeitlicher Belegungen und Marktsegmente

$\alpha_{jk_jv_j}$	Evaluierung einer Person, die durch die Werbekombination v_j im Marktsegment k_j erreicht wird
β_{kev}	Evaluierung der Präferenz eines Nachfragers im Segment k (in Abstimmung zur Werbekombination v) hinsichtlich der durchschnittlich zu verkaufenden Menge der Produktvariante e.
$\beta'_{jj'ee'_{jj'}v_{jj'}}$	Evaluierungsfaktor der Verbundwirkung, wenn gleichzeitig die Produktvarianten je und j'e' (unter Beachtung der jeweiligen Werbekombination v) angeboten werden
$B_{\bar{j}\bar{k}_j\bar{e}_j}$	Zielanspruchsniveau hinsichtlich der mengenmäßig evaluierten Produktalternativen je_j im Segment k_j
$c^{(V)}_{jk_je_j}$	der der Produktalternative j mit der Eigenschaftskombination e_j zuzuordnende mengenabhängige Kostenbetrag (für das Marktsegment k_j)
$c^{(F)}_{jk_je_j}$	produktmengenunabhängige (fixe) Kosten, die für die Produktalternative je_j, die im Marktsegment k_j abgesetzt wird, anfallen
C_h	Kapazitätsgrenze in der Abteilung h
$c^{(F)}_{jk_jd_j}$	produktmengenunabhängige (fixe) Kosten, die der Distributionskombination d_j zugerechnet werden kann
d	Bezeichnung für bestimmte Kombination von Distributionseigenschaften (Index)
d^+_γ, d^-_γ	absolute Über- bzw. Unterschreitung der Anspruchsniveaus
e	Bezeichnung für bestimmte Kombination von Produkt-„Rand"-eigenschaften (Index)
$\hat{e}$	Kombination von Kerneigenschaften
ϵ	(transformierte) Zufallszahl
f	Wahrscheinlichkeitsausprägung (Index)
G	Gewinn der Unternehmung
g_{je_jh}	Engpaßbelastung pro Einheit der Produktvariante je_j in der Abteilung h
i	Bezeichnung für bestimmte Kombination von Werbeträgern (Index)
$\bar{i}$	Bezeichnung eines Werbeträgers (Index)
j	Bezeichnung der Produktart (Index)
k	Bezeichnung für bestimmtes Marktsegment (Index)
$\bar{k}$	Segmentsmerkmal

l_{is}	Kosten der Mediakombination l_i in der zeitlichen Belegungskombination s
$l_{\bar{i}}$	Kosten einer Belegung im Werbeträger $\bar{i}$
$l_{jk_jv_j}$	Kosten der Werbekombination v_j für das Produkt j beim Einsatz im Marktsegment k_j
M_δ	Evaluierungsstufen
n_{ki}	(durchschnittliche) Anzahl der durch die Medienkombination i erreichten Personen im Marktsegment k
N_{ki}	Zahl der Stichprobenpersonen im Marktsegment k, die durch die Medienkombination erreicht werden
n_{ke}	Anzahl der Personen gleicher Verhaltensweise im Marktsegment k, die als Käufer für die Produktvariante e in Frage kommen
$p_{jk_je_j}$	Preisalternative für das Produkt j mit der Eigenschaftskombination e_j im Marktsegment k_j
p_{kif}	Wahrscheinlichkeit, daß eine Person im Marktsegment k durch die Medienkombination i w_{kif} Kontakte erhält, wobei f die diskrete Wahrscheinlichkeitsausprägung angibt
K_w	Werbe-Budgetgrenze
Ω_γ	Gewichtung der einzelnen Anspruchsbedingungen γ
$Q_{jk_je_j}$	Präferenzwert, der von einer Person im Segment k_j der Produktalternative je_j zugeordnet wird
$\bar{Q}_{\bar{j}\bar{e}_j\bar{k}_j}$	Mindestpräferenzhöhe für bestimmte Produktalternativen
r_k	Parameter für die Konkurrenzwerbung im Marktsegment k
$\hat{\rho}(w_{is})$	Evaluierung der Anzahl der Kontakte, die insgesamt durch die Kombination is erreicht werden
$\rho(w_{kis})$	die Bewertung (response function) der Anzahl der Kontakte, die eine Person im Segment k durch die Medienkombination is empfängt
$\rho_j(w_{jk_jv_j})$	Evaluierung der für das Produkt j mit einer Person im Marktsegment k_j durch die Werbekombination v_j zustandekommenden Kontakte (im Hinblick auf eine Absatzmengenänderung)
$\rho'_{jj'}(w_{jk_jv_j})$	Evaluierung der für das Produkt j zustande kommenden Kontakte hinsichtlich deren Wirkung auf das Produkt j'
s	Bezeichnung für bestimmte Belegungskombination (Index)
$\bar{s}_{\bar{i}}$	Anzahl der Belegungen im Werbeträger $\bar{i}$
t	Bezeichnung einer bestimmten Kalenderzeitperiode (Index)

u	binäre Variable
v_j	Bezeichnung für bestimmte Kombination von Werbeaktivitäten für die Produktart j (Zusammenfassung von i_j und s_j)
$V_{ki\bar{s}}$	bis zur Periode $\bar{s}$ kumulierte Werbewirkung der Medienkombination i im Marktsegment k
w_{kis}	Anzahl der Kontakte, die ein Individuum im Segment k durch die Medienkombination is erhält
$w_{jk_jv_j}$	Anzahl der Kontakte, die eine Person durch die Werbekombination v_j im Marktsegment k_j erhält
x_{kiv}	aufgrund der Eigenschaftskombination e abzusetzende Menge bei Einsatz der Werbekombination v im Marktsegment k (det.)
$Z_{jk_je_j}$	erwartete Anzahl der Verkäufe der Produktalternative je_j im Marktsegment k_j

LITERATURVERZEICHNIS

[1] *AAKER, D.A.:* A Probabilistic Approach to Industrial Media Selection. In: J. Adv. Res. 8 (1968), S. 46–56.

[2] *ABBOTT, L.:* Quality and Competition. New York 1955; deutsch: Qualität und Wettbewerb. München–Berlin 1958.

[3] *ADAM, D.:* Simultane Ablauf- und Programmplanung bei Sortenfertigung mit ganzzahliger linearer Programmierung. In: ZfB, 33 (1963), S. 233 ff.

[4] *AGOSTINI, J.M.:* How to Estimate Unduplicated Audiences. In: J. Adv. Res., 1 (1961), S. 11–14.

[5] – : The Roy Thomson Medal and Awards for Media Research. London 1962.

[6] – : Analysis of Magazine Accumulative Audience. In: J. Adv. Res. 2 (1962), S. 18–23.

[7] *ALBACH, H.:* Produktionsplanung auf der Grundlage technischer Verbrauchsfunktionen. Arbeitsgemeinschaft für Forschung und Planung des Landes Nordrhein-Westfalen, Heft 105. Köln und Opladen 1962.

[8] – : Zur Sortimentskalkulation im Einzelhandel. In: Handelsbetrieb und Marktordnung, Festschrift *C. RUBERG* zum 70. Geburtstag. Wiesbaden 1962, S. 31 ff.

[9] *ALDERSON, W.:* Marketing Behavior and Executive Action. A Functionalist Approach to Marketing Theory. Homewood (Ill.) 1957.

[10] *ALLEN, R.G.D.:* A Reconsideration of the Theory of Value. In: Economica, N.S., 1. (1934), S. 52 ff. u. S. 196 ff.; deutsch in: Preistheorie, hrsg. v. A.E. OTT, Köln–Berlin 1965, S. 117 ff u. S. 137 ff.

[11] *AMSTUTZ, A.E.:* Computer Simulation of Competitive Market Response. Cambridge (Mass.) 1967.

[12] *ANDRE, J.* und *H. MATTHIES:* Anwendung der linearen Planungsrechnung auf die Verteilung eines Anzeigenetats. In: ZfhF, N.F., 13. (1961) S. 450 bis 455.

[13] *ANTHONY, R.N.:* Trouble with Profit Maximization. In: HBR, 38 (1960) S. 126–134.

[14] *ARCHIBALD, G.C.:* The Qualitative Content of Maximizing Models. In: J. Pol. Ec., 73 (1965), S. 27–36.

[15] *ASSAEL, H.:* Segmenting Markets by Group Purchasing Behavior: An Application of The AID Technique. in: J.M. Res., 7 (1970), S. 153–158.

[16] *ATRILL, V.H.:* Temporal Interrelations of Consumer Decisions. In: J.o.M., 25 (1962), S. 65 ff.

[17] *BAKER, G.P.* and *G.E. GERMANE:* Case Problems in Transportation Management. New York–Toronto–London 1957.

[18] *BALAS, E.:* An Additive Algorithm for Solving Linear Programs with Zero-One Variables. In: OR, 13 (1965), S. 517–549.

[19] *BALDERSTON, F.* and *A.C. HOGGATT:* Simulation of Market Process. Univ. of California, Berkeley 1962.

[20] *BALINSKI, M.L.:* Integer Programming: Methods, Uses, Computation. In: M.Sc., **12** (1965), S. 253–313.

[21] *BALLOU, R.H.:* Dynamic Warehouse Location Analysis. In: J.M.Res., **5** (1968), S. 271–276.

[22] *BANKS, S.:* The Use of Incremental Analysis in the Selection of Advertising Media. In: J.o.B., **19** (1946), S. 232–243.

[23] – : Experimentation in Marketing. New York–St. Louis–San Francisco u.a. 1965.

[24] *BANSE, K.:* Vertriebs-(Absatz-)politik. In: Handwörterbuch der Betriebswirtschaft, Band IV. 3. Aufl., Stuttgart 1961, Sp. 5988 ff.

[25] *BARFOD, B.:* Reklamen i teoretisk-økonomisk Belysning. Kopenhagen 1937.

[26] *BARTELS, R.:* The Development of Marketing Thought. Homewood (Ill.) 1962.

[27] *BASMANN, R.L.:* A Theory of Demand with Consumers' Preferences Variable. In: Ec., **XXIV** (1956), S. 47–58.

[28] *BASS, F.M.:* Marketing Research Expenditures: A Decision Model. In: J.o.B., **36** (1963), S. 77–90.

[29] *BASS, F.M.* and *R.T. LONSDALE:* An Exploration of Linear Programming in Media Selection. In: J.M.R., **3** (1966), S. 179–188.

[30] *BAUMOL, W.*, and *P. WOLFE:* A Warehouse-Location Problem. In: OR, **6** (1958), S. 252–263.

[31] *BAUMOL, W.J.:* Business Behavior, Value and Growth. New York 1959.

[32] – : An Expected Gain-Confidence Limit Criterion for Portfolio Selection. In: M.Sc., **10** (1964), S. 174–182.

[33] *BEALE, E.M.L.:* Survey of Integer Programming. In: O.Res.Qu., **16** (1965), S. 219–228.

[34] *BEALE, E.M.L., P.A.B. HUGHES,* and *S.R. BROADBENT:* A Computer Assessment of Media Schedules. In: ORQu., **17** (1966) S. 381–411; deutsch: Bewertung von Mediaplänen mit Hilfe von Computern, fpe, **3** (1967), S. 148 bis 160.

[35] *BEARDEN, J.H.* (Ed.): Personal Selling. Behavioral Science Readings and Cases. New York–London–Sydney 1967.

[36] *BECKER, G.:* Irrational Behavior and Economic Theory. In: J.Pol.Ec., **70** (1962), S. 1–14.

[37] *BECKER, G.S.:* A Theory of the Allocation of Time. In: Ec.J., **75** (1965), S. 493–517.

[38] *BECKER, K.O.:* Die wirtschaftlichen Entscheidungen des Haushalts. Frankfurter Wirtschafts- und sozialwissenschaftliche Studien, Heft 18, Berlin 1967.

[39] *BEHRENS, K.Chr.:* Absatzwerbung, Wiesbaden 1963.
[40] *BELLMAN, R.E.:* Dynamic Programming, Princeton (N.J.) 1957.
[41] *BELLMAN, R.E.* and *S.E. DREYFUS:* Applied Dynamic Programming. Princeton (N.J.) 1962.
[42] *BENJAMIN, B.* and *J. MAITLAND:* Operational Research and Advertising: Some Experiments in the Use of Analogies. In: O.Res.Qu., **9** (1958), S. 207 bis 217.
[43] *BENJAMIN, B., W.P. JOLLY,* and *J. MAITLAND:* Operational Research and Advertising: Theories of Response. In: O.Res.Qu., **11** (1960), S. 205 bis 218.
[44] *BIDLINGMAIER, J.:* Zur Zielbildung in Unternehmensorganisationen. In: ZfbF, **19** (1967), S. 246–256.
[45] *BIERMANN, M.J., C.P. BONINI, L.E. FOURAKER,* and *R.K. JAEDICKE:* Quantitative Analysis for Business Decisions. Rev. ed. Homewood (Ill.) 1965.
[46] *BIDLINGMAIER, J.:* Unternehmerziele und Unternehmerstrategien. Wiesbaden 1964.
[47] *BIRKIGT, K.:* Verkaufsförderung. Analyse eines absatzwirtschaftlichen Phänomens. Diss. Mannheim 1969.
[48] *BÖSSMANN, E.:* Die ökonomische Analyse von Kommunikationsbeziehungen in Organisationen. Berlin–Heidelberg–New York 1967.
[49] *BORDEN, N.H.:* The Economic Effects of Advertising, Chicago 1942.
[50] – : The Concept of the Marketing-Mix. In: J.Adv.Res., **4** (1964), S. 2–7.
[51] *BORSCHBERG, E.:* Die absatzwirtschaftliche Qualitätspolitik in neuer Sicht. In: Die Unternehmung, **23.** (1969), S. 241–252.
[52] *BOULDING, K.:* Economic Analysis. New York–London 1941.
[53] – : Implications for General Economics of More Realistic Theories of the Firm. In: AER, **42** (1952), S. 35–44.
[54] – : General System Theory: The Skeleton of Science. In: General-Systems. Ann Arbor (Mich.) 1956.
[55] *BRAUER, K.M.:* Binäre Optimierung, Annales Universitatis Saraviensis. Köln–Berlin–Bonn–München 1969.
[56] – : Die Ermittlung der optimalen Warengruppenstruktur einer Filiale in Lebensmittelfilialbetrieben. In: R. GÜMBEL et al.: Unternehmensforschung im Handel. Rüschlikon–Zürich 1969, S. 53–124.
[57] – : Die Planung des optimalen Fuhrparkeinsatzes in einer Lebensmittelfilialunternehmung. In: *R. GÜMBEL* et al.: Unternehmensforschung im Handel. Rüschlikon–Zürich 1969, S. 288–332.
[58] *BRAUNSCHWEIG, E.:* Krise der LA. In: Die Anzeige, **45.** (1969), S. 6–10.
[59] *BREMS, H.:* Product Equilibrium under Monopolistic Competition. Cambridge (Mass.) 1951.

[60] *BRINK, H.J.:* Zur Planung des optimalen Produktionsprogramms, dargestellt am Beispiel der Kalkindustrie. Köln–Berlin–Bonn–München 1969.

[61] *BROWN, D.B.* and *M.R. WARSHAW:* Media-Selection by Linear Programming. In: J.M. Res., **2** (1965), S. 83–88.

[62] *BRÜCKNER, P.:* Die informierende Funktion der Wirtschaftswerbung. Berlin 1967.

[63] *BUCHANAN, N.S.:* Advertising Expenditures: A Suggested Treatment. In: J.Pol.Ec., **50** (1942), S. 537 ff.

[64] *BUSH, R.R.* and *F. MOSTELLER:* A Mathematical Model for Simple Learning. In: Psych.Rev., **58** (1951), S. 319–323.

[65] *BUZZELL, R.D.:* Mathematical Models and Marketing Management. Boston 1964.

[66] *BUNDESVERBAND DEUTSCHER ZEITUNGSVERLEGER E.V.:* Die Zeitungsleser 1966. Bad Godesberg (1966).

[67] *CHAMBERLIN, E.H.:* The Theory of Monopolistic Competition. Cambridge (Mass.) 1933.

[68] *CHARNES, A.* and *W.W. COOPER:* Management Models and Industrial Applications of Linear Programming, I. New York–London 1961.

[69] – : Deterministic Equivalents for Optimizing and Statisficing under Chance Constraints. In: OR, **11** (1963), S. 18–39.

[70] *CHARNES, A., J.K. DEVOE,* and *D.B. LEARNER: DEMON,* Decision Mapping via Optimum Go-No-Networks – A Model for Marketing New Products. In: M.Sc., **12** (1966), S. 865–888.

[71] *CHARNES, A.* and *W.W. COOPER:* Note on an Application of a Goal Programming Model for Media Planning. In: M.Sc., **14** (1968), S. B 431–B 436.

[72] *CHARNES, A., W.W. COOPER, J.K. DEVOE, D.B. LEARNER,* and *W. REINECKE:* A Goal Programming Model for Media Planning. In: M.Sc., **14** (1968), S. B 423–B 430.

[73] *CHARVAT, F.J.* and *W.T. WHITMAN:* Marketing Management – A Quantitative Approach. New York 1964.

[74] *CHENERY, H.B.:* Engineering Production Functions. In: Q.J.Ec., **63** (1949), S. 507 ff.

[75] *CHMIELEWICZ, K.:* Grundlagen der industriellen Produktgestaltung. Berlin 1968.

[76] *CHURCHMAN, C.W., R.L. ACKOFF* and *E.L. ARNOFF:* Introduction to Operations Research, New York–London 1957; deutsch: Operations Research, Wien–München 1961.

[77] *CLARK, L.H.* (Ed.): Consumer Behavior, The Dynamics of Consumer Reaction, New York 1955.

[78] *CLARKSON, G.P.E.:* The Theory of Consumer Demand: A Critical Appraisal. Englewood Cliffs (N.J.) 1963

[79] *CLAYCAMP, H.J.* and *A.E. AMSTUTZ:* Simultation Techniques in the Analysis of Marketing Strategy. In: *F.M. BASS, C.W. KING* and *E.A. PESSEMIER* (Eds.): Application of the Science in Marketing Management. New York 1968, S. 113–150.

[80] *CLAYCAMP, H.J.* and *C.W. Mc CLELLAND:* On Methods: Estimating Reach on the Magic of K. In: J.Adv.Res., **8** (1968) S. 44–51

[81] *CLEMENCE, R.V.* (Ed.): Readings in Economic Analysis. Cambridge (Mass.) 1950.

[82] *COHEN, K.J.* and *R.M. CYERT:* Computer Models in Dynamic Economics. In: Q.J.E., **75** (1961), S. 112–127.

[83] *COHEN, S.I.:* The Rise of Management Science in Advertising. In: M.Sc. **13** (1966), S. B 10–B 28.

[84] *CONTINI, B.:* A Stochastic Approach to Goal Programming. In: OR, **16** (1968), S. 576–586.

[85] *CORDES, H.:* Unternehmensforschung und Absatzplanung. Wiesbaden 1968.

[86] *CRAWFORD, J.R.:* Simulation Methods and Model Design. Santa Monica 1963.

[87] *DANØ, S.:* Linear Programming in Industry. Theory and Applications. Wien 1960.

[88] – : Parametrische, lineare Programmierung. In: Jb. f. Nat. u. St., **182** (1968), S. 49–58.

[89] *DANTZIG, G.B.:* Lineare Programmierung und Erweiterungen (deutsch von *A. JAEGER*). Berlin–Heidelberg–New York 1966.

[90] *DAVID, M.H.:* Family Composition and Consumption. Amsterdam 1962.

[91] *DAY, R.L.:* Linear Programming in Media Selection. In: J.Adv.Res., 2 (1962), S. 40–44.

[92] *DAY, R.L.* (Ed.): Marketing Models, Scranton 1964.

[93] *DEAN, J.:* Managerial Economics. Englewood Cliffs (N.J.) 1959.

[94] *DICHTER, E.:* The Strategy of Desire, New York 1960.

[95] *DICHTL, E.:* Über Wesen und Struktur absatzpolitischer Entscheidungen. Betriebswirtschaftliche Schriften, Heft 21, Berlin 1967.

[96] *DINKELBACH, W.:* Sensitivitätsanalysen und parametrische Programmierung. Berlin–Heidelberg–New York 1969.

[97] – : Unternehmerische Entscheidungen bei mehrfacher Zielsetzung. In: ZfB, **32** (1962), S. 739–747.

[98] *DINKELBACH, W.* und *H. HAX:* Die Anwendung der gemischt-ganzzahligen linearen Programmierung auf betriebswirtschaftliche Entscheidungsprobleme. In: ZfhF, NF **14** (1962), S. 179–196.

[99] *DOHSE, H.:* Interessen-Schwerpunkte vertiefen Kontakte. GIW-Content-Analyse, ein neues Instrument zur qualitativen Werbewertbestimmung von Zeitschriften. In: Absatzwirtschaft, **12/18** (1969), S. 39–42.

[100] *DORFMAN, R.* and *P.O. STEINER:* Optimal Advertising and Optimal Quality. In: AER, **44** (1954), S. 826 ff.

[101] *DUBBERKE, H.-A.:* Betriebswirtschaftliche Theorie des privaten Haushaltes. Wirtschaftswissenschaftliche Abhandlungen, Heft 7, Berlin 1958.

[102] *DUDDY, E.,* and *D.A. REVZAN:* Marketing. An Institutional Approach. New York–Toronto–London 1953.

[103] *DURAND, J.:* Eine Methode der Auswahl von Werbeträgern: Die Sequentialmethode. In: fpe, **3** (1967), S. 141–147.

[104] *EASTLACK, J.O.,* Jr.: Consumer Flavor Preference Factors in Food Product Design. In: J.M.Res., **1** (1964), S. 38–42.

[105] *EDLER, F.:* Werbetheorie und Werbeentscheidung, Wiesbaden 1966.

[106] *EHRENBERG, A.S.C.:* An Appraisal of Markov Switching Models. In: J.Adv.Res., **2** (1965), S. 347–362.

[107] *ELLINGER, T.:* Die Informationsfunktion des Produktes. In: Produktionstheorie und Produktionsplanung, Karl Hax zum 65. Geburtstag. Köln und Opladen 1966, S. 253–336.

[108] *EMSHOFF, J.R.* and *A.A. MERCER:* A Marketing Model for Sales to Consumers. In: O.Res.Qu., **18** (1967), S. 257–265.

[109] *ENGEL, J.F.* and *M.R. WARSHAW:* Allocation Advertising Dollars by Linear Programming. In: J.Adv.Res., **4** (1964), S. 42–48.

[110] *ENGEL, J.F., D.T. KOLLAT* and *R.O. BLACKWELL* (Eds.): Consumer Behavior. New York 1968:

[111] *ENGELS, W.:* Betriebswirtschaftliche Bewertungslehre im Licht der Entscheidungstheorie. Köln und Opladen 1962.

[112] – : Lieferzeit und Lieferzeitpolitik. Die Lieferzeit als Parameter einer Absatzprognosefunktion in einem Textilunternehmen. In. ZfB, **39** (1969), S. 35–46.

[113] *FERBER, R.:* Market Research. Statistical Techniques in Market Research. New York–Toronto–London 1949.

[114] *FERBER, R.,* and *H.G. WALES* (Eds.): Motivation and Market Behavior. Homewood (Ill.) 1958.

[115] *FERGUSON, A.R.:* Empirical Determination of a Multidimensional Marginal Cost Function. In: Econometrica, **18** (1950). S. 217 ff.

[116] *FERNER, W.:* Modelle zur Programmplanung im Absatzbereich industrieller Betriebe. Köln–Berlin–Bonn–München 1966.

[117] *FERSCHL:* Grundzüge des Dynamic Programming. In: Ufo, **3** (1959), S. 70 bis 80.

[118] *FISCHER, H.:* Bildung von Verbrauchertypen als Gemeinschaftsaufgabe für die Werbeforschung. In: ZfbF, **17** (1965), S. 764–779.

[119] *FISCHERKOESEN, H.M.:* Experimentelle Werbeerfolgsprognose. Wiesbaden 1967.

[120] *FISH, G.:* Marketing-Systems – An Introductory Analysis. New York 1967.

[121] *FLOOD, K.U.:* Questions in Company-Operated Transport. In: HBR, **39** (1961), S. 127 ff.
[122] *FÖRSTNER, K.* und *R. HENN:* Dynamische Produktionstheorie und lineare Programmierung. Meisenheim/Glan 1957.
[123] *FRANK, R.A.* and *R.E. KUEHN* (Eds.): Quantitative Techniques in Marketing Analysis. Homewood (Ill.) 1962.
[124] *FRANK, C.R.:* Parametric Programming in Integers. In: *R. HENN:* Operations Research-Verfahren III. Meisenheim/Glan 1967, S. 167–180.
[125] *FRANK, R.E.* and *P.E. GREEN:* Quantitative Methods in Marketing. Englewood Cliffs (N.J.) 1967.
[126] *FRANK, R.E.:* Market Segmentation Research: Findings and Implications. In: *F.M. BASS, C.W. KING* and *E.A. PESSEMIER* (Eds.): Applications of the Sciences in Marketing Management. New York–London–Sydney 1968, S. 39–68.
[127] *FREIMER, M.* and *L. SIMON:* The Evaluation of Potential New Product Alternatives. In: M.Sc. **13** (1967), S. B 279–B 292.
[128] *FREUDENMANN, H.:* Planung neuer Produkte. Stuttgart 1965.
[129] *FREUND, R.J.:* The Introduction of Risk into a Programming Model. In: Ec., **24** (1956), S. 253–263.
[130] *GÄFGEN, G.:* Theorie der wirtschaftlichen Entscheidung. 2. Aufl. Tübingen 1968.
[140] *GEIGER, S.:* Probleme bei der Ermittlung von Image-Profilen. In: Zeitschrift für Markt- und Meinungsforschung (1961), S. 1287–11294.
[141] *GENSCH, D.H.:* Computer Models in Advertising Media Selection. In: J.M. Res., **V** (1968), S. 414–424.
[142] – : A Computer Simulation Model for Selection Advertising Schedules. In: J.M.Res., **VI** (1969), S. 203–213.
[143] – : Media Factors: A Review Article. In: J.M.Res., **7** (1970), S. 216–225.
[144] *GEOFFRION, A.M.:* Stochastic Programming with Aspiration or Fractile Criteria. In: M.Sc., **13** (1967), S. 672–679.
[145] *GERTH, E.:* Die Bestimmung der Zielpersonen für die Absatzpolitik der Unternehmung bei der Neueinführung von Konsumgütern. In: ZfB, **38** (1968), S. 329–352.
[146] *GLOCK, C.Y.* and *F.M. NICOSIA:* Sociology and the Study of Consumers. In: J.Adv.Res., **3** (1963), S. 21–27.
[147] *GORMAN, W.M.:* More Scope for Qualitative Economics. In: Rev.of.Ec. Studies, **31** (1964), S. 65–68.
[148] *GRASS, R.C.* and *H.W. WALLACE:* Satiation Effects of TV Commercial. In: J.Adv.Res., **9** (1969), S. 3–8.
[149] *GREEN, P.E.* and *D.S. TULL:* Research for Marketing Decision. Englewood Cliffs 1960.

[150] *GREEN, P.E.:* Bayesian Statistics and Product Decisions. In: Business Horizons, **5** (1962), S. 101–109.
[151] *GRIMM, R.* und *T. FRISKE:* Der Stand der Werbeträgerforschung. In: Die Anzeige, **40** (1964), Heft 21 und 23.
[152] *GÜMBEL, R.:* Die Sortimentspolitik in den Betrieben des Wareneinzelhandels. Köln und Opladen 1963.
[153] – : Nebenbedingungen und Varianten der Gewinnmaximierung. In: ZfhF, NF, **15** (1963). S. 12–21.
[154] – : Probleme einer Optimierung der Auftragspolitik im Absatzbereich der Unternehmung. In: ZfbF, NF **18** (1966), S. 118–139.
[155] – : Marketing – Kalkül und Entscheidung. In: Der Volkswirt, **22**, 2 (1968), S. 31–35.
[156] – : Die Abbildung von Standortwahlproblemen einer Filialunternehmung in einem polyselektiven Standortmodell. In: R. GÜMBEL et al.: Unternehmensforschung im Handel. Rüschlikon–Zürich 1969, S. 195–223.
[157] *GUTENBERG, E.:* Zur Theorie der Werbung. In: Jb.f.Nat.u.Stat., **178** (1965), S. 212–218.
[158] – : Grundlagen der Betriebswirtschaftslehre. Bd. 2: Der Absatz, 10. Aufl. Berlin–Heidelberg–New York 1968.
[159] *GWA-INSTITUT FÜR WIRTSCHAFTLICHKEIT IN DER WERBUNG* e.V. (Hrsg.): Media-Selektions-Programme, Referate – gehalten anläßlich des GWA-Seminars am 8. u. 9. April 1968, Frankfurt 1968.
[160] *HAAS, Chr.:* Unsicherheit und Risiko in der Preisbildung. Köln–Berlin–Bonn–München 1965.
[161] *HAEDRICH, G.:* Prüfung von Werbemitteln im Split-run Test. In: Die Anzeige, **21** (1964), S. 36–38.
[162] – : Werbemitteltests nehmen die Entscheidung nicht ab. In: Die Anzeige, **45**, 7/8 (1969), S. 15–16.
[163] *HALBERT, M.:* The Meaning and Sources of Marketing Theory. New York 1965.
[164] *HAMMEL, W.:* Das System des Marketing – dargestellt am Beispiel der Konsumgüterindustrie. Freiburg i.Br. 1963.
[165] *HANSEN, M.* (Ed.): Readings in Danish Theory of Marketing. Kopenhagen 1966.
[166] *HARARY, F.* and *B. LIPSTEIN:* The Dynamics of Brand Loyalities: A Markovian Approach. In: OR, **10** (1962), S. 19–40.
[167] *HARDER, T.:* Berechnung von Kumulationswerten. In: fpe, **1** (1965), S. 84–92.
[168] – : Elementare mathematische Modelle in der Markt- und Meinungsforschung. München–Wien 1966.
[169] *HARRIS, D.:* Predicting Customer Reaction to Product Designs. In: J.Adv. Res., **4** (1964), S. 34–37.

[170] *HARMAN, H.H.:* Modern Factor Analysis. Chicago 1962.

[171] *HAWKINS, E.R.:* Methods of Estimating Demand. In: J.o.M. **21** (1957), S. 426–438.

[172] *HAX, H.:* Lineare Planungsrechnung und Simplex-Methode als Instrumente betriebswirtschaftlicher Planung. In: ZfhF, NF **12** (1960), S. 578–605.

[173] – : Vertikale Preisbindung in der Markenartikelindustrie. Köln und Opladen 1961.

[174] – : Preisuntergrenzen im Ein- und Mehrproduktbetrieb. In: ZfhF, NF **13** (1961), S. 424–449.

[175] – : Die Koordination von Entscheidungen. Köln–Berlin–Bonn–München 1965.

[176] – : Bewertungsprobleme bei der Formulierung von Zielfunktionen für Entscheidungsmodelle. In: ZfbF, **19** (1967), S. 749–761.

[177] *HAX, K.:* Planung und Organisation als Instrumente der Unternehmensführung. In: ZfhF, NF **11** (1959), S. 605–615.

[178] *HEINEN, E.:* Das Zielsystem der Unternehmung. Grundlagen betriebswirtschaftlicher Entscheidungen. Wiesbaden 1966.

[179] *HENDERSON, P.L., J.F. HIND* and *S.E. BROWN:* Sales Effects of Two Campaign Themes. In: J.Adv.Res., **1** (1961), S. 2–11.

[180] *HERNITER, J.D.* and *J.F. MAGGEE:* Customer Behavior as a Markov Process. In: OR, **9** (1961), S. 105 ff.

[181] *HESS, E.M.:* Methoden der Leserschaftsforschung. Diss. München 1962.

[182] – : Neuere Entwicklungen in der Leserschaftsforschung. In: Metra, **5** (1966), S. 621 ff.

[183] *HESS, P.:* Erfahrungen mit der BIOP 68. In: ZV+ZV, **36** (1968), S. 1442 bis 1443.

[184] *HICKS, J.R.:* Value and Capital. London 1939, 2. Aufl. 1946.

[185] *HIRSCH, V.:* Bewertungsprofile bei der Planung neuer Produkte. In: ZfbF, **20** (1968), S. 291–303.

[186] *HIRSHLEIFER, J.:* The Bayesian Approach to Statistical Decision: An Exposition. In: J.o.B., **34** (1961), S. 471–489.

[187] *HOFMANS, P.:* Measuring the Cumulative Net Coverage of Any Combination of Media. In: J.M.Res., **3** (1966), S. 269–278.

[188] *HOWARD, J.A.:* Marketing Management. Homewood (Ill.) 1963.

[189] – : Marketing Theory. Boston 1965.

[190] *HOWARD, J.A.,* and *J.N. SHETH:* The Theory of Buyer Behavior. New York–London–Sydney–Toronto 1969.

[191] *HOWARD, M.C.:* Legal Aspects of Marketing. New York 1964.

[192] *HOWARD, R.A.,* Stochastic Models of Consumer Behavior. In: *F.M. BASS* et al. (Eds.): Applications of the Sciences in Marketing Management. New York–London–Sydney 1968, S. 69–83.

[193] *HOCHSTÄDTER, D.:* Stochastische Lagerhaltungsmodelle. Berlin–Heidelberg–New York 1969.

[194] *HÖRSCHGEN, H.:* Der zeitliche Einsatz der Werbung. Stuttgart 1967.

[195] *INFRATEST* (im Auftrage von HÖR ZU), Anzeigen-Kontakt-Chancen in Publikumszeitschriften, eine Untersuchung über Faktoren zur Media-Gewichtung. Bd. 1: Ergebnisse, München 1969. Bd. 2: Methoden, München 1970.

[196] *IRLE, W.:* Methoden der Erfolgskontrolle in der Funkwerbung. Schriften zur Handelsforschung, Nr. 17. Köln und Opladen 1960.

[197] *JACOB, H.* und *M.:* Preisdifferenzierung bei willkürlicher Teilung des Marktes und ihre Verwirklichung mit Hilfe der Produktdifferenzierung. In: Jb.f. N.u.Stat., **174** (1962), S. 1–32.

[198] *JACOB, H.:* Produktionsplanung und Kostentheorie. In: Zur Theorie der Unternehmung, Festschrift für *E. GUTENBERG,* Wiesbaden 1962, S. 205 ff.

[199] *JACOBI, H.:* Werbepsychologie, Ganzheits- und Gestaltpsychologische Grundlagen der Werbung. Studienreihe Betrieb und Markt, Bd. **VII**. Wiesbaden 1963.

[200] *JAENSCH, G.:* Die Anpassung des gewinnmaximalen Werbebudgets an veränderte Marktbedingungen. In: ZfbF, N.F. **19** (1967), S. 421–434.

[201] *JAENSCH, G.* und *W. KORNDÖRFER:* Ansätze zur Theorie des optimalen Werbebudgets. In: ZfB, **37** (1967), S. 437–458.

[202] *JAESCHKE, G.:* Branching and Bounding. Eine allgemeine Methode zur Lösung kombinatorischer Probleme. In: Ablauf- und Planungsforschung, Bd. **5** (1964), S. 133–155.

[203] *JASPERT, F.:* Methoden zur Erforschung der Werbewirkung. Stuttgart 1963.

[204] *JOHANNSEN, U.* und *J. FLÄMIG:* Die Bedeutung der Erkenntnisse der „Lernpsychologie" für Werbung und Marktforschung. In: GfM-Mitteilungen zur Markt- und Absatzforschung, Bd. **VII** (1964), S. 110ff.

[205] *JOKSCH, H.C.:* Constraints, Objectives, Efficient Solutions and Suboptimization in Mathematical Programming. In: Z.f.d.ges.St., **122** (1966), S. 5 bis 13.

[206] *JUSTER, F.T.:* Consumer Buying Intentions and Purchase Probability, An Experiment in Survey Design. Columbia University Press 1966.

[207] *KÄSTING, F.:* Die Zielung der Werbung – Auswahl der Werbegemeinten, Stuttgart 1966.

[208] *KAWLATH, A.:* Theoretische Grundlagen der Qualitätspolitik. Wiesbaden 1969.

[209] *KILGER, W.:* Planungsrechnung und Entscheidungsmodelle des Operations Research. In: Unternehmensplan als Instrument der Unternehmensführung, Schriftenreihe der *AGPLAN,* Bd. **9**, Wiesbaden 1965.

[210] – : Optimale Verfahrenswahl bei gegebenen Kapazitäten. In: Produktionstheorie und Produktionsplanung, Karl Hax zum 65. Geburtstag, hrsg. von *A. MOXTER, D. SCHNEIDER* und *W. WITTMANN.* Köln und Opladen 1966, S. 155–195.

[211] *KING, W.R.:* Quantitative Analysis for Marketing Management. New York u.a. 1967.

[212] *KIRBY, M.J.L.:* Some Special P – Models in Chance – constrained Programming. In: M.Sc., **14** (1968), S. 183–195.

[213] *KIRSCH, A.D.* and *S. BANKS:* Program Types Defined by Factor Analysis. In: J.Adv.Res., Vol. **2** (1962), S. 29–31.

[214] *KLAHR, C.N.:* Multiple Objectives in Mathematical Programming. In: OR, **6** (1958), S. 849–855.

[215] *KLATT, S.:* Die Qualität als Objekt der Wirtschaftswissenschaft. In: Jb. für Sozialwissenschaft, **12** (1961), S. 21ff.

[216] – : Die Objektivität und wirtschaftliche Bedeutung eines Gütertests. In: ZfbF, **16** (1964), S. 485–503.

[217] *KLEIN, B.:* Direct Use of Extremal Principles in Solving Certain Optimizing Problems Involving Inequalities. In: OR, **3** (1955), S. 168–175.

[218] *KLIEMANN, H.:* Wie und wo erfasse ich Käuferschichten? Einteilung der Käufermassen in Interessenschichten als Grundlage des Verkaufs- und Produktionsplanes. Wien–Berlin–Leipzig 1928.

[219] *KOCH, W.:* Grundlagen und Technik des Vertriebes. Berlin 1950.

[220] *KOOPMAN, B.O.:* The Axioms and Algebra of Intuitive Probability. In: Anuals of Mathematics, **42** (1940), S. 269–292.

[221] *KOOPMANS, T.C.:* Analysis of Production as an Efficient Combination of Activities. In: Activity Analysis of Production and Allocation. New York–London 1951.

[222] *KOPP, H.J.:* Media-Selektionsprogramme in der Praxis. In: ZV+ZV, **36** (1968), S. 1430–1436.

[223] – : Panelforschung im regionalen Raum, Erste Ergebnisse des Kölner Spezial-Rundschau-Panels. In: Absatzwirtschaft, **12** (1969) S. 103–106.

[224] *KORNDÖRFER, W.:* Die Aufstellung und Aufteilung von Werbebudgets. Stuttgart 1966.

[225] *KORTE, B., W. KRELLE* und *W. OBERHOFER:* Ein lexikographischer Suchalgorithmus zur Lösung allgemeiner ganzzahliger Programmierungsaufgaben. In: Ufo, **13** (1969), S. 73–89 und S. 171–192.

[226] *KOSIOL, E.:* Modellanalyse als Grundlage unternehmerischer Entscheidungen. In: ZfhF, **13** (1961), S. 318–334.

[227] *KOTLER, P.:* Marketing Mix Decision for New Products. In: J.M.Res., **1** (1964), S. 43–49.

[228] – : Toward an Explicit Model for Media Selection. In: J.Adv.Res., **4** (1964), S. 41–43.

[229] – : Marketing Management. Englewood Cliffs (N.J.) 1967.

[230] – : Computer Simulation in the Analysis of New Product Decisions. In: *F.M. BASS, C.W. KING* and *E.A. PESSEMIER* (Eds.): Applications of the Sciences in Marketing. New York 1968, S. 283–333.

[231] *KRAMER, R.:* Information and Kommunikation. Berlin 1965.

[232] *KRELLE, W.:* Preistheorie. Tübingen–Zürich 1961.

[233] *KROPFF, H.F.J.:* Motivforschung, Methoden und Grenzen. Essen 1960.

[234] – : Angewandte Psychologie und Soziologie in Werbung und Vertrieb – Der gegenwärtige Entwicklungsstand der Werbepsychologie unter Einbezug soziopsychologischer Erfahrungen. Stuttgart 1960.

[235] *KRUSE, A.:* Die Produktdifferenzierung in Theorie und Praxis. Freiburg i.Br. 1960.

[236] *KUEHN, A.A.:* A Model for Budgeting Advertising. In: F.M. BASS et al. Mathematical Models and Methods in Marketing. Homewood (Ill.) 1961, S. 315–353.

[237] – : Complex Interactive Models. In: R. FRANK et al. (Eds.): Quantitative Techniques in Marketing Analysis. Homewood (Ill.) 1962, S. 106–123.

[238] *KUEHN, A.A.* and *R.L. DAY:* Simulation and Operational Gaming. In: W. ALDERSON and S.J. SHAPIRO (Eds.): Marketing and the Computer. Englewood Cliffs (N.J.) 1963, S. 234–247.

[239] *KÜNZI, H.P.:* Zum heutigen Stand der nichtlinearen Optimierungstheorie. In: Ufo, **12** (1968), S. 1–22.

[240] *KUHN, W.:* Die Nettoreichweite einer Kombination. In: Metra, **1** (1961), S. 156 ff.

[241] *KWEREL, S.M.:* Information Retrieval for Media Planning. In: M.Sc., **15** (1968), S. B-137–B-160.

[242] – : Estimating Unduplicated Audience and Exposure Distribution. In: J.Adv.Res., **9** (1969), S. 46–53.

[243] *LANCASTER, K.J.:* The Scope of Qualitative Economics. In: Rev. of Ec. Studies, **29** (1962), S. 99–123.

[244] – : The Theory of Qualitative Linear Systems. In: Ec., **33** (1965), S. 395 bis 408.

[245] – : A New Approach to Customer Theory. In: J.Pol.Ec., **74** (1966), S. 132 bis 157.

[246] *LANDGREBE, K.:* Der Januskopf der Leserschaftsforschung. In: Absatzwirtschaft, **12**, 15/16 (1969), S. 50–59.

[247] *LANGHOFF, P.* (Ed.): Models, Measurement and Marketing. Englewood Cliffs (N.J.) 1965.

[248] *LARSON, G.A.*, Locating Ideas for New Products. In: *T.L. BERG* and *A. SHUCHMAN* (Eds.): Product Strategy and Management. New York 1963, S. 420–430.

[249] *LAVIDGE-STEINER:* A Model for Predictive Measurements of Advertising Effectiveness. In: J.o.M., **25** (1961), S. 59–62.

[250] *LAWLER, E.L.* and *D.E. WOOD:* Branch-and-Bound-Methods: A Survey. In: OR, **14** (1966), S. 699–719.

[251] *LAZER, W.* and *E.J. KELLEY:* Interdisciplinary Horizons in Marketing. In: J.o.M., **25** (1960), S. 24–30.

[252] *LEE, A.M.* and *A.A. BURKART:* Some Optimization Problems in Advertising Media Planning. In: ORQu., **11** (1960), S. 113–122.

[253] *LEE, A.M.:* Decision Rules for Media Scheduling: Static Campaigns. O.Res. Qu., **13** (1962), S. 229–242.

[254] – : Decision Rules for Media Scheduling: Dynamic Campaigns. In: O.Res. Qu., **14** (1963), S. 365–372.

[255] *LEIBENSTEIN, H.:* Bandwagon, Snob and Veblen Effects in the Theory of Consumer's Demand. In: Q.J.E., **44** (1950), S. 183–207.

[256] *LEITHERER, E.:* Die Geschichte der Handels- und Absatzwirtschaftlichen Literatur. Köln und Opladen 1961.

[257] *LEWIS, J.R.* and *L.G. ERICKSON:* Marketing Functions and Marketing Systems: A Synthesis. In: J.o.M., **33** (1966) S. 10–14.

[258] *LIEBMANN, H.P.:* Die Standortwahl als Entscheidungsproblem. Würzburg–Wien 1971.

[259] *LISOWSKI, A.:* Qualität und Betrieb. Stuttgart 1928.

[260] *LISOWSKY, A.:* Käuferschichtung als absatzwirtschaftliches Phänomen. In: ZfhF, NF **2** (1950), S. 527–541.

[261] *LITTLE, T.M.D.:* A Reformulation of the Theory of Consumer's Behavior. In: Oxford Economics Papers, N.S. **1** (1949), S. 90–99.

[262] *LITTLE, J.D.C.* and *L.M. LODISH:* A Media Planning Calculus. In: OR, **17**,1 (1969), S. 1–35.

[263] *LONGTON, P.A.* and *B.T. WARNER:* A Mathematical Model for Marketing. In: Metra, **1** (1962), S. 297–310.

[264] *LUCAS, D.B.* and *St.H. BRITT:* Measuring Advertising Effectiveness. New York–Toronto–London–San Francisco 1963; deutsch: Messung der Werbewirkung, Essen 1966.

[265] *MAFFEI, R.B.*, Brand Preferences and Simple Markov Processes. In: OR, **8** (1960), S. 210–218.

[266] *MAGEE, J.F.:* Application of Operations Research to Marketing and Related Management Problems. In: J.o.M., **18** (1954), S. 361–369.

[267] – : Operations Research in Marketing Decision. In: J.o.M., **25** (1965), S. 18–23.

[268] *MARC, M.*, Combining Simulation and Panel Data to Obtain Reach and Frequency. In: J.Adv.Res., **8** (1968), S. 11 ff.

[269] *MARCH, J.G.* and *H.A. SIMON* with the Collaboration of *H. GUETZKOW:* Organizations. 2nd printing, New York–London 1959.

[270] *MARKOWITZ, H.M.:* Portfolio Selection, New York 1959.

[271] *MC QUEEN, J.B.:* Optimal Policies for A Class of Search Evaluating Problems. In: M.Sc., **10** (1964), S. 746–760.

[272] *MELLEROWICZ, K.:* Markenartikel – Die ökonomischen Gesetze ihrer Preisbildung und Preisbindung. 7. Aufl. München und Berlin 1963.

[273] *MENGER, K.:* Grundsätze der Volkswirtschaftslehre. 2. Aufl. Wien–Leipzig 1923.

[274] *MENGES, G.*, Grundriß der Statistik. Teil 1: Theorie. Köln und Opladen 1968.

[275] – : Grundmodelle wirtschaftlicher Entscheidungen. Köln und Opladen 1969.

[276] *METHERINGHAM, R.A.:* Measuring the Net Cumulative Coverage of a Print Campaign. In: J.Adv.Res., **4** (1964), S. 23–28.

[277] *MILLER, D.W.* and *M.K. STARR:* Executive Decision and Operations Research. Englewood Cliffs (N.J.) 1960.

[278] *MILLS, E.S.:* Uncertainty and Price Theory. In: Q.J.Ec., **73** (1959), S. 116 bis 130.

[279] *MILLS, H.D.:* Marketing as a Science. In: HBR, **39** (1961), S. 137–142.

[280] *MINDAK, W.A.:* Fitting the Semantic Differential to the Market-Problem. In: J.o.M., **25** (1961), S. 28–33.

[281] *MONTGOMERY, D.B.* and *G.L. URBAN:* Management Science in Marketing. Englewood Cliffs (N.J.) 1969.

[282] *MOSTELLER, F.:* A Mathematical Model for Simple Learning. In: Psychological Rev., **58** (1951), S. 313–323.

[283] – : Stochastic Models for Learning. New York 1955.

[284] *MOXTER, A.:* Präferenzstruktur und Aktivitätsfunktion des Unternehmers. ZfbF, NF **16** (1964), S. 6–35.

[285] *MÜLLER-BEILSCHMIDT, K.:* Die Qualität als Mittel betrieblicher Absatz-Politik. In: Der Markenartikel, **17** (1955), S. 111 ff.

[286] *MÜLLER-MERBACH, H.:* Lineare Planungsrechnung mit parametrisch veränderten Koeffizienten der Bedingungsmatrix. In: Ablauf- und Planungsforschung, **8** (1967), S. 341–354.

[287] – : Operations Research. Berlin und Frankfurt 1969.

[288] *MUKHERJEE, B.N.:* A Factor Analysis of Some Qualitative Attributes of Coffee, J.Adv.Res., **5** (1965), S. 35–38.

[289] *MUTH, R.F.:* Household Production and Consumer Demand Functions. In: Econometrica, **34** (1966), S. 14–23.

[290] *NEWMAN, J.W.:* Motivation Research in Marketing Management. Boston 1957 (deutsch: Motivforschung und Absatzlenkung, Frankfurt 1960).

[291] *NIEHANS, H.:* Monopolpreis, vertikale Integration und Mengenrabatt. In: Schweizerische Zeitschrift für Volkswirtschaft und Statistik, **95** (1959), S. 328–334.

[292] *NICOSIA, F.M.:* Consumer Decision Processes – Marketing and Advertising Implication. Englewood Cliffs 1966.

[293] *NIESCHLAG, R.:* Binnenhandel und Binnenhandelspolitik. Berlin 1959.

[294] – : Was bedeutet die Marketing-Konzeption für die Lehre von der Absatzwirtschaft? In: ZfhF, NF **15** (1963), S. 549–559.

[295] *NIESCHLAG, R., E. DICHTL* und *H. HÖRSCHGEN:* Einführung in die Lehre von der Absatzwirtschaft – Ein entscheidungstheoretischer Ansatz, Berlin 1968.

[296] *NÖH, D.*, Reklamepolitik und Produktvariation in der Preistheorie. Eine dogmenkritische Analyse. Diss. Frankfurt/Main 1957.

[297] *NOELLE-NEUMANN, E.:* Typen und Typologien – neue Wege der Zielgruppenbestimmung in der AWA 1968. In: Absatzwirtschaft, **11**(1968), S. 79.

[298] *O'MEARA, J.T.:* Selecting Profitable Products. In: HBR, **39** (1961), S. 83 bis 89.

[299] *OPTNER, S.L.:* System Analysis for Business and Industrial Problem Solving. Englewood Cliffs (N.J.) 1965.

[300] *OSGOOD, C.E.:* Method and Theory in Experimental Psychology. New York 1953.

[301] *OSGOOD, C.E.* and *G.J. SUCI:* Measure of Relation Determined by Both Mean Differences and Profile Information. In: Psych. Bulletin, **49** (1952), S. 251–262.

[302] *OSGOOD, C.E., G.J. SUCI* and *O.H. TANNENBAUM:* The Measurement of Meaning. Urbana (Ill.) 1957, 4th Ed. 1964.

[303] *OTT, A.E.:* Vertikale Preisbildung und Preisbindung. Göttingen 1966.

[304] *PALDA, K.S.:* The Measurement of Cumulative Advertising Effects. Englewood Cliffs (N.J.) 1964.

[305] *PALDA, K.S.:* The Hypothesis of a Hierarchy of Effects: A Partial Evaluation. In: J.M.Res., **3** (1966), S. 13–24.

[306] *PARETO, V.:* Manuel d'économie politique. Paris 1909.

[307] – : The Economics of Welfare. London 1920. 4. Aufl. 1952.

[308] *PARTHEY, H.G.:* Der Verlauf der Werbekosten und die Planung des Werbekosteneinsatzes in betriebswirtschaftlicher und preistheoretischer Sicht. Diss. Frankfurt 1959.

[309] *PAULSSON-FRECKNER, T.:* Bestimmung des Produktionsprogramms als Anwendungsbeispiel der Linearplanung. In: ZfhF, NF **10** (1958), S. 565 bis 594.

[310] *PERRY, M.:* Discriminant Analysis of Relations Between Consumers' Attitudes, Behavior and Intentions. In: J.Adv.Res., **9** (1969), S. 34–39.

[311] *PESSEMIER, E.A.:* An Experimental Method for Estimating Demand. In: J.o.B., **33** (1960), S. 273–383.

[312] – : Experimental Methods of Analyzing Demand for Branded Consumer Goods with Application to Problems in Marketing Strategy. Washington 1963.

[313] – : Forecasting Brand Performance Through Simulation Experiments. J.o. M., **28** (1964), S. 41–46.

[314] – : New Product Decisions. An Analytical Approach. New York 1966.

[315] *POLITZ, A.:* A Study of Accumulative Audiences of Life, New York 1951.

[316] *POLLI, R.* and *V. COOK:* Validity of the Product Life Cycle. In: J.o.B., **42** (1969), S. 385–400.

[317] *POPP, W.:* Einführung in die Theorie der Lagerhaltung. Berlin–Heidelberg–New York 1968.

[318] *QUANDT:* Estimating Advertising Effectiveness: Some Pitfalls in Econometric Methods. In: J.M.Res., **1** (1964), S. 51–60.

[319] *RAIFFA, H.:* Decision Analysis. Introductory Lectures on Choices under Uncertainty. Readings (Mass.) 1968.

[320] *RASMUSSEN, A.:* The Determination of Advertising Expenditures. In: J.o.M., **16** (1952), S. 439–446.

[321] *REICHMANN, T.,* Die Abstimmung von Produktion und Lager bei saisonalem Absatzverlauf. Beiträge zur betriebswirtschaftlichen Forschung, Bd. **29**. Köln und Opladen 1968.

[322] *REINFELD, N.V.* and *W.R. VOGEL:* Mathematical Programming. Englewood Cliffs (N.J.) 1958.

[323] *REITER, S.:* Surrogates for Uncertain Decision Problems. Minimal Information for Decision Making. In: Econometrica **25** (1957), S. 339–345.

[324] *RIEGER, H.:* Der Güterbegriff in der Theorie des Qualitätswettbewerbs. Berlin 1962.

[325] *RIPPEL, K.:* Glaubwürdigkeit in der Anzeigenwerbung. In: Die Anzeige, **45**, 7/8 (1969), S. 6–10.

[326] *ROBINSON, J.:* The Economics of Imperfect Competition. London 1933.

[327] *ROBINSON, E.A.:* A Stochastic Diffusion Theory of Price. In: Econometrica, **27** (1959), S. 632–677.

[328] *ROSENBLITH, W.A.* (Ed.): Sensory Communication. New York–London 1961.

[329] *RÜHLI, E.:* Optimale Sortimentsplanung mit linearer Programmierung Zürich 1963.

[330] *SABBAH, A.H.:* Quality Comparisons for Greenhouse and Competting Tomatoes. Diss. Ohio State University 1964.

[331] *SAMUELSON, P.A.:* A Note on the Pure Theory of Consumer's Behavior. Economica N.S. **5** (1938), S. 61 ff.

[332] – : Foundations of Economic Analysis. 2nd ed. New York 1965.

[333] *SAVAGE, L.J.:* The Foundations of Statistics. New York 1954.

[334] *SCHADE, H.C.:* Planvolle Absatzförderung. München 1964.

[335] *SCHÄFER, E.:* Die Aufgabe der Absatzwirtschaft. Köln und Opladen 1950.
[336] – : Die Unternehmung. 4. Aufl. Köln und Opladen 1961.
[337] – : Grundlagen der Marktforschung. 4. Aufl. Köln und Opladen 1966.
[338] *SCHÄFER, W.:* Zur Erstellung von SIMI-Kartensätzen. In: fpe, **2** (1966), S. 48–62.
[339] *SCHMIDT-SUDHOFF, U.:* Unternehmerziele und unternehmerisches Zielsystem. Wiesbaden 1967.
[340] *SCHMUCKER, H.:* Der Aussagewert von haushaltsstatistischem Material für die Verbrauchsforschung und die ökonomische Nachfrageanalyse. In: Schweizerische Zeitschrift für Volkswirtschaft und Statistik, **98** (1962), S. 413–446.
[341] *SCHNEEWEISS, H.:* Ein allgemeines Schema des stochastischen Programmierens. In: Statistische Hefte Bd. **3** (1962), S. 131–157.
[342] – : Entscheidungskriterien bei Risiko. Berlin–Heidelberg–New York 1967.
[343] *SCHNEIDER, D.:* Investition und Finanzierung. Köln und Opladen 1970.
[344] *SCHNEIDER, E.,* Eine Theorie der Reklame. In: ZfN, **9** (1939), S. 450 ff.
[345] *SCHNÖTZINGER, P.,* Über den Werbeerfolg, seine Abhängigkeit vom Werbeziel und die Problematik seiner Ermittlung. In: Betriebswirtschaftliche Schriften, Heft 35. Berlin 1970.
[346] *SCHNUTENHAUS, O.R.:* Absatzpolitik und Unternehmensführung. Freiburg i.Br. 1961.
[347] *SCHREIBER, K.:* Kaufverhalten der Verbraucher. Wiesbaden 1965.
[348] *SCHULTZ, H.:* The Theory and Measurement of Demand. Chicago 1938.
[349] *SCHWARZE, J.:* Stochastische Ansätze in der Theorie der Unternehmung. Schriften zur wirtschaftswissenschaftlichen Forschung, Bd. **23**. Meisenheim/Glan 1967.
[350] *SCHWARTZ, G.:* Developement of Marketing Theory. Cincinatti 1963.
[351] *SEITZ, M.:* Probleme der betrieblichen Planung bei im Zeitablauf wechselnden Marktverhältnissen. Wiesbaden 1968.
[352] *SELTEN, R.:* Preispolitik der Mehrproduktunternehmung in der stochastischen Theorie. Berlin–Heidelberg–New York 1970.
[353] *SENGUPTA, S.S.:* Operations Research in Seller's Competition – A Stochastic Microtheory. New York–London–Sydney 1967.
[354] *SEVLUND, M.D., U.H. SOLDAN* und *H.E. WOLF:* Beiträge zur Theorie des Kaufentschlusses. In: GfM-Mitteilungen zur Markt- und Absatzforschung, **10** (1964), S. 27–32; **11** (1965), S. 89–101.
[355] *SEYFFERT, R.:* Wirtschaftslehre des Handels. 4. Aufl, Köln und Opladen 1961.
[356] – : Werbelehre. Theorie und Praxis der Werbung. 1. Bd., 2. Aufl. Stuttgart 1966.
[357] *SHONE, R.M.:* Selling Costs. In: Rev.of.Ec.Studies, **2** (1934), S. 225–231.

[358] *SIEBERTS, H.:* Freitags nie ... Kundenwünsche und Tourenplanung. In: Rat.Handel, **8** (1965), S. 12 ff.

[359] *SIMON, H.:* The New Science of Management Decision. New York–Evanstone 1960.

[360] *SMITH, H.:* Advertising Costs and Equilibrium. In: Rev. of Ec.Studies, **2** (1934), S. 62–65.

[361] *SMITH, W.:* Product Differentiation and Market Segmentation as Alternative Strategies. In: J.o.M., **21** (1956), S. 3–8.

[362] *SOUCEY, R.D.*, Group Equilibrium with Selling Costs Variable. In: Rev. of Ec.Studies, **6** (1938), S. 222 ff.

[363] *SPIEGEL, B.*, Werbepsychologische Untersuchungsmethoden. Berlin 1958.

[364] – : Die Struktur der Meinungsverteilung im sozialen Feld. Das psychologische Marktmodell. Bern–Stuttgart 1961.

[365] – : Gradientenmodelle in der Sozialpsychologie. In: Kölner Zeitschrift für Soziologie und Sozialpsychologie, **14** (1962), S. 19–38.

[366] *SPOO, D.:* Wirtschaftsräume unter neuen Aspekten. In: Die Anzeige, **45** 11/12 (1969), S. 16 u. 36 f.

[367] *STACKELBERG, H.v.:* Theorie der Vertriebspolitik und der Qualitätsvariation. In: Schmollers Jahrbuch, **63** (1939), S. 43–85.

[368] *STARR, M.K.:* Product Design and Decision Theory. Englewood Cliffs (N.J.) 1963.

[369] – : Management Science and Marketing Science. In: M.Sc., **10** (1964), S. 557–573.

[370] *STASCH, S.F.:* Linear Programming and Space-time Considerations in Media Selection. In: J.Adv.Res., **5** (1965), S. 40–46.

[371] *STERN, M.E.:* Marketing-Planung – Eine System Analyse; deutsch: Berlin 1968.

[372] *STIGLER, J.:* The Theory of Price. New York 1947.

[373] *STREISSLER, E.u.M.* (Hrsg.): Konsum und Nachfrage. Neue wissenschaftliche Bibliothek 13. Köln–Berlin 1966.

[374] *STROSCHEIN, F.R.*, Gedanken zur kumulativen Mediaplanung in der Leserschaftsforschung. In: fpe, **1**, 4 (1965), S. 167–171.

[375] *SWART, N.J.:* Marketing Science: Methodology and Interdisciplinary Dimensions. In: ZfbF, **22** (1970), S. 145–154.

[376] *TENNSTÄDT, F.:* Strukturvergleich des Publikums verschiedener Werbeträger. In: Die Anzeige, **45**, 5 (1969), S. 16–22.

[377] *TIETZ, B.:* Konsument und Einzelhandel. Frankfurt/M. 1966.

[378] *TIGERT, D.J.:* Consumer Typologies and Market Behavior. Diss., Purdue University 1966.

[379] *TIGERT, D.J.* and *R.T. LONSDALE:* Market Segmentation: Group versus Individual Behavior. In: J.M.Res., Vol. **5** (1968), S. 264–270.

[380] *TROLDAHL, V.* and *R. JONES:* Predictors of Newspaper Advertising Readership. In: J.Adv.Res., **5** (1965), S. 23–27.
[381] *ÜBERLA, K.:* Faktorenanalyse. Berlin–Heidelberg–New York 1968.
[382] *UNHOLZER, G.:* Bildung sozialer Schichten durch Punktbewertung sozio-ökonomischer Merkmale. In: fpe, **3** (1967), S. 77–80.
[383] *VAN DE SANDT, U.:* Pretesting with Competition. In: J.Adv.Res., **9** (1969), S. 17–19.
[384] *VERSHOFEN, W.:* Marktentnahme als Kernstück der Wirtschaftsforschung. In: Handbuch der Verbrauchsforschung, Neuausgabe des 1. Bds. Berlin–Köln o.J.
[385] *VIDALE, M.* and *H.B. WOLFE:* An Operations Research Study of Sales Response to Advertising. In: OR, **5** (1957), S. 370–381.
[386] *VISCHER, P.*, Simultane Produktions- und Absatzplanung. Wiesbaden 1967.
[387] *VOKUHL, P.:* Die Anwendung der linearen Programmierung in Industriebetrieben. Berlin 1965.
[388] *VORMBAUM, H.:* Differenzierte Preise. Beiträge zur betriebswirtschaftlichen Forschung, Bd. **9**. Köln und Opladen 1960.
[389] *WEBER, H.H.:* Grundlagen einer quantitativen Theorie des Handels, zugleich ein Beitrag zur Theorie mehrstufiger Marktformen. Köln und Opladen 1966.
[390] – : Zur Bedeutung der Haushaltstheorie für die betriebswirtschaftliche Absatztheorie. In: ZfbF, **21** (1969), S. 773–783.
[391] – : Grundzüge einer monopolistischen Absatztheorie. Köln–Berlin–Bonn–München 1970.
[392] *WEBER, K.:* Projektanalyse zur Einführung eines neuen Produktes unter Verwendung des Theorems von Bayens. In: ZfbF, **19** (1967), S. 413–420.
[393] *WEINBERG, F.:* Einführung in die Methode Branch and Bound. Lecture Notes in Operations Research and Mathematical Economics, Bd. **4**. Berlin–Heidelberg–New York 1968.
[394] *WEINHOLD-STÜNZI, H.:* Grundlagen wirtschaftlicher Absatzführung. Bern 1964.
[395] *WEINTRAUB, S.:* Price Theory. New York–Toronto–London 1949.
[396] *WEINSZIEHR, M.:* Die Wettbewerbssituation des Markenartikels bei rationalem Käuferverhalten. In: Der Markenartikel, **20** (1958), S. 529–546.
[397] *WELLS, W.D.:* Recognition, Recall and Rating Scales. In: J.Adv.Res., **4** (1964), S. 2–9.
[398] *WERNER, R.D.* (Ed.): Legal Development in Marketing. In: J.o.M., **33** (1969), S. 64–78.
[399] *WHITE, C.M.:* Multiple Goals in the Theory of the Firm. In: *K.E. BOULDING* and *W.A. SPIVEY:* Linear Programming and the Theory of the Firm, New York 1960, S. 181–201.

[400] *WILET, R.P.:* A Model for Marketing Programming. In: J.o.M., **27** (1963) S. 40–45.

[401] *WINKLER, E.:* Die Fernsehwerbung. Diss. Universität Zürich, Winterthur 1963.

[402] *WIRZ, W.:* Zur Logik des Qualitätsbegriffes. In: Jahrbücher für Nationalökonomie und Statistik, **104** (1915), T. I, S. 1 ff.

[403] *WISWEDE, G.*, Motivation und Verbraucherverhalten. Grundlagen der Motivforschung. München–Basel 1965.

[404] *WITTMANN, W.:* Unternehmung und unvollkommene Information. Köln und Opladen 1959.

[405] *ZACHARIAS, G.:* Erfahrungen mit GIWOS. In: ZV+ZV, **36** (1968), S. 1438 bis 1440.

[406] *ZANGWILL, W.I.:* Media Selection by Decision Programming. In: J.Adv. Res., **5** (1965), S. 24–29.

[407] *ZEITUNGSGRUPPE RHEIN-WUPPER-RUHR* (RWR) (Hrsg.): Media Bibliothek Kernstück Nielsen II. Bad Godesberg 1969.

[408] *ZENTLER, A.P.* and *D. RYDE:* An Optimum Geographic Distribution of Publicity Expenditure in a Private Organisation. In: M.Sc., **2** (1956), S. 337 bis 352.

[409] *ZEUTHEN, F.:* Kosten und Wirkung der Reklame in theoretischer Beleuchtung. In: Archiv für mathematische Wirtschafts- und Sozialforschung, **1**, (1935), S. 160 ff.

[410] *ZIELSKE, M.A.:* The Remembering and Forgetting of Advertising. In: J.o. M., **23** (1959), S. 239–243.

[411] *ZINGLER, E.K.:* Advertising and the Maximization of Profit. N.S. 7 (1970), S. 318–321.

[412] o.V.: Die „GfK-Skalen" – Ansatz, Methodik und Verfahren der psychologischen Einstellungsmessung durch die GfK-Nürnberg. In: Jb. der Absatz- und Verbrauchsforschung, **14**, 3 (1968), S. 261–283.

[413] o.V.: Report of the Definition Committee of the American Marketing Association. In: Journal of Marketing, **XIII** (1948), S. 202–217.

[414] o.V.: Simulatics Corporation, Simulmatics Media Mix, Technical Description, New York 1962.

[415] o.V.: ZAW-Jahresberichte (z.B. Werbung 1968), Jahresbericht 1968 des Zentralausschusses der Werbewirtschaft e.V., München 1968.

SACHREGISTER

MIX
Papier | Fördert gute Waldnutzung
FSC® C083411

Kolibri 360 GmbH
Ferdinand-Jühlke-Straße 7
99095 Erfurt, Deutschland
produktsicherheit@kolibri360.de